涙の文化学

人はなぜ泣くのか

今関敏子 編

青簡舎

涙の文化学・目次

Ⅰ

Ⅱ　涙と文化

Ⅲ　美術・演劇・映画にみる涙の表象

Ⅳ　文学にみる涙の表象

I

［対談］

涙と文化

安井信子 ✣ 今関敏子

涙の多様性・不思議さ

安井：　笑いをとりあげるというのは、文学、哲学や治療の分野でもよくあると思いますが、涙、泣くという切り口は面白いですね。

今関：　「笑う門には福来たる」と言いますが、「泣く」という行為はマイナスにとられがちでしょう。実際マイナス面もありますよ。泣いてごまかしたとか。「泣き落とし」なんて言葉もありますし。泣かれると共感することもあるけれど、気分が塞いで困惑することも多いでしょう。でも普遍的に人は泣きますよね。どのような時代、どのような文化、社会に生きていても、生涯一度も泣いたことがないという人はまずいない。よく泣く人とめったに泣かない人、すぐ泣く人となかなか泣かない人はいるでしょうけれど。それに泣く理由は実に様々でしょう。

泣く存在としての人間、その背景や文化を捉えなおす必要があるとずっと考えていたんですね。執筆者の方々のほとんどは、涙とか泣くなんて今まで考えたことなかったし、論文も書いたことなかった、でも面白そう、やってみましょうということでお引き受けくださいました。

安井：　私自身、アメリカ文学では泣かないのだとは一度も思ったことなかったですものね。そういう視点に気づかなかった。でも考えたら、若いときからアメリカ文学を読んできたわけだし、アメリカ的価値観にどっぷり浸かっていた時期が長いので、泣いてはいけないのだと洗脳されていたと思います。

今関：　本書を編んでみて、あらためて確認できたこともありましたが、何といっても様々な発見のあったことが有意義でした。

捉え方の違いが面白いですね。文化や時代によってほんとうに違いますね。葬送に涙はつきものでしょうが、マダガスカルのように生者と死者をわけてしまって涙を断ち切る文化もある（飯田「涙を断ち切る文化」）。昨年、マダガスカルを旅して、身体中を大きな布ですっぽり覆って地面につぶせに伏している人たちの写真を見たことがあります。地元のガイドによれば、葬式で涙を見せてはいけないので、こうして泣いているのだということでした。随分前に映像で——どこの国だったか、大切なことを忘れてしまいましたが——死者の魂があの世に行けなくなる、この世に引き止めることになるから泣いてはいけないと子どもを諌めている場面を見たことがあります。反対に、韓国（崔吉城著・舘野晳訳『哭きの文化人類学　もうひとつの韓国文化論』勉誠出版、二〇〇三）や奄美・沖縄（酒井正子『奄美・沖縄　哭きうたの民族誌』小学館、二〇〇五）のように葬送で儀礼的に泣く文化もありますしね。日常的に涙を肯定するかそうでないかも文化によって違ってくる、それが少し見えてきたと思います。

安井：　土地、文化、歴史によって、また政治体制によっても異なりますね。

今関：　涙は国家統制されてしまうことがあるんですね。『古事記』（及川「日本神話における「なく」神の諸相」）のスサノオの涙の表象も政治的な意図が反映しているようですね。戦時下の映画では戦意喪失するような涙は排除される（池川コラム「戦時下日本映画における涙」）。

安井：　軍国の母は人前で泣けなかったんでしょう、息子が戦死しても。でも日本は古来から泣くことを比較的受け入れているし、涙の表現もたくさんありますね。

今関：　そうですね、特に涙の表象面が豊かですね。『古事記』の時代から、声に出して泣くことと涙を流すことを微妙に区別してますね。「泣く」って視覚的にきれいではないでしょう。眼は真っ赤でしょぼしょぼになる、顔もくしゃくしゃになって鼻水は出るで（笑）。「涙」の方が修辞的に美化・劇化されやすいですね。古典和歌には涙の用例が圧倒的に多いです。修辞が豊かで、涙を直接的にではなく、いろいろに表象します。「泣く」も「音をのみぞ泣く」とか、やはり美的に表現しますね。

安井：　永草論文（《ピカソ》泣く女）に涙がガラス玉になっている写真がありますね。確かに涙は美的対象になるわね。嗚咽して泣いてたら音楽にもなりませんしね（笑）。

今関：　映像の涙はきれいですね。チェ・ジウの眼に涙が浮んでくる場面、イングリット・バーグマンの目の潤んだソフトフォーカス、惹きつけるものがありますよね。実際はなかなかああはならないですが。ピカソの『泣く女』は鼻水垂らして泣いてる感じがしませんか（笑）。

安井：　説明を受けないと涙だなんてわからなかったりして。

今関：　でも泣けばあそこまで崩れますよって感じがする。

安井：　ピカソって美しくないものも描きましたね、美しくないように（笑）。

今関：　絵巻は克明な顔の表情ではなく泣いている姿を描くのですね。絵巻と文学は密接な関係がありますが、「涙」「泣く」の表象（亀井「絵巻に見る「涙」の表現」）には、微妙に温度差がありそうで、面白い。

身体から排泄されるもので汚くないのは涙だけだと、鷲田清一氏（「なみだの秘密　涙はなぜ汚くないのか?」『夢のもつれ』角川ソフィア文庫、二〇〇七）がおっしゃってますが、涙は医薬品にもなるんですね（野林「台湾の涙」）。涙壷（山中コラム「涙壺」）、写真を表紙に使わせていただきましたが、美しいですね。ぜひ実物が見たい。涙壷だからミステリアスですが、汗壷ではねえ（笑）。

安井：　涙と汗の成分はそれほど変らないのにね。東南アジアの神話では女神の身体から、多くの神々や五穀、タロイモ、ココ椰子、蚕など、豊穣なものが出てきますね、分泌物や排泄物から。これはいかにも雨量が多く温暖で土地からすぐに植物が生えてくる地域、アジアモンスーンの神話だなと思ったのね。それだと涙も拒否しないだろうと思いましたね。日本神話でもイザナミからいろいろなものが出てきますね。

今関：　涙って、考えてみれば不思議ですね。

安井：　朝日新聞（「涙はなぜ流れるの」二〇〇八年九月八日朝刊）に涙はなぜ流れるかを簡潔に説明した記事があります。涙には二通りあって、ひとつは「基礎分泌」という涙、眼を乾燥から守り、酸素や栄養素を運ぶ。もう一つは「刺激性（反射性）分泌」という涙。異物を洗い流し、感情が高ぶったときに流す。感情の涙はたんぱく質濃度が高い、ということはストレスによって生じた化学物質を排出する働きがあると考えられている。泣くことは笑うことと同じくらいストレス解消に効果がある……というような内容です。

今関：　「基礎分泌」や「刺激性分泌」の涙は動物にもあるわけですね。でも喜怒哀楽で動物が泣くかどうかはわからないと書いてありますね。動物は慟哭したりしないでしょう、表象の世界は別として。人の場合、喜怒哀楽の感情と涙は直結していて、悲しいときはもちろん、嬉しくても泣く。

でも、喜怒哀楽という感情とは別の理由のわからない涙ってありませんか？

安井：　それはありますよ。

今関：　私事で恐縮ですが、十歳の頃の忘れられない記憶があります。ハイフェッツの演奏をレコードで聴いていたら突然こみ上げてくるものがあって、泣いてしまったことがありました。その演奏や曲にまつわる悲しい思い出があるということでもなければ、悲しい心境でもなかったのね。他の演奏者が同じ曲を弾いてもそうはならないのに。学校の音楽の時間で周囲の目もあるし、とても困ったことがあります。

それから、三、四年前、能の『安宅』を観ていて、弁慶が義経を打擲する場面で不覚にも滂沱と涙が溢れて、自分でびっくりしました。ここで泣くとは、やっぱり私も日本人だったのかと思ったり、演者の芸のせいなのかなと思ったり。今でもわかりません。

安井：　当然何回も見てて、筋を知ってたわけでしょ。それなのに突然というのは何でしょうね。今まで何とも思わなかったものが、特に何かを経験したからとかいうのではなく、ある年齢になって染み込んでいた日本文化が出てくるということもあると思いますよ。

今関：　自分のことはわかっているようで、決してそうではないということを、涙が教えてくれます（笑）。

涙のジェンダー

今関：　韓国ドラマ『冬のソナタ』では男性も眼に涙ためたりしてましたけど、泣くのは女性が多かったと思います。チェ・ジウは「涙の女王」と言われましたが、ペ・ヨンジュンのキャッチフレーズは、「微笑みの貴公子」でしたよね。逆はないわけですね、「微笑みの女王」「涙の貴公子」（笑）。

安井：　韓国は儒教の国ですから、まずいんじゃないの。

今関：　そうですね。崔氏（前掲書）は、韓国では男性の泣きは女性と同じではない、「強い者の涙は強弱の調和をなし、人間的魅力となるのである」と述べておられます。

安井：　日本の場合、「男泣き」という言葉は今でも生きてますよね。

今関：　生きてます。検索するとたくさん出てきます。

安井：　男は泣くものではない、男が泣くときは特別だという価値観の表れですね。男は泣くべきではないって、いつ根付いたのでしょうね。比較的新しいと言われるでしょう。浄瑠璃では男もよよと泣きますしね。江戸期は泣いていたのではないか――もっとも表象の世界ですから実際はどうかなと思いますが。

今関：　でも表象といっても観客一般が受け入れているわけですからね。

安井：　江戸期でも武家社会の中には「泣いてはならぬ」が萌していて、明治の軍国主義で確立していったかと愚考するのですが……。小さい頃は、男の子も女の子も泣きますが、「男の子は泣くもんじゃありません」としつけられるから泣かなくなるわけでしょう。こうなったのがいつからなのか、きちんと追跡する必要がありますね。

涙は女の武器なのでしょうか。藤岡論文（「泣く女」）は嘘泣きで男性を動かしたりしている女性に触れていますが。

安井：でも今だったら男性もやるでしょうね。

今関：今は男の武器でもあるんでしょうか。男が泣くなんていやだという学生も多いのですが、ボーイフレンドが自分の前で泣いたら、いとおしさを感じてしまう、私にだけほんとうの素顔を見せてくれると思ってうれしくなるという学生もいます。

安井：私も女子学生に尋ねたことがあります。男性にはあまり泣いてほしくないけどという人もいますが、ほんとうに悲しくて自然で泣くのならいいという意見は多いですよ。

今関：涙が武器というからには演劇的効用も含まれますからね。

安井：近代以前の日本では、男性も女性も泣いたわけでしょう。男性と女性の泣きはまったく変らなかったんですか？

今関：性差はあると思いますよ。生きている時代のシステム、男性と女性の位置関係が影響するはずですからね。平安時代、たとえば『蜻蛉日記』には、作者の夫の藤原兼家が女性たちの前でおいおい大泣きしたことが書かれていますが、それで魅力が半減するとか、男がすたるなんてことはないわけです。色好みの業平や光源氏は泣いても「いい男」なんですよ。アメリカ的ヒーローとは違いますね。

安井：　そういう男の涙は文学になるんですね。

今関：　共感するんですね、読者は。『平家物語』も男の涙の宝庫です（笑）。たとえば、平知盛が追い詰められたとき、息子の知章が矢面に立つんですね。その間に彼は逃げた。息子は死ぬ。確か大学二年生の夏休み、平家を全部読んでレポート書くのが宿題で、ここまで読んでどきどきしました。限界状況の咄嗟の判断はエゴの極致だったわけでしょう。さあ大変なことになった、知盛の苦しみはいかばかりか、この後どうするんだろうと。ところが、落ち着いてから、知盛は、親なら子を助けるのがほんとうなのに、自分のしたことは一体何だ、というようなことを言ってさめざめと泣いて、周りも泣いて……全体の構成からみればそう単純ではないのですが、ともかくこの場面は涙で終りだったので、肩すかしを食ったようでした。

安井：　近代小説だったらそこからが始まりですよね。

今関：　そうでしょう。でも知盛を弾劾しないで、涙で逃がしているところに、日本的なものを感じました。『平家物語』の涙はさまざまな場面に登場します（源「『平家物語』の涙」）し、男性の涙と女性の涙は書き分けられていると思います。

涙の効用

今関：　子どもの頃から十代にかけては、よく泣きましたよね。転んでは泣き、親に叱られては泣き、悲しい話を読んでは泣き、確かに泣いて育ちましたね。

安井：アメリカ文学でも子どもは泣きます。ハックルベリー・フィン（『ハックルベリー・フィンの冒険』の主人公）もホールデン（『キャッチャー・イン・ザ・ライ』の主人公）も泣いたりする。

今関：大人が泣くということがなかなかむずかしいんですね。

子どものとき、ものをはっきり言うと相手に泣かれちゃうということが時々あっていやでした。いじめたわけでもなんでもないのに、泣かれちゃうと「あああ、泣かしちゃった」と皆がその子に味方していつもこちらが悪者になって。泣かれたらかなわない、泣いた子が勝ちだなと思って、納得できませんでした。

安井：感情の方が勝つわけね、理屈よりも。

今関：はい、苦労しました（笑）。子どもにも若い人にもその時期なりの葛藤があって、涙と青春も切り離せないものかもしれませんね。

安井：ところが、今の若い人たちは、泣かないらしいです。大平健氏の『やさしさの精神病理』（岩波新書一九九五）によれば、「豊かになり使い捨て時代になると互いを傷つけないやさしさ」になって「涙お断り」だそうです。距離を置いて傷つけないように傷つけられないようにする。感情をじかに見せると重苦しいので、人間関係を薄めにして、ちょうどいい快適な感じ、ちょっと軽めでやさしい感じにとめておくために努力するみたい。

今関：はあー、それは疲れますね。

安井：大変みたいですよ。涙も見せられないのね、やさしさも距離を置くための単なる「人付き合いの技能」になっていて。このやさしい関係にいると自分で決断するということができないそうです。距離をとるのにエネルギーを費やしてしまうのかな。こういう涙拒否の「やさしさ」ってねえ……

今関：やさしさってもっと深いものではないでしょうか。相手を深く思いやるのがやさしさでしょう。ほんとうに強くないとやさしくはなれない、という面もあるでしょう。そんな「おきれいごと」でいかないではありませんか。どうしてもぶつかり合うし。

安井：今はぶつかりあいがなくて育ってるんですね。お互いに相手に合わせてあげてると思ってるの。そのままでいってしまうと、全然成長とか成熟にはつながらないですね。

今関：アメリカ的個人主義ともまったく違うのね。アメリカはぶつかるでしょ。

安井：ぶつかってぶっこわして自分が進むの（笑）。日本の今の若い人は泣きもしないし、心から笑いもしないようですね。

今関：そんなふうに生きていて何の意味があろうかというくらい問題ですね。確かに若い人に接していると、そういう傾向があるかも知れないと思います。とりあえず、問題を起こさずうまくやっていこうと思っているので、一見、おだやかで大人に見えたりするんですね。でも文章力が弱くてびっくりすることがある。本を読まなくなってるでしょう。漱石や鴎外はもはや古典になりつつあると言われていますが、若い世代には、重苦しいんでしょうね。自分たちの生き方には結びつかなくて。そういう若い人がハウツーもので泣いている（山本「涙のフォークロア」）としたら異様ですよね。

安井：　泣くというのは、感情と心の底に直結しているから。泣くっていうのは、生きている眼に見える証しみたいなものね。涙には人を欺くとか社会的効用もあれば、ストレス解消になって健康にいいというのもあるし、人間性を深めてより成熟するという効用もあると思うの。

今関：　ほんとうに悲しいと、そのときは泣けないっていうこともありますね。『讃岐典侍日記』では天皇崩御に際して女房たちが泣くでしょう。あれだけ取り乱して泣く様を書いた作品も珍しいです。ですが、作者自身は泣けないんですね。私は愛情が浅かったからだろうかと書いてますが、実は泣けない自分を肯定しているからこそ書くんであって。

安井：　それはそうですよね。それと、一人では泣けないというケースもあるわけね。朝日新聞の「人」欄「大切な人を亡くした遺族に寄り添う仲間を増やす」（二〇〇八年九月一一日朝刊）に、参加者みんなが故人あての手紙を読み上げて抱き合って泣く宮林幸江さんのワークが紹介されていました。悲しみは消えないけれど、泣くとみんなすっきりした表情になる。涙といっても個人一人だけに関わるものではなく、共有し共同化してこそ効用があるという例ですね。深いと一人では泣けないですよ。すぐ泣けるっていうのは浅いんですよ。

私、自分の子どものことで昔苦しんだとき、いろいろじたばたしましたけど、すっかり済んで月日も経ったあるとき、心静かにしてるときに昔の辛かった思い出が湧き出して号泣したことがあるの。どうして今出てくるのか。自分でもわからない部分がたくさんあるなと思って。緊張も全部解けて静かになったときに奥に埋めてしまっていた悲しみや苦しみがどっと出てきて泣いてしまって、で、泣いてるときは辛いけど、そのあとやっぱりすっきりするんですよ。泣けたというのは前進だと思うの。

今関：泣くことを柳田国男は「言語によらない表現手段」と言ってますね。

安井：悲しいというのもマイナスではないと。涙は「かなしみ」から出るものだけれど、「かなしみ」は否定的な「悲」の字だけではなく、もともと深い感動や「愛し《かな》」（いとしい）も含む多様な意味をもつ言葉だとも言っています。

今関：泣くことには意味があるし、必要ですね。

泣くルール

今関：お恥かしいことに韓国の文化に暗くて、韓国人は泣くことに価値を置いてよく泣く、泣き女が存在するらしいという、きわめて貧しい漠たるイメージしかもっていませんでした。崔氏のご本（前掲著）と林論文（「韓国で人はいつ泣くのか」）には啓発されました。何よりも、涙、泣きをコントロールしている文化と知って驚きました。

安井：泣くのを抑えたり、逆にここでは慟哭してみせたりというのは、日本では考えにくいでしょう。日本人の方が感情的には正直というか。感情とは移ろうもので、不安定ですよね。でもこの泣きを制御すべしという観念は、感情とは違って一定したルールでしょ。それは一つの文化の型ですから安定しています。こういう安定した型を作っておくと社会がうまくいくんじゃないか。共同体で共有できて、不安定な感情を安定した型によってうまく機能させてね。

個人の感情で泣き笑いするというのは、個人で済んでしまうでしょう。個人にとっても不安定だしね。パターンがあって皆で共有できて、こういうときはこういうふうにすべきだとしておくと、メンテナンスがしやすい（笑）というかね。

今関：林論文によれば、韓国のルールでは泣くべき立場ではない人が泣くことには厳しい。そういう意味では日本はゆるやかではないですか。関係ない人がもらい泣きしても非難されたりはしないですものね。

安井：韓国では涙を重要視して文化の型として使っているから、高度に発達したルールがあって、複雑で厳しいんでしょうね、きっと。ただ、ルールは形骸化しやすいという欠点がありますね。自然体から離れすぎるっていうか。どこの国でもそうなっちゃうのね。何か硬直しちゃうのね。

社会って人間が作ってるわけで、人間って生きてるから社会自体も変化して動いていくのだけど、ルールはひとつの形だから動きにくくて、生活や社会とずれてくるんでしょうね、きっと。ルールの方が遅れちゃうのね。型は必要なんだけど、あまりに厳しいとむずかしいわね。

今関：型を時代の変化とともに臨機応変に変えていくことは出来にくいですよね。遺跡を崇めるようになりがちですね。現代の日本には涙の型やルールが特にはないといえるのではないでしょうか。人前で泣くべきではない、男はむやみには泣くものではないくらいのことはあるけれど、実際に泣いてしまってもそれほど問題にはされませんね。

安井：悪い意味でもね。文化の中の涙の効用は、ほったらかされていますね。それをうまく社会に生かす必要性に、今気づき始めたのかもしれませんね。

アメリカとヘミングウェイ

今関：アメリカ人はどうして泣かないんですか？

安井：林論文に韓国では「声をあげて主張しないと他人は何もきいてくれない、だからおおいに泣く」って書いてあるでしょう。何てアメリカと違うのかと思いました。

今関：韓国では泣くことがコミュニケーション手段でもあるんですね。

安井：アメリカは声をあげて論理的に自己主張して私は正しいのだというふうに言わないと、他人は注意を払ってくれない。だからおおいに議論し、言語で「主張」するんですよ。泣くと絶対負けるの。両国で全然方角が違うからびっくりしたのね。

アメリカって極端だから、何もないところに建国して進んできたから泣いちゃいられないっていうのがあって。

今関：現実生活ではアメリカ人だって泣くでしょう。家族や親しい人の前では泣きますよね。

安井：それは泣きますよ。

今関：友人は辛い話をして涙ぐんだりするもの。

安井：それは男性ですか女性ですか。

今関：女性。

安井：やっぱりね。男性の場合は一般に受け入れられないです。自分でコントロールできる限度を越えてしまってどうしようもないから泣いてるんだろうというようにとられます。いいことではないんですね。人前で泣いたらまず同情されないですね。政治家とかしかるべき地位の人が人前で泣いたら、批判されます。

今関：公私の区別をしている、公の場で泣かないということですか？

安井：そうですね。でもアメリカ文学では公私に関らず一般に男性は泣きませんね。

今関：アメリカ人は、卒業式のとき悲しくならないのでしょうか？

安井：喜んでますよ（笑）。帽子をパーンと上に投げてね。

今関：よく映画で見るシーンですよね、家族もにこにこして。六月卒業という季節もあるのでしょうか？

安井：いいえ、悲しくなんてならないと思いますよ。やっぱりその先の未来を見ているのでは。卒業を「コメンスメント（始まり）」と呼ぶ国ですから。それに日本のような一体感がないでしょう。日本は一緒に入学してずーっと一緒にいるでしょう。師弟・先輩後輩・クラスメートという関係が強くて。こういう一体感は日本独特ではないかしら。

今関：共有する思い出があるわけですね。泣く要素がある。日本の卒業式でも近頃はあまり泣かなくなりましたが、しんみりした雰囲気はどこかありますよね。一度だけ、卒業生を送るとき、この年は父や恩師が亡くなって、いろいろあったなあと感傷的になって、私が涙ぐんでしまったんですね。そしたら伝染して（笑）、ゼミの学生が泣いてしまったことがありました。

安井：　それは同じ基盤があるからですよね。アメリカは入学式ってしないでしょ。個人によって、出来る人はどんどん飛び級するし、落第してとどまっても全く恥ではなくて本人のために一番いいコースだということになるでしょう。あくまで個人であって、けっこうばらばらなんです。人と違っていることに価値があると教え込まれていますしね。個人がこの期間学びましたっていうだけでそれほど一体感はない。

今関：　日本人はグループ意識が強いですものね。人と違ってると仲間はずれになるし、いじめにつながる。なるほど、そういう背景があるんですね。

ヘミングウェイはほんとうに泣かないんですね？　すごいことですね。

安井：　うーん、泣かないですね。

今関：　アメリカ人には人気があるでしょ。男の理想のひとつの典型……？

安井：　ナショナル・ヒーローという感じもありましたね。

今関：　『アフリカの緑の丘』を読み始めたら、狩の事ばかり書いてあって、正直なところうんざりしました。自然の中に身を置いてぼーっとしてるだけでも至福の時間だと思うんだけど、やたらに動き回って大きな強い動物をしとめて勝ちたいのね。それがたまらなく魅力なんでしょうし、そういうことにエネルギーを注ぐ人もいる、というのはわかりますが…。

安井：　若いし体力あるし、ミシガンで小さいときからハンティングしてるから、やはり狩猟したいわけね。『アフリカの緑の丘』は、作品としてはまとまりがないんです。でもマサイ族がにこにこしながら車と同じスピードで追いかけてきたとか、描写はすごいところがあるのね。ただあれを描いたときはアメリカ社会が左翼的になっていて、社会参加をしないのはけしからんと言われてた時期に敢えて逆らったという面もあるんだけどね。

ヘミングウェイは、ほんとはとてもデリケートで、泣きたいときもあっただろうけど、泣けない。パパヘミングウェイって言われるのを好んでて、皆のパパだから泣けないし、女に対しては性的にも大変強かったらしく、だから女に対しても泣けないでしょ。読者に対しても泣けないでしょ。どこでも泣けない。

今関：ほんとは泣きたい、でも泣けない、泣くのを我慢してるって、相当苦しいでしょう。辛そうな生き方ですね。

安井：辛いでしょ。ぎりぎり晩年は耐えて耐えて、早く無残な自分を消したいと思ったんじゃないかしら。

今関：泣けたらまったく違う人生になって、六十歳で銃で自殺なんかしなかったんじゃないでしょうか。

安井：私はそう思うんですよ。彼は、アメリカ文明ではないアフリカの神話とか部族の慣習に入っていこうとしたこともあります。

今関：そういうものに憧れるでしょうね。

安井：未完の遺作で、作品になってないんだけど、性の役割交換をする、というのがあるのね。

今関：ん？　炊事・洗濯・掃除なんかをするわけ？

安井： いえ、ジェンダーじゃなくて男女関係におけるフィジカルな行為です。当時ですから罪の意識はあるわけですよ。死後も夫人が公表するのを許さなかったのですが、それは当然だと思います。だから強い男という役割からも離脱したい、アメリカ文明からも離れたいという面はあったんですね。

今関： 綻びはあって、それをも見せまいとして大変だったんでしょうね。でもやり方が病的ですね。泣けたらよかったんでしょうね。

安井： もっと自然にね。綻びも容認するようにね。あまりにドラスティックに崩れると問題がありますから。泣くって重要だと思いますよ。

今関： ヘミングウェイのように強くて、カッコよくて、野生的で男っぽいアメリカ的ヒーローって日本では出現しにくいでしょう。逆に義経のようなヒーローは、アメリカには存在しないのではないですか。義経は日本人を泣かせる代表選手でしょう。日本人は正しい人、優れた人、美しい人が弱い立場で苦難に会う悲劇に陶酔するところがありますね。こういう判官贔屓は相当根強いと思います。

安井： 強い人、勝利者、絶対権力っていうのを拒否するんじゃないかと思うんですよ、日本文化が。河合隼雄氏が中空構造について書かれているでしょ（『中空構造日本の深層』中公叢書、一九八二）。中心が空性を維持する構造になっているって。絶対的に勝利して正義の権力者ということになると中心に入っちゃうわけでしょ。それを嫌がるんじゃないかと思う。中心を空にしたまま美しく去っていくのが日本では好まれるのではないでしょうか。

今関：　日本人の泣きの特質を説明するのに、中空構造はひとつの有効な手段になり得ますね。

安井：　これはアメリカ人には理解できないでしょうね。

アメリカの男性でも公けの場で泣いた人はいるんですよ。たとえばモリー・シュワルツ。論文に書きましたが、貧困から身を起こして教授になっているから成功したほうなんです。ユダヤ人でね。彼は涙を肯定しました。人々に対して心を開く人で、ハードボイルドじゃないんです。彼が晩年筋萎縮性の病気になって、身体の下から麻痺していって短い期間で亡くなってしまう。徐々に自立を失っていくの。頭ははっきりしているから、そのことは自覚している、その中で泣くことをはっきり肯定したんです。自分の死に方を見てよく研究してほしい、そういうかたちで役に立つからって。たくさんの人に慕われて、テレビでも放送されて。

今関：　そういう人がいるのにどうして、アメリカっていつまでも強さを主張するのでしょうか？

安井：　ヘミングウェイの時代って、だいたい二〇世紀前半、一番アメリカが押せ押せ、行け行けで進んだ強さ一点張りの時期。そのすぐ後から、フェミニズムやエコロジーの気運が高まってくる。モリーは二〇世紀末で、時代的にヒットするわけです。テレビカメラの前で泣いてしまうんだもの。アメリカも涙に対して開放的な態度をとるようにだんだんなっている面があると思います。

日本文化と涙

今関：　アメリカとは対照的といっていいほど、日本文化は涙の文化でもありますね。演歌と涙は切り離せないものですし、外国の映画や歌の邦題が原題を離れて湿っぽくなることは多いでしょう。映画「Out of Africa」が「愛と哀しみの果て」、ビートルズの「Ticket to Ride」が「涙の乗車券」になるとか。

ブルガリアの日本文学研究者ツベタナ・クリステワ氏は、『涙の詩学』（名古屋大学出版会、二〇〇一）で、「袖の涙」という和歌表現を精緻に分析なさっています。その本に彼女が『とはずがたり』を翻訳したとき、日本人はなぜこんなに泣くのか、日本人の袖はタオルで出来ているのかと訊かれたということが書いてあります。外からの視点では特徴が際立ちますね。専門性はさることながら、比較の視点が必要ですね。

「『源氏物語』の涙」（岩佐論文）には様々な表現があって細やかで面白いですね。大きな辞書をひくと、現代語でも実にさまざまな表現があります。英語ではどうですか？

安井：　とてもそんなにはないですね。泣く厚みが違いますよ。言語でわかりますね。日本の場合、細やかだし、種類や段階がいろいろあって、日本の自然のように微妙なところが多いと思いますね。

今関：　自然鑑賞の仕方も特徴的ですね。平安朝の文学を担っていた貴族階級って、生産に関与しないでしょう。その範囲で自然を鑑賞する。『宇治拾遺物語』にある話ですが、比叡山の稚児が、風が激しく吹いて桜の散るのを見て泣いているので、僧が、桜というものははかないものなのだと慰めると、桜の散るのが悲しいのではない、と。田舎の父親の作る麦の花が散って、実がならないのではと思うと辛いと言うんですね。情けないことだ（うたてしゃな）と結んでいます。それは麦の方が稚児にとっては深刻に決まっていますよね。でも桜のはかない風情に涙するのなら共感出来るという世界観なんです。それが象徴的に出ている説話ですね。

安井：　生産に全く関係ないし、接触がないから想像も出来ないし。そういう価値観になるんですね。生産と切り離されてるから、それだけ文学的・芸術的感性にエネルギーがいくっていうことなのかな。

今関：　それは大きな要素だと思いますよ。どの時代でも上層階級には共通するところがあると思うんですが、平安鎌倉期の貴族階級の生活は身分が高いほど、自然から離れてしまう。日の出と共に起きて労働して日没と共に眠るなんていう生活とは無縁でしょう。物語や日記には、衣食住のうち、建物・調度品や装束は描写されますが、食べる行為、食べ物に関する記述はきわめて少ないんです。和歌にいたっては食べることはまず出て来ない。現代短歌とはまったく違います。

安井：　そうなんですか。いまやテレビであれだけ食卓の光景が出るのにねえ、全然違うんですね。

今関：　直接生命を維持するとか、直接生産に携わるようなことって、表現されないですね。食べ物や食べることが豊かに表現されたら、笑いがもっと出てきたかもしれないけれど。恥ずかしい、はしたないっていう感覚はあるでしょうね。

安井：それは舞台裏だと。

今関：桜が散るのを惜しむというのもそうですが、季節の移ろいに細やかな情趣を味わうという感性は古典文学、とりわけ和歌に顕著に出ていますね。秋も実りより凋落に注目する傾向が強いので、必然的に涙が導かれるということになるのだと思います。「泣く」に関しては、鳥の鳴き声に重ねることが多いですね。まずは、声の美しさを鑑賞しますが、鶯の声を「人来（ひとく）」と意味を持たせて聞いたりもします。もちろん、鶯の声に関しては春の到来を喜ぶ表現が多いのですが、作者の心情によっては、悲しい泣き声になります。表面的には虫や鳥の声を詠んでいるのですが、泣きたい気持の表現であることは実に多いです。

安井：嬉しくなる、笑うというのではなくて、泣くわけですね。それは連綿と私の中にもあります。

今関：若い学生たちも、鳥の声は悲しくならない、きれいな声だなと楽しい気分になることの方が多いけれど、蜩や秋の虫の声はせつなくなると言っています。

安井：欧米人は虫の声を右脳で聞くといいますね。そうなるとノイズなのね。日本人は左脳で聞くので、意味を感じて美しいものとして鑑賞する。日本人でドイツに何十年も住んでいるバイオリニストにきいたのですが、ドイツでは誰も蝉の声などに耳を傾けない、ノイズだから、と言うのです。でも西洋人でもラフカディオ・ハーンのように、日本に住んで秋の虫の声をこよなく愛した人もいます。

今関：右脳と左脳の働きは人種によって固定しているわけではなくて、文化によるんですね。

安井：日本の場合、虫や鳥の声を泣くと捉えるのがおもしろいですね。それは感情移入より深い気がします。根底が同じ生命だという、大きな共感があるのでは。西洋人は投影とか擬人化というけれど、それは人間以外の生きものを下にみるという西洋的な人間中心主義ですね。

今関：現代の研究者は、もちろん私も含めて、西欧的な論理で考えますから、投影するとか、感情移入する、というふうに言ってしまうんですね。ただ、古典和歌でも投影、感情移入、擬人化と捉えるのが、ふさわしい場合もあります。貴族階級は、手付かずの自然の中にいるわけではなくて、洗練に価値を置いているでしょう。鳥の声を「泣く」に結び付ける表現類型・形式があって、それが伝統になっている面もあります。

安井：動物がシンボル、符号、記号であるということですね。そもそも、そういう表現類型が、あまり西洋にはないんですね。

竹内整一氏の『日本人は「やさしい」のか—日本精神史入門』（ちくま新書、一九九七）に、現代のヒット曲の歌詞に「やさしさ」とか「包まれる」というのが多いという指摘があるんです。包まれていたいというのが日本人に根底的にあって、いま若い人がそう出来ないことが歌に出ているのだと感じます。鳥の声に託して泣くことを表現するというのは、それぞれの命が響き合って大きな命の中に共にある、共に包まれているという感じではないでしょうか。

今関：おっしゃることはよくわかりますし、共感します。ただ、実証を重んじる古典文学研究者の端くれとしては慎重にならざるを得ないので、敢えて反論めいたことを申し上げますが…。平安・鎌倉期の貴族の人生には、熾烈な政治闘争・権力闘争もあり、一方ではかなり高度な芸術――文学や音楽、学問に生きたでしょう。ですから、近代以降のような科学的合理精神ではありませんが、醒めた目を持っていますし、ある種、人間中心で、動物と人間を分けているところはあります。動物を詠歌対象として理知的に捉えてもいます。

安井：　欧米人と日本人の違いにはかなり深いものがあると思うんですよ。例をあげますと、日本の霊長類の研究は世界的にめざましいわけです。日本人はゴリラやチンパンジーにすっと入っていけるんですよ。西洋人は人間が中心で、こちらが研究するんであって、あちらは対象であるというふうに一線を画しているので研究がなかなかうまくいかない、ということがあるんですね。

今関：　ああ、なるほど、面白いですね。日本には仏教的な背景もあって、古来、動物を畜生と捉えて、下に見るということはありますが、質が全然ちがいますね。低いものとしてあわれむ、と言ったらよいでしょうか。対象として突き放すという距離感は確かにありません。同じ生きものとしての繋がりを深く感じていますからね。そして、悲しみを通して共生観をもつことが多いのが、特徴的と言えると思います。ですから、文学表象では「鳴く」は「泣く」に通じるのでしょうね。

安井：　怒っているときとか笑っているときではなくて、泣きたいときの方が感じやすいでしょ。怒るとか笑うというのは、自分から発信しているでしょう。「かなしみ」というのは、発信と受信と両方あるでしょう。受信の感性がとても高まっていて、悲しみを契機として、より深く一体感が感じられるのではないでしょうか。それがとても日本的だと思います。かなしみ、やさしさを受けとめる心、そういうものの中に宇宙に通底するような深さがあるのではないでしょうか。私たちは普段意識してはいませんが、欧米人の文学をみているとそう感じるのです。

おわりに

今関：　学際的な考察として哲学や心理学の論稿もあればよかったかとも思いますし、日本文学も古典の範囲は広いですし、近現代の文学も入れるべきだったかも知れません。地域的にも世界中をとりあげることなんて到底無理ですし……

安井：　はい。いっぺんにすべてを網羅するということは、不可能ですね。

今関：　ともあれ、はじめの一歩として、このようなかたちで世に問うことになりました。涙と文化を考えるというのは膨大で、一人では到底出来ないテーマです。専門性を深めると同時に、学際的にさまざまな視点で共同作業をする、分野の違う研究者同士の交流が、今、大切ではないかと思っています。

安井：　その通りですよね。閉鎖的になりがちなそれぞれの分野がドアを開いて交流し、新しいものを創り出していくことが今一番求められている時ではないでしょうか。

今関：　本書を編むに当たっては、学会・研究会で知り合った方々、前任校の同僚、学生時代の同級生にお声をかけました。またその中からさらに研究者を紹介してくださる方がいらして、広い範囲のユニークな論考が集まりました。これからの課題も示されたかと思います。皆様の論文に触れることはまさに知の探検でもありました。執筆者おひとりおひとりに感謝致します。こういう出会いを与えられた人生をありがたく思っています。

安井：「比較涙学」のスタートになったらいいですね。

今関：最後になりますが、旧知の編集者、大貫祥子さんがいらっしゃらなければこの本は世に出ませんでした。「こんなことを考えているんだけど」とお話したら、「面白い、やりましょう」と二つ返事でご快諾くださって、細やかなお心遣いに支えられてきました。編集のプロセスは、編集者と編者の野次喜多道中のようなところもあって（笑）、楽しうございました。心からお礼申し上げます。

二〇〇八年九月一三日・岡山市にて

Ⅱ

涙と文化

涙のフォークロア

山本志乃

1. 涙の効用

数年前、帰宅途中の通勤電車の中で、不思議な光景に出くわした。年のころは三〇代前半くらいであろうか。座って本を読んでいた女性が、ハンカチを顔にあて、泣いている。驚いたのはその泣き方で、人目もはばからずボロボロ涙をこぼしている。いったいどんな本を読んでそうなったのかと、ページをめくる彼女の手元を注視していたら、ちらりと表紙が見えた。正確な題名は忘れてしまったが、たしか「泣きたい人のための……」云々といったようなタイトルであった。

話の展開に思わず涙してしまった、というのではない。わざわざ泣きたくて、その本を選んだ、ということにまず驚いた。やがて彼女の涙はますます本格的になり、ついには嗚咽がもれだした。満員に近い車内で、そこだけ違う世界のようだった。

「泣くための本」なるものが、はたして本当にあるのだろうか。

「泣きたい」をキーワードに、近年刊行されたものを探してみると、実際いくつかの書名がヒットした。たとえば、

『何もかも嫌になって泣きたいときに読む本』（鴨下一郎著、青春出版社）。著者は心療内科の臨床医で、日常生活で生じるさまざまな悩みを解消するための、ものの見方や考え方をアドバイスしている。「私たちの〝体〟と同じように、〝心〟も生きものです。がまんしたほうがいいときもあるけれど、しないほうがいいときもあります」とあり、物事に行き詰ったときの対処法として「涙の効用」をあげている。

著者によれば、診療に来た患者に問診を始めると、ほとんどが一～二分で泣き出すのだという。初めは感情の高ぶりにまかせて泣き始めるものの、涙を流すうち、ある時点から急に冷静になってくる。思い切り泣くことが「心の中の煤を落とす」ことになり、自分がなぜ苦しかったか、悲しかったかが鮮明に見えてくる、というのである。

件《くだん》の電車の彼女が読んでいた本とはいささか趣向が異なるようだが、この著者が、「思い切り涙を流す」ことを、専門的なストレス治療のひとつとしてあげていることに注目したい。というのも、その背景には、「本当は泣きたいのに、思うように泣くことができない」という現代人の心のありようが、映し出されているように思えるからである。

つい先日の新聞でも、こんな出版物の広告を目にした。『聴くだけで涙があふれる心の浄化ＣＤブック』（観月環著、小久保隆音楽、マキノ出版）というタイトルで、「心の垢を洗い流す『号泣』のすすめ」とある。広告の最後に書かれていたのは、まさに涙の効用を語る次のような文言だった。「涙があなたを美しくする！あなたは今、生まれ変わる！」。この「生まれ変わる」という言葉は、雑多なしがらみに身動きならない現代人にとって、魅力的な響きをもっている。涙で美しく生まれ変われるなら、こんなに喜ばしいことはないだろう。

2. 歌と芸能にみる「涙の美学」

あるいは我々は、実のところ「涙」が好きなのではないか。

とくにそう思わせるのは、歌の世界である。演歌にしろ、ポップスにしろ、大衆歌謡のタイトルに「涙」がつく曲のなんと多いことか。試みに、大手通信カラオケ会社のホームページで、曲名に「涙」を含む歌を検索したところ、五一一曲にのぼった。さらに、曲名にはなくても、歌詞に「涙」を含む場合がある。これも調べたが、「数が多すぎて検索不可能」となった。おそらく万を超える曲に「涙」が歌われていると予想される。

涙の歌が好まれるのは、今に始まったことではないらしい。フランス文学者で美学論者でもある多田道太郎は、『しぐさの日本文化』（筑摩書房、一九七二年）のなかで、日本人のさまざまなしぐさを「あいづち」「はにかみ」「坐る」「すり足」など三〇あまりの項目別にして、それぞれの文化的背景を論じている。その項目のひとつに「泣く」があり、興味深い調査結果が掲載されている。終戦まもない昭和二五年（一九五〇）、流行歌の歌詞に含まれる名詞の第一位が「涙」、動詞では「泣く」が第一位だったというのだ。その二〇年後、昭和四五年（一九七〇）の調査でも、やはり「涙」と「泣く」が一位とある。

多田はこの結果から、「たしかに私たちは、涙ということば、泣くということばを好む」としながらも、日本人が決して、単なる「涙好き」なのではない、と分析している。

能にはシオルという型があるが、これが日本人の泣くしぐさの一つの典型であろう。目の前へかすかに手をかざす。これは涙をかくすしぐさである。この「かくす」という動作によってかえってはげしい慟哭の秘められていることを観客に訴えるのである。

観客の側からいえば、かくされた涙を思いやることで、その涙に共感を感じる。もし手放しでオンオン泣かれては、まるで興ざめになってしまう。それは喜劇の領域なのである。悲劇では、なによりもまず抑制がなければならない。これが日本人の涙の美学である。

(『しぐさの日本文化』)

多田はまた、歌舞伎における「泣く」演技についても例をあげている。泣き声を出さないように手ぬぐいを口にくわえ、首をこきざみにふるわせるしぐさ、あるいは、膝の上に手ぬぐいをわしづかみに突っ張って、泣くのをこらえてみせるしぐさなど、自分を抑えて泣く姿が、観客の感情をとらえるのだという。

はっきりいえば、私たちは他人の「涙」に泣くのではなく、他人の抑制に泣くのである。泣きたい心持ちをぐっとこらえるその抑制の身ぶりに共感しているわけだ。

(『しぐさの日本文化』)

戦後二〇年間、日本人は「涙」の歌をこよなく愛しつづけていた。そしておそらく、その傾向は現在もさほど変わっていない。その背景に、多田のいう「涙をこらえる」「泣くことを抑制する」という心情があるとするなら、それもまた、戦後の日本人が共通して持ちつづけてきた、ひとつの文化ということになる。

3.「泣くに泣けない」現代人

それでは、現代の日本人は本当に泣かないのか。

コピーライターの糸井重里氏が主宰するインターネット上の情報誌『ほぼ日刊イトイ新聞』が、このほど「日本人の思い」というアンケートをまとめた（ほぼ日刊イトイ新聞著『日本人の思い』二〇〇八年、幻冬舎）。「あなたは、親切ですか？」「あなたは、働き者ですか？」などといった問いかけ五〇問について、日本の「みんな」はどう思っているか、集計した結果である。

その設問のひとつに、「あなたは、よく泣きますか？」という問いがあった。結果は、「わたしはよく泣く」が六五・一パーセント、「わたしはあまり泣かない」が三四・九パーセント（総回答数三〇一一人。二〇〇五年四月二二日調べ）。ここで見る限りは、かなりよく泣いているのである。

回答者自身による意見をみると、たとえば「泣くとスッキリする。ストレス解消」と、冒頭であげたストレス療法を、自覚的に実行している場合が少なからずある。あるいは泣く場合の多くがテレビドラマや映画を観てのもらい泣きで、そうしたときは「人がいるところでは泣かない」と、必ずしも感情のおもむくままに泣いているわけではなさそうだ。「泣きません。なぜなら我慢するからです」という率直な意見もある。幼い頃から泣くのを我慢する癖がついていて、泣きたいのに泣けない、という人もいる。そういう人は、「素直に泣けたら気持ちいいだろうなぁ」、「泣ける人がうらやましい」といった感想を書きとめている。

このアンケートの男女比がさらに興味深い。男性は、よく泣く＝四四・二パーセント、あまり泣かない＝五五・八パーセントであるのに対して、女性は、よく泣く＝七二・六パーセント、あまり泣かない＝二七・四パーセント。男性の半数近くが泣いているという結果は意外にも思えるが、これで見れば、まるで涙は女性の占用であるかのような感をうける。

ところで、はじめにあげた『何もかも嫌になって泣きたいときに読む本』は、内容からみて、明らかに女性読者を対象としている。新聞広告でみかけた『心の浄化ＣＤブック』も、「キレイな自分に生まれ変わる」というキャッチコピーからして、おそらく意識しているのは女性であろう。「泣きたい」のキーワードにヒットしてきた他の本も、『〝泣きたい日〟の夜に読む本』（宝彩有菜著、三笠書房）、『泣きたいのをがまんしつづけてきた人のための本』（森川那智子著、青春出版社）などは、女性のイラストを表紙に描いているし、さらには『強気な女が泣きたい夜に』（笠原真澄著、光文社知恵の森文庫）と、直接的なタイトルで女性にうったえかけようとするものもある。

泣き方に男女の性差がいちじるしいのは、日本に限ったことではないようだ。文化人類学者の野村雅一は、『身ぶりとしぐさの人類学』（中公新書、一九九六年）のなかで、「多くの社会において泣くのは女性にふさわしいとかんがえられている」と述べている。たとえば、性差に対する社会的監視がきびしいアメリカ社会であっても、「泣く」ことは、人間的弱さ、情緒的不安定、苦痛、ごまかし、死別などとむすびつけて理解される傾向があり、男が泣くよりも女が泣くほうがはるかに受けいれられやすいのだという。そしてそれは、泣くのは「子どもっぽい」という見方があり、男は理性的で合理的であるのに反して、女は子どもと同様に感情的で非合理的であるという、西洋文化に根強いイデオロギーの反映、と解釈を加えている（野村、前掲書）。

日本でも、「泣く」「涙」といえば女性が連想される傾向にあるのは、こうした西洋的なイデオロギーの影響も少なからずあるかもしれない。しかし、先にあげたハウツー本は、いずれも、「泣きたくても泣けない」という心理を前提としているように思える。とすると、社会的に泣くことが受けいれられやすく、さらにさきのアンケートでも、七割以上が「よく泣く」としていた女性たちは、本当はもっと泣きたいのに、十分に泣けていないということになる。あるいは、影でこっそり涙を流しているのだろうか。女性の社会進出とともに、「子どもっぽく」泣いてしまうことを忌む気風が、次第に強くなっているのは確かだろう。

総じて見えてくるのは、「泣く」こと自体にはおおむねプラスの評価を与えているのに、それを人に見られることを良しとしない、という共通する価値観だ。「泣くに泣けない」現代人のジレンマは、生き物としての自然な感情表現と、社会規範との板ばさみに、どうやら根がありそうである。

4．「ナク」と「カナシミ」の本質

それでは、我々が「泣くに泣けなく」なったのは、いったいいつなのだろう。

「人が泣くということは、近年著しく少なくなっている」と指摘したのは、民俗学者の柳田國男である。柳田は、「最近五十年百年の社会生活において、非常に激変した一事項」として、「泣く」ことをあげ、その変遷を「涕泣史談」にまとめた。

柳田がこれを発表したのは、昭和一六年（一九四一）。戦前のこの時期すでに、柳田は、現代人の「泣くに泣けない」状況を敏感に察知していたことになる。

人が泣かなくなったことを、旅行をしているとよく気がつく、と柳田はいう。旅先でひとりでいると、始終他人の言動に注意することが多い。以前は、夜半に眠れないほど、旅先で人の泣き声が耳についたものだったが、このごろはそうしたことがめっきり減っている。大人はもちろん、子どもも泣かなくなったのではないか、というのである。ちょうどこの当時、子どもを泣かさないようにする育児法が説かれていたようで、これに対して柳田は、津村淙庵の『譚海』に「小児の泣くということ、制せずに泣かすがよし」とあることを例にあげて、旧来は勝手に泣かせておくのが子育ての慣習だったことを示唆している。

なにより、柳田がここで強調するのは、「泣く」ということが、そもそも言語に依らない表現手段のひとつであった、という事実である。

「言語の万能を信ずる気風が、今は少しばかり強過ぎるようである」と柳田はいう。日本人は本来、言語以外の表現方法、たとえば眼や顔の動きで、微細な心のうちを表出する能力を具えていると思われるのに、まるで言語が表現のただひとつの手段であるかのように、これを過信していると危惧しているのである。

それというのは書いたものが、あまり幅をきかせるからかと思う。（中略）書いたものだけによって世の中を知ろうとすると、結局音声や「しぐさ」のどれくらい重要であったかを、心づく機会などはないのである。

（「涕泣史談」）

思えば柳田の民俗学は、地方に埋もれた口頭伝承を掘り起こすことからはじまった。書かれたものを第一とする従来の歴史学とは一線を画し、豊かな言葉の世界から庶民の生活史を紡ぎだそうとした、いかにも柳田らしい一文である。

柳田はここで、そうした言葉の世界への理解からさらに進めて、「しぐさ」という身体表現の重要性を説いている。

「泣く」という行為は、言語よりも簡明に、しかも適切に感情を表出する。そしてその感情とは、言葉でとうてい表現できるものではないというのである。

柳田によれば、そもそも「ナク」とは、「鳴」の字をあてる場合を考えればわかるとおり、声を出すことをさしていた。「泣」や「涕」は、部首にさんずいが付されているから、むしろ眼や鼻から流れ出る液体、もしくはそうした液体を出すことを意味している。本来音声とは無関係なこれらの文字を、人間の「ナク」行為にあてたことで、いつのころからか、声を立てずとも涙を出せば、すなわち「ナク」ことになったのだという。

柳田はさらに、泣くことの背景にある「カナシミ」の本質についても、考察を広げている。

> 人が泣くのは内にカナシミがあるためということは、昔からの常識であったであろうが、そのカナシミという日本語に、漢字の悲または哀の字を宛つべきものとしたのは学問である。カナシという国語の古代の用法、また現存多くの地方の方言の用例に、少しく注意してみれば判ることであるが、カナシ、カナシムはもと単に感動の最も切なる場合を表わす言葉で、必ずしも悲や哀のような不幸な刺戟には限らなかったので、ただ人生のカナシミには、不幸にしてそんなものがやや多かっただけである。
>
> （「涕泣史談」）

東北の方では、「孫がかなしい」というように、いわゆるカワイイの代わりにカナシイを使う場合があったり、北陸や静岡のあたりでは、恥ずかしい、きまりが悪いといったような意味で使う場合もあるという。つまり、「身に沁《し》み透《とお》るような強い感覚」が本来のカナシイであって、悲哀のカナシイはその一部だというのである。

「身に沁み透るような強い感覚」という以上に、言葉では表わし得ないのがカナシミの本質である。そしてその感情を言葉では伝えられないから、我々はナクのだろう。

柳田は、またこうも言っている。

ともかくも泣くことをことごとく人間の不幸の表示として、忌み慊《きら》いまたは聴くまいとしたことは、まったくこの「かなしみ」という語の漢訳の誤りがもとであった。（中略）憤ったり恨んだり悔いたり自ら責めたり、その他いろいろの激情の、はっきりと名をつけ言葉を設けることのできぬもののためにも、人間は泣いている。むしろ適当な言語表現がまだ間に合わぬがゆえに、この特殊な泣くという表現法を用意していたので、それで相手に気持が通ずるならば、実は調法と言ってもよかったのである。むやみに抑圧せずに、ただ濫用だけを防ぐように教育すればよかったのにと、私などは思っている。そうでなければその感情の一つ一つを、適切に表わす代りの言葉を与えるべきであった。

（「涕泣史談」）

柳田が生きたこの時代、泣くことを制する気風があったとするなら、我々は、大切な感情の表現方法を、ひとつ手放したことになる。

冒頭で紹介したハウツー本が、今になって盛んに出回っていることは、むしろ自然なことかもしれない。その背景には、失われかけた感情表現を取り戻そうとする、生きものとしての人間の本能が働いているようにも思われるからである。

5. 泣くことの演劇性

さきほどから引用している柳田の「涕泣史談」には、「ナク」や「カナシミ」にこめられた、言葉にならない本質的な感情が説明されているが、その一方で、「ラメンテーション」（lamentation　悲嘆、哀悼）なる用途もまた、「由緒の久しい泣き方」として触れられている。これは、神や霊を送るときの方式として「泣いて」見せることで、この場合の「泣く」行為は、悲しみの感情を直接表現したものではない。

たとえば、葬式に「泣き女」を頼む習慣があったことはよく知られている。親戚や近隣の者がその役を担ったようだが、石川県輪島のあたりでは、五合泣き、一升泣きなどと、謝礼の米の分量に応じて泣き方に等級があったという。泣きながらいう言葉もだいたい決まっていて、こうなるともはや、感情の発露としての「泣く」行為とは別種の、いわば儀礼である。半職業化したこれらの泣き女は、とくに島や海辺の村、南方に多く残っていた。

世界的にみても、たとえば中国にはかつて、葬列に連なって号泣する「哭婆《クーポー》」という白装束の泣き女がいたことが知られている。ヨーロッパも、南イタリアの葬儀には「プレフィケ」と呼ばれる泣き女があらわれるといい、ギリシャでも男はふだんから感情をおもてに表わさないものとされていて、故人の親戚の女たちが、駆けつけた知人たちの前で思う存分泣きさけび、死者をしのんで歌いつづけるのだという（野村雅一『身ぶりとしぐさの人類学』）。

泣き女は「泣いてみせる」ことを一種の職業とするわけだが、もっと純粋に、民間の習俗として伝承されていた「泣く」行事がある。子どもたちによる「泣き祭」というものがそれで、たとえば三月の節供でご馳走を供えてから雛を流すときに、悲しくなくても泣かなければならない。神奈川県の馬入川流域では、かつて子どもたちが川原に出て、この泣き祭をした記録があるという。

子どもたちによる「泣き祭」は、正月一五日や、盆の一五日の魂送りにも行われたらしい。古いところでは、菅江真澄の「率土か浜つたひ」という紀行文に、天明八年（一七八八）七月一三日の夕方、津軽の三厩で目にした魂迎えのひとこまが記されている。

日は西にかたぶけば、たうめ、をさめ、わらはうちこぞりて、磯山かげのつかはらに灯とり、すゞすり、かなつゞみうちならし、なもあみだほとけほとけ、あなたふと、わがちゝはゝよ、おぢ、あねな人よ、太郎があつぱ、次郎がゑてなど、なきたま呼ぶに日は入たり

（『菅江真澄全集　第一巻』未来社、一九七一年）

磯山の陰の塚原に老女や子どもが集まって、灯をともし、数珠をすり合わせ、鉦を打ち鳴らして念仏を唱え、亡くなった人の魂を泣きながら呼び寄せる。そのようすは、三厩の湊の情景と重なって、なおさら物悲しさを伝えている。柳田の「涕泣史談」にも、盆はことに近親の死者の記憶が伴うだけに、少年少女が群れをなして「来年の、来年の」「来年ござれ」などと泣きながら叫ぶ声が、より一層哀れに聞こえた、とある。「しかし心の奥の感じとは関係なく、この時は泣かねばならない約束があり、ただ実感の人だけが心から泣いたのである」と柳田が書いているのは、デモンストレーションとしての「泣く」行為が、本当に悲しみの感情をいだいて泣く人々の涙を、より強く誘う作用をもっていたということであろうか。

儀礼化した泣き祭のようすは、菅江真澄の別の紀行文、「かすむこまかた（霞む駒形）」（天明六年＝一七八六）にも記録がある。奥州平泉に花立山という山があり、藤原基衡の妻が没した四月二〇日に、例年ここで泣き祭をするのだと

いう。基衡の妻は花が好きで、さまざまな花を彩り作って、亡骸とともにこの山に埋めたという伝説があったようだ。命日の四月二〇日に、僧侶を集め、葬式の真似事をする。「目をすり掌を合せ数珠をすり幡を立テ、宝蓋、宝螺、梵唄をうたふ」とあって、これを「哭祭《なき》」といった。土地で語られる伝説に託されてはいるが、これももともとは、亡くなった人の魂を呼び寄せる「泣き祭」の伝統を受け継ぐものなのだろう。

今や、葬式には僧侶が参加して読経するのが一般的で、たとえ身内であっても、参列者の前で号泣するのは、特殊な場合をのぞいてあまり見かけない。せいぜい脇でそっと涙をぬぐう程度である。

しかし、ここにあげた泣き女や泣き祭の伝統は、死者を送るにあたって、本来、なにが必要とされていたかを思わせる。後に定着した僧侶の読経は「言葉」による説明であり、これに対して「泣く」という行為は、言葉で表わすことのできない感情の発露である。これこそが、じつは亡き人の魂にふれる、最良の方法と考えられていたように思われるのである。

6. 泣き相撲

「泣く子は育つ」とは、よく知られたことわざだが、これをそのまま形にしたような祭が、日本の各地にはある。「泣き相撲」とよばれる、子どもが主役の祭である。

長崎県平戸市の最教寺では、二月三日の節分の日に、「子泣相撲」という行事が行われる。奥の院、三重塔の前に作られた土俵に紅白の座布団が敷かれ、法被、鉢巻、化粧まわし姿の一歳前後の赤ん坊が、母親に付き添われてそこに座る。軍配のかわりにしゃもじを持った行司があらわれ、双方の赤ん坊をあやしたり脅したりして、先に泣いた子

栃木県鹿沼市・生子神社の「子供泣き相撲」（鹿沼市観光物産協会提供）

どもを勝ちとする。

栃木県鹿沼市樅山町の生子神社では、「子供泣き相撲」という。九月一九日を神社の大祭日（実際にはこの日以降の最初の日曜日）としていて、その日に行われる。子どもは生まれて六ヵ月から三歳くらいまでの乳幼児で、まわし姿の力士に扮した若衆が、東西からこれを抱きかかえて土俵にあがる。ワッショイ、ワッショイと声を掛け合いながら、子どもを高く揺すりあげ、やはりここでも先に泣き出したほうが勝ちとなる。

熊本県上天草市龍ヶ岳町の下桶川不動神社恒例「赤ちゃん泣き相撲」は、赤ん坊同士の取り組みはない。まわしをつけた父親たちが、赤ん坊を抱え、土俵をぐるっと囲むように座る。土俵の内側に赤ん坊を寝かせ、驚いた赤ん坊が次々と泣き出して大合唱となるのを見守るのである。ここに登場する赤ん坊は〇歳児。時期が真夏の八月一〇日とあっては、暑さのために待っているうちから泣いてしまう赤ん坊もいるようだ。

これらの行事は、日程こそ各地で違うものの、乳飲み子を土俵に上げて泣き声を競わせる、という点では共通している。まだ言葉をもたない幼い子どもにとって、「泣く」という行為は、最大の意志表現の手段である。泣き声が大きければ大きいほど、子どもの生命力が強くみなぎっているという考えが、その根底にはあるのだろう。

いっぽうで、同じ「泣き相撲」でも、地域によっては、泣いた方を負けとするところもあって興味深い。土俵上で赤ん坊を泣かせることを目的としながらも、勝負のつけかたが正反対というのは、いったいどういうことなのだろうか。

じつは相撲という形をとらないまでも、赤ん坊を泣かせる類似の行事は、宮参りの習俗のなかに一般的にみられたものであった。

かつて出産は、大量の出血をともなうことから忌とみなされ、出産後しばらくは、産婦も赤子も「穢れ」の状態にあると考えられていた。忌が明けるのは、産後三一〜三三日目で、そこではじめて、土地の氏神に誕生の報告に行く。これがすなわち宮参りで、その土地と住人を守る産土の神に、氏子の一員として認めてもらう、ひとつの儀式であった。その際、氏神様に赤ん坊の存在を知らせるため、神前でわざわざ泣かせるようなことが行われたという（宮田登『老人と子供の民俗学』白水社、一九九六年）。

こうしてみると、やはり「泣く」ということが、生まれてまもない赤ん坊にとって、生命の存在を主張する最大の手段と考えられていたことがわかる。「泣き相撲」で泣いた方を負けとするのは、むしろ、育てる側の価値観が影響しているのだろう。すなわち、柳田がいうように、かつては子どもを勝手に泣かせて育てていたものが、いつのまにか、泣かせないようにするのが育児法の理想、といったように変わっていき、その結果、泣くことを「負け」とする価値観へと転じていったと思われるのである。

7. 子どもと女性と涙の呪力

かつての日本では、子どものことを「七歳までは神のうち」といった。生まれてまもない赤ん坊や幼児は、神々や祖先の霊が住まう「異界」からやってきたばかりの不安定な存在で、まだ確かにこの世のものでない、という考えである。

子どもの魂は体からすぐ離れてしまうので、それを防ぐさまざまな儀礼が、子どものために用意されている。たとえば、生後百日目頃に行われる「食い初め」では、一粒でも米を食べさせたり、一年たった初誕生では、餅を背負わせて歩かせたり、餅をぶつけて倒したりする。これらは、今日でも見られる儀礼であるが、本来は、米や餅に込められた神の力でもって、子どもの成長に災いがないようにと願う、一種の呪術であった。

医療技術や栄養管理が十分でなかった時代には、成長を待たずに死んでしまう子どもは多かった。あるいは、江戸時代から間引きや堕胎が習慣化していたことは、おもに明治になってから、これらを戒める「間引き絵馬」が各地で奉納されたことからもうかがえる。

六歳くらいまでの子どもが死ぬと、家の床下や縁の下、畑や便所、納戸の窓先などに埋めることがあり、大人が死んだ場合のように、念入りな葬礼はなされないのが通例だった。それというのも、子どもの魂はすぐまた再生可能なものと信じられていたため、いつでも霊界から戻ってこられるように、こうした葬り方をしたのであった。埋める場所は、霊魂が再生しやすいと思われている場所で、いわば、生まれ変わりのための措置としてなされたわけである。

産児を間引く場合も、「おかえしする」とか「もどす」などと言い、殺人の意識よりも、子どもがやってきたもとの国、異界へ返してやり、再びこの世に生まれてくるように、という意識が強かったようだ（飯島吉晴「子供の発見と児童遊戯の世界」『日本民俗文化大系第一〇巻　家と女性』小学館、一九八五年）。そのため、殺した嬰児を筵や菰に包んで、川に流す習俗が各地でみられたといい、こうやって死んだ子どもの魂の再生を願ったのだという。親の手で間引いておきながら再生を願うとは、いかにも都合のよい考え方で、現代的な倫理観とは程遠い。が、当時の社会的、経済的な事情を思えば、これもまた庶民が生きていくために選んだ、やむをえないひとつの手段でもあったのだろう。

こうした不安定な子どもの魂が、ようやく安定してくるのが七歳くらいで、正式に社会の成員となることを示す「七つの祝い」が行われる。それまでの間、子どもの体から魂が抜けていってしまわないように、さまざまな儀礼が試みられることは先に述べた。おそらく、「泣き相撲」や宮参りの際の泣かせる習俗もまた、子どもの魂を安定させるための呪術的な意味を本来はもっていたのだろう。

子どもが霊的な存在であるのと同様に、女性もまた、神々と人間を仲介する霊的な存在とみなされる場合がある。古来の職能民として、巫女や比丘尼、市子などの宗教的な役割を女性が担ってきたことは、よく知られている。現在でも、沖縄地方で神まつりを司るノロや、東北地方で死者の魂と交流するイタコなど、異界との交信が可能な女性たちが存在する。

一般的に、「泣くこと」や「涙」のおもな担い手として社会的に認識されてきたのは、こうした霊的な存在に近い、子どもや女性たちであった。すでに述べた「泣き祭」や、「泣き女」の習俗、そして「泣き相撲」はいずれも、子どもたち、女性たちによって受け継がれてきた行事や儀礼である。

柳田は、「ナク」行為がもつ表現法としての重要性を、言語表現との対比から強調した。言葉では表現できない感情の発露が、「泣く」ことであり「涙」である。そしてそれらが儀礼的に用いられるのは、担い手である子どもや女性が潜在的に持つ、霊性と無関係ではない。

いつしか、子どもや女性は社会的な弱者となり、泣くことも涙も、女々しく、弱々しいことの象徴になってしまった。しかし、本来は、強い霊性をもった子どもや女性だからこそ可能であった魂の交信なのであり、言葉以上に強靭な呪力をもつ表現方法だったはずである。

この論考の冒頭で紹介したハウツー本を、再び思い出していただきたい。これらはいずれも、泣くことを推奨する、あるいは涙で「生まれ変わる」ことを積極的にうたうものであった。きわめて現代的で現実的なストレスの解消法ではあるが、「泣くこと」や「涙」に込められた本質が、そこには見え隠れする。表面的な言葉や文字に依らない、人間の素直な感情表現としての「涙」の復権が、今まさに必要とされているように思われるのである。

〈参考文献〉

飯島吉晴「子供の発見と児童遊戯の世界」坪井洋文編著『日本民俗文化大系第一〇巻　家と女性』小学館、一九八五年
菅江真澄「かすむこまかた」「率土か浜つたひ」『菅江真澄全集　第一巻』未来社、一九七一年
瀬戸口照夫「演じられる相撲」寒川恒夫編著『相撲の宇宙論―呪力をはなつ力士たち』平凡社、一九九三年
多田道太郎『しぐさの日本文化』筑摩書房、一九七二年
常光徹『しぐさの民俗学―呪術的世界と心性』ミネルヴァ書房、二〇〇六年
野村雅一『身ぶりとしぐさの人類学―身体がしめす社会の記憶』中公新書、一九九六年
宮田登『老人と子供の民俗学』白水社、一九九六年
柳田國男「涕泣史談」『柳田国男全集九』ちくま文庫、一九九〇年

涙にうつる台湾の風景

野林厚志

はじめに

日本同様に島国である台湾の人々は、先住者と外来者との接触がつねに繰り返される歴史を経験してきた。このことは、台湾社会のもつ文化的、社会的柔軟性をはぐくんできた一つの要因と考えることができるだろう。言い換えれば、世俗的権威が外から到来しても、それを時間をかけて土地に浸みこませてしまう粘り強さのようなものを台湾社会は持ち合わせてきたとも言える。結果的に、現代の台湾は先住者である台湾原住民の人たちの文化や社会の存在を国家が定める憲法に明記するにいたっている。

本章ではそうした台湾社会のありかたを、涙、さらには泣くという行為を手がかりに考えてみることにする。台湾の人々が見せる涙そのものや、泣く行為に特別な意味を見出だすのは筆者の手にはあまる。むしろ、台湾における文化的な多様性やその背景を、涙という心の動きを示すものを切り口にしながら理解しようというのがこの小稿のねらいである。もちろん、台湾の涙のすべてをとりあげることはできないが、台湾社会の大部分をしめる台湾漢族の葬送における涙の役割、伝統的「中国科学」がとらえた涙の効用、そして先住民族である台湾原住民の人々の神話の中に登場する涙、現代社会における軋轢に抗するための彼らの涙のゆくえを紹介してみたい。

1．民族のモザイク＝台湾

本題に入る前に登場人物である台湾の人々を紹介しておこう。台湾にはさまざまな来歴をもった人々が住んでいる。その人たちは大きくわけると、人口の多い順に、本省人、外省人、原住民族とよばれている。ただし、これらは正式な名称ではなく通称である。省とは、中国の行政区分の「〜省」にあたり、外省人は「台湾省」の外の人、本省人は「台湾省」の人という意味となる。外省人は、第二次大戦後に中国大陸から台湾に移住した人びととその子孫のことを指し、本省人とは、それ以前から台湾に移住し定着してきた漢族系住人の子孫である。現在、台湾の人口は約二〇〇〇万人で、そのうちの約八四パーセントが本省人、一四パーセントが外省人、残りの四〇万人あまりが原住民族という構成である。本省人は、一七世紀から一九世紀にかけて台湾に移住した漢族系の人々に由来する。彼らの大半は福建省の泉州地方と漳州地方の出身者で、話す言葉はいずれも福建省地方の方言で大差はなかったために、相互の交流も容易で台湾本省人という大きなまとまりになっていった。一方で、大陸からの移住者でも客家とよばれる人々は、客家語とよばれる独自の言語をもち、集団の絆を保持するために言語や習慣を守る傾向が強く、福建系の漢族の人々とは距離をおきながら台湾に定着してきた。彼らの多くは広東省からやってきたと考えられている。

こうした漢族系の移住者は最初、台湾西部の平野域に居住しはじめた。そこにはすでに台湾の先住者であるオーストロネシア系の人々が住んでいた。平野部にすんでいた先住民と移住者である漢族系の人々は、婚姻や交易といった相互接触を重ね、先住民は漢族の言語や慣習をとりいれ、いわゆる漢族化が進んだ。これらの人々は中国王朝からは熟番とよばれ、後には平埔族とよばれるようになった。これに対して、山岳地域に住んでいた先住民は、漢族系の人々との接触の機会も少なく、ときには対立関係が生じたりしながら、自らの言語や文化を保持していった。こうした人々は生番とよばれ、その子孫が現在の原住民族の人々である。一八九五年、日本が台湾をその領土としてから以降は、日本からの移民も増加した。これらの移民は内地人とよばれ、それまでに台湾に住んでいた人々は本島人という言い方でよばれ、山岳地域に住んでいた生番はその呼称を高砂族と変えられた。第二次大戦が終結し、台湾は日本の統治から離れ、当時の中国の政権を掌握していた国民党政府の統治下におかれた。一部を除き、内地人の多くは日本に帰国し、これにかわって、大陸中国からは外省人とよばれる人々がやってきた。終戦直後に国民党政府から派遣された軍人ならびに政府関係者が、一九四九年には中国共産党との内戦に敗れた蒋介石が台湾に退去した際に、国民党の関係者や国民党軍とともに中国大陸の出身者が台湾に移住した。政権の担い手であった外省人は、本省人や原住民族の人々に対し、普通語の公用化や原住民保有地の国有化といった具合に彼らの権利を制度的に制限していった。ときには二二八事件のような白色テロを通して、支配─被支配関係を保持し続けてきた。しかしながら、台湾社会の経済成長にともない、経済力をつけていった本省人は社会の中での発言力を強めることによって、民主化を徐々に実現してきたのである。現在では、外省人、本省人という垣根が、取り払われつつあり、台湾人という新たな意識が芽生え始めているとも言われている。

2. 涙の役割＝漢族の葬送

日本が台湾を統治する過程で実施したのが、台湾における従来の習慣や慣習法の調査、いわゆる旧慣調査であった。台湾の旧慣調査が本格的に行なわれたのは、台湾領有から五年後の一九〇〇年からであり、『台湾私法』や『番族慣習調査報告』といった多くの成果が生み出されていった。もちろん、これらの調査は、植民地である台湾の統治や経営を円滑に行なうための現地調査という性格を有したものである。台湾における従来の習慣や法律を理解することは、植民地経営のための法整備を行なうためには不可欠のものであった。とりわけ、台湾は「化外の地」と称されながらも、二〇〇年余りのあいだ清王朝の支配下にあり、中国の法体系や漢族の慣習が社会の中に根づいていたことは紛れもない事実であった。それらの慣習のうち、日本側にとって不適切であったものは禁止されたり、徐々に廃するように指導が行なわれていった。辮髪や纏足、阿片の吸引などはその代表的な事柄であった。

このように、台湾のもともとの習慣や法制度を理解しておくということは統治政府であった台湾総督府の施政に必要であったが、一方で、庶民にあっても日常生活の中で大切なことにはかわりなかったといえよう。すなわち、領有後の台湾に移住していった内地人にとって、台湾の慣習を知るということが日常的な生活のなかで台湾の人々とつきあっていくうえで必要なことであり、年間行事や、信仰の形態、故事などについても調査が少なからず行なわれていったのである。同じ東アジア文化圏に属する台湾と日本とでは、年間行事や宗教などの点では共通していることも少なくないが、やはりその相違にとまどう場面もあったであろう。こと、泣くという行為について述べるならば、弔事における涙のゆくえには台湾にも独特な姿が見られたようである。

死者のために慟哭するという慣習は東アジアの各地に見られるものである。台湾でも人が亡くなったときに、悲しみを大きく表現するために慟哭するという行為は社会の中に広く受容されてきた。昭和初期に発刊されていた雑誌『民俗台湾』のなかで、同書の編集者であり、自らも執筆にたずさわっていた池田敏雄は、出棺の様子を次のように述べている。

（前略）――喪にある婦女は全て棺にすがりついて啼哭し、亡者への哀悼の意を表する。台湾の悪口に、「死無人哭」と云ふのがある。死んでも泣いてくれる人がいないと云ふ意味で、これは最も相手を侮辱する罵言であるが、事実死者にとつてこれ程不名誉なことはないと考えへられているのである。一方遺族の者はその啼哭の軽重によつて、第三者から孝心を疑はれる程、死者に対する慟哭は重んじられている（池田一九四二：一一五）。

葬儀に際して、泣くのは女性という印象が強い。これを説明するような逸話も台湾や中国には伝えられている。台湾総督府警務局に勤め、二〇年あまりを台湾で過ごしながら、台湾語に精通していった鈴木清一郎はその著作『台湾旧慣　冠婚葬祭と年中行事』のなかで、次のような逸話を紹介している。すなわち、周の時代の末期、斉の国王に召抱えられていた范杞梁という武将が魯の国を攻めた。魯の国はこれに抗し、范杞梁は戦死してしまった。このことを知った斉国王は激怒し、魯の国を猛攻撃したところ、斉国

「本島人の葬儀」日本統治時代に撮影された平地漢族の葬儀の様子（桑子1933：38）

王は謝罪し、范杞梁の亡骸を返し、謝罪の貢物を斉王に贈った。范杞梁の亡骸が彼の妻孟姜に届けられたとき、彼女は非常なる悲しみの辞をあらわすとともに、号哭して夫の亡骸を迎えた。このことが斉の国王や市中の者にも深い感動を与え、以後、人の死に際しては、号哭することが習慣となっていったというものである（鈴木一九三四：二一六）。

この逸話で気がつくのは、人の死に際してただ泣くだけでは不十分だということである。すなわち、泣くことと同じように死者との離別を悲しむ言葉、哀悼の辞をいかにあらわすかによって、その葬式の「質」が問われるということがうかがえる。台湾ではこうした惜別の辞を泣喃（ハウラム）という。例えば、次のような具合である。

娘禮々々、我今帰来捜無娘禮々々。無疑娘禮共我分開去。永過回来、有我娘禮笑頭笑面、卜来共我有言有語。今回来捜無娘禮、乎子想不過娘禮。一日看過一日想卜娘禮、能好我今有三四事無娘禮、可憐子、叫子看卜怎様娘禮。望卜娘禮加貪十年二十年、不知娘禮行到比路永遠不帰来、永遠無娘禮娘禮（洪一九四二：一九）

娘禮というのは母親の意味で、これは婚出した娘が実家の母親の死に接し、述べる泣喃である。長命ならざることを憾み、もはやこの世に無いことを嘆きながら、泣き続けるのである。

ところで、台湾の漢族の人々の弔事における泣くという行為はもちろん悲しみの感情から生まれるものではあるだろうが、それ以上に形式的に組み込まれていくことが大切であるといっても差し支えないだろう。泣いてはいけない場面、泣かなければいけない場面というのが人々に自覚されているのである。先述した鈴木の著作では、台湾漢族の葬儀における泣く行為が次のような場面で展開していることが述べられている。

既に死と決するや其の身辺に集まつて居た遺族は、悲哀の極みいずれも号哭する。其の死前に在つては如何に悲しくとも号哭せず、堪へ難きときは病者に知られざる様に注意すると云ふ。

号哭の時は冠覆を脱し被髪徒跣で、婦人は髪飾り其他一切の装飾品を取り除け、被髪し、履底の木部を取り去り、男子は靴の皮部を取り去り装飾品を取り外し、近親者亦冠飾髪飾を外し、何れも素服を着け、男は牀の東に女は西に在つて号哭するのである。他家に嫁した死者の子女は、此の訃報に依り素服で直ちに来つて実家に近き途中から号哭して家に入る。之を「哭路頭」と云ふ。路頭に号哭するの意である。実家に在つて号哭する者、此の「哭路頭」を聞けば、悲しさ更に加はり号哭を之に応じて為す。（鈴木一九三四：二一五）

人の臨終の場面において泣いてよいのは、その人が亡くなってから後であることがこの文章から理解できる。死を目前にした人間を前に涙を見せるのは禁物であるということはよく理解できる。しかし、一旦、死が決まってからは、まるで競い合うかのように泣くことがはじまることもうかがい知ることができるであろう。また、泣くのは女性の役割のように思われがちであるが、男性もまた泣くことは決して忌避されないようである。

興味深いのは、泣くという行為が親族間の関係に少なからず影響されている点である。「哭路頭」は、婚出した女性の死に際して、実家側と婚家との間に生まれる駆け引きのはじまりを告げるものといっても過言ではない。その駆け引きは、僧侶や道士をよんで行なう葬儀の本番に際して、より鮮明になってくる。亡骸のはいった棺の周囲に供物を供えたあとに行なわれる拝礼の様子である。

此の時棺の前には卓子数脚を排列し、之に遺族の供物を排列し他嫁した娘及其の子女等の家から贈つて来た供物や外戚から贈られた物等を排列し、最前の卓子には蝋燭を点じ香を焚き最初に孝男（喪主）が三跪九拝し続いて其の他の遺族も同様跪拝する。（中略）次に禮主（儀式の時に禮儀に関することを掌るもの、いわゆる進行役。筆者注）は外祖、娘婿、孫婿の祭文を代読し其の祭文の終りに「嗚呼悲哉尚饗」の文句に至つたときは外祖、娘婿、孫婿は三跪九拝する。即ち跪いて涕泣する為人之を称して「噴土粉」と云ふ、其の意は「埃を噴く」と云ふので之等の涕泣は本心より悲しみの涕泣にあらず空泣きであつて恰も跪いて埃を噴いて居るやうであると云ふ冷笑的の言

で、一般見物人は之を見んとして来る者が多い。(鈴木一九三四：二三六)

なんとも冷ややかな視線が葬儀に向けられているように感じられるのであるが、実は葬式は親族間、とりわけ姻戚関係にある人々の間ではなかなか慎重な供物のやりとりがあり、そのことを考えていると、おちおち亡き人への悲しみの涙も流していられないといった事情すらある。基本的には父系社会という大きな枠組の中で考えられる漢族の親族関係において、女性を介在させた力学が、婚姻関係によって結ばれた婚家と実家双方の家族に働いていく。葬礼もそうした力学が作用する一つの機会なのである。鈴木によれば、外戚、娘婿、孫婿、すなわち姻族側から贈られた供物については、喪主側はそのまま受け取ること能わず、とりわけ、母親が亡くなった場合には、実家に対して供物以上の返礼をするのが慣習となっていた(鈴木一九三四：二三八―二三九)。したがって、母親の実家側は逆に、婚出先の財産や社会的な地位を見極めながら葬儀への供物を送ることが多く、返礼の多寡によっては両者の間で一悶着生じることも珍しくないとのことである。葬礼の背景にある親族間関係のありさまが、供物を前にした外祖たちの三跪九拝と跪きながらの号泣に見られることから、この涙は空々しいを通り越した、かなり人間臭い、一種のパフォーマンスのようなものとして周囲の人たちの目には映っていたようである。

葬儀が終わると、涙の場面はとたんに少なくなっていく。次に慟哭するのは、死亡後百日目にあたる日である。やはり葬儀の式と同様に僧侶や道士をよび、盛大に供養を行なう。このときにも霊前に供物をそなえ、子孫たちはみな号泣するのが慣わしとされている。「做百日」とよばれるこの弔事を終えた後は、はじめての清命節の墓参りを最後に遺されたものによる死者への涙は打ち止めになる。清命節とはちょうど日本でいうところの彼岸の季節にあたり、墓を掃除し祖先の霊を祭ることが一般的に行なわれる。

3. 涙の薬事＝中国科学の関心

前節でとりあげた涙は、人間の感情からうみだされたものであり、同時に社会関係を構築したり確認する役割をもったものである。一方で、台湾にかぎらず、中国の科学は涙を全く別の次元でとらえたことにもふれておく必要があるだろう。それは、涙を物質ととらえる視点である。

李時珍によって著わされた『本草綱目』は、明の時代、十六世紀に著された中国最大の薬事書である。それまでに刊行されていた本草書、すなわち、植物、動物、岩石や鉱物などについての博物学的な情報、とりわけ医薬品としての効能が記載されたものを網羅しながら、李時珍自身が自ら調査、採集したものを加えた、中国医薬の集大成ともいうべき大作が本草綱目である。野草、穀類をはじめとする栽培植物、果物、樹木、昆虫から哺乳類までを含めた動物全般、雨水や地下水、メノウやヒスイのような鉱物といった具合に、自然界に存在するあらゆる物質が医薬品という観点から紹介されている。その中で、しばしば面白おかしくとりあげられるのが、第五二巻人部である。文字通り、人体に関わるものが医薬品としての効能をもって解説されている巻であり、異様とも思われる記述は少なくない。身近なところで例をあげるならば、「つめの垢をせんじて飲む」という言葉はしばしば耳にしたことがあるだろうが、李時珍の本草項目には、人間の爪もとりあげられており、例えば、小児のおなかがはった場合などは、父母の爪を焼き、それを乳首につけて飲ませると効果があるということが書かれているのである。こうしたことから、「中国人は人間までも医薬品にしてしまう」といった言説が流布することもしばしばある。しかしながら、時珍自身は、人部の冒頭において、人間の身体やそれに関連したものを医薬品として扱うことは必ずしも適切ではないということを述べており、人体各部位には確かに医薬的効能をもつものもあるが、それだけの理由でそれらを積極的に薬事にとりこもうという姿勢はあまりうかがえない。

そんな人部の中に、眼涙という項目が設けられている。すなわち、涙の薬事に関することが次のように述べられている。

時珍曰く、涙は肝の液である。五臓、六腑の津液はみな上に目に滲するもので、凡そ悲、哀、笑、欬すれば火が中に激し、心の系が急して臓、腑がみな揺き、揺けば宗脈が感じて液道が開け、津が上に溢れるから涕泣が出るのであつて、あたかも甑上の水が滴るやうな関係である。気味鹹し、毒あり。凡そ母が哭して泣を子の目に堕せば、子をして晴を傷め、瞖を生ぜしめる（李一九七三：五二五―五二六）

この記述から読み取れるのは、本草学における涙の解釈は人間の感情よってあふれ出る体液、とくに肝臓の組織液と考えられていたということである。慧眼なのは、心の系が急して、器官が揺れるということを見抜いていたことであろう。すなわち、涙の分泌が交感神経と副交感神経という自律神経に支配され、とりわけ交感神経の働きにより、内臓をはじめとする身体の器官の活動が活発になり、涙が出てくるという、言うなれば、涙の生理学がこの時代の中国ですでに、経験的にではあるにせよ意識されていたのである。気味に関する記述で注意しなければいけないのは、その味について塩辛いことが述べられていることだろう。涙の成分は、交感神経作用の場合と副交感神経作用の場合とでは若干の相違があるとされている。後者にくらべて前者の涙はカリウムイオン濃度が高く塩辛い。すなわち、時珍が説明している涙は外的なストレスに反応して出る涙ということになる。そうした涙に対して、毒性があり、母親が子どもを抱えながら涙することは決して子どもによい影響を与えることはないと述べていることは、時珍の説明が単に涙の物性だけにとどまっていないことを示しているといえるだろう。

4. 涙の神話＝原住民族の物語文化

台湾における涙の様相は、一つは先に述べてきた漢族系の人々の生活や歴史の中に息づいてきたものである。これらは、台湾に限らず、福建省や広東省をはじめとした大陸中国の東南部における漢族系の人々の慣習とも密接なつながりをもちながら、今日までいたっていると考えてよい。一方で、台湾には漢族系の人々とは文化的な系譜を異にする先住民族の人々が存在していることは先にも述べた通りである。オーストロネシア系の先住民である、台湾原住民の人々の涙は漢族系の人々の涙とは異なる文化的、社会的な意味をもっている。とりわけ、彼らの豊かな神話の世界では人間以外の事物が涙を流すことがある。その一つの物語が、パイワンの人々に伝わっている「太陽の涙」の物語である。

台湾原住民の人々の中には太陽にまつわる神話が数多く存在する。例えば、かつて世界には二つの太陽が存在し、その二つが交代で世界を照らし続けていたために、昼夜の境がなく、常に日照りが続き人々は困っていた。そこで、勇者が太陽征伐に向かい、一方の太陽を弓矢で射止めた。矢のささった太陽は地表に落ちてしまい、以後は夜に世界を照らす月になったという物語である。この物語は台湾だけではなく、東アジアや東南アジアでもしばしば共通したモチーフの存在が知られている。

「太陽の涙」の物語も、太陽が人々の生活に必ずしも適切な状態ではないことを是正しようという内容となっている。

昔々のこと、太陽の位置が非常に低くて、家屋の屋上に近いくらいの高さであった。太陽が上がると、人々は日に焼けすぎ、めまいさえ起こすようになってしまった。ある日、この暑さに耐え切れなくなった人が、厨房から五つの粟を出して煮はじめた。粟が煮立ったときに熱気が産生され、それによって太陽が徐々に上がっていった。そのとき、太陽は自分がどんどん人類と離れて行くことを気づき、悲しい涙を落としていった。その落ちてきた涙が太陽の涙とよばれるトンボ玉となった。

筆者は神話の解釈を専門とはしていないので、この神話がその主であるパイワンの人々の文化的、歴史的系譜にどのような意味をもつのかについてここでは明確な説明をすることは避けておくが、少なくとも彼らの神話の中に登場する太陽の涙が、パイワンの物質文化の中に伝えられてきていることは事実である。「太陽の涙」は、パイワン語で、ロセグナガダウ（Losegnagadaw）とよばれるトンボ玉である。ロセグはパイワン語で涙を意味し、ガダウは太陽を意味している。トンボ玉のなかでも希少性の高い重要なものとされているのが「太陽の涙」である。

パイワンは台湾南部の屏東県及び台東県の丘陵地帯から山麓地帯に居住する人口約六万六千人の集団である。パイワン社会の特徴は世襲制の首長制を有していることである。社会階層は首長と平民層に区分され、耕地、猟場、渓流、集落などの土地はすべて首長家が所有するものとされていた。

パイワンの首長家には、土地や河川などの不動産、儀礼に用いる禮辞などの知的継承物、呪術具や装身具といった動産等、さまざまなものが代々継承されてきた。トンボ玉で作られる首飾りもその中の一つであり、とりわけ首長家に伝わる首飾りは用いられるトンボ玉の質や量は平民層のそれをはるかに凌ぐことが知られている。「太陽の涙」は首長家の首飾りで使用されている例も数少ない。非常に古い玉で、地の色は白もしくは透明な藍色を基調とし橙色の斑点が付されているものである。こうしたトンボ玉は現在では、原住民族、とりわけパイワンの手工芸品のなかにとりこまれ、彼らの文化的なアイデンティティをしめす物質文化として、またお土産品などのかたちで再生産されている（写真）。

太陽はパイワンの創世神話の中でも重要な役割を果たしている。先に述べた二つの太陽を射る神話はもちろんパイワンの中にも見られるが、その多くは台湾北部の原住民族の間で一般的なものである。パイワンのいくつかの神話の中では、太陽が卵を産み落とし、そこから彼らの祖先、特に首長が生まれたということになっている。太陽と首長との関係はある意味では母子関係に相当し、その母親が子どもから離れていくときに子どもに託したのが「太陽の涙」と称されるトンボ玉であったと解釈することはできるかもしれない。それゆえ、「太陽の涙」は首長家に伝えられるべき象徴財であり続けてきたのである。

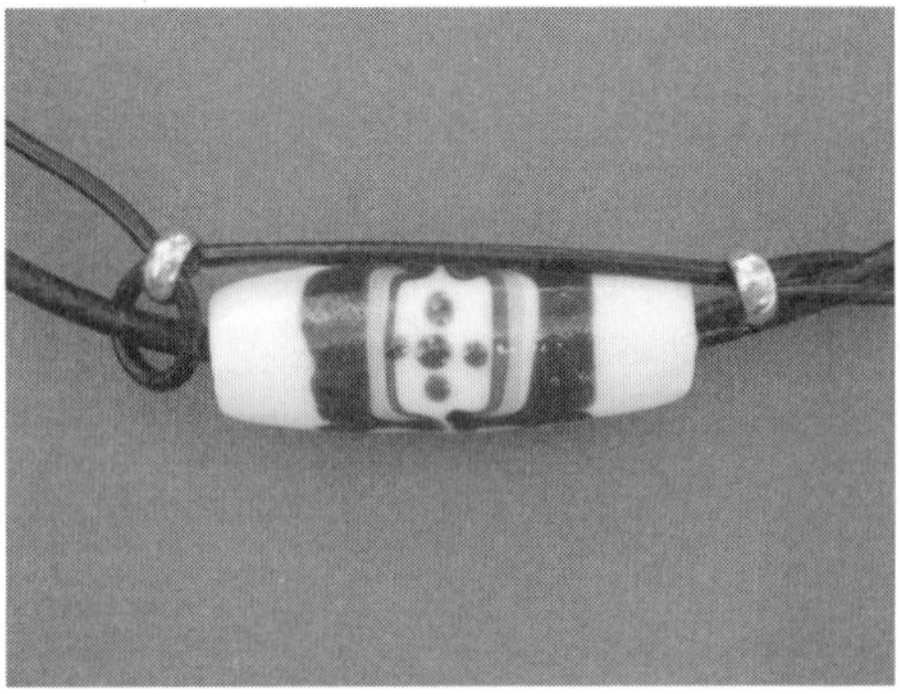

太陽の涙とよばれるトンボ玉（筆者撮影）

5. 表現される涙＝原住民文学の登場

原住民族の人々に伝わってきた神話や伝承はもちろん彼ら自身の言語で伝えられてきたものである。奇譚もあったり、話の筋が急に飛んでしまったりすることもしばしばある。こうした口承文芸は、その洗練の度合は別として、ある中心となる物語は存在するが、さまざまな語り部を経るにつれて変形を重ね、人々は自分が聞いた物語を自分なりに解釈すると同時に、そのときの状況や自分の思いなどにあった形で再結晶していくものであろう。共通した物語でないまでも、太陽が民族集団をこえた形で原住民族の人々の神話の中にくみこまれているのも、そうした口承文芸が原住民族の人々の歴史の中で育まれていったことを表していると言えよう。

原住民族の神話や口承文芸は日本統治期から人々の関心をよんできた。旧慣調査では台湾語や原住民族諸語も対象となっていたが、特に原住民族の言葉を調査、研究するうえで、共通のモチーフをもった神話は採取され、それが現在も記録として残っている。もともと文字をもたない原住民族の人々にとって、こうした記録は彼ら自身の歴史をふりかえったり、文化的なアイデンティティのありかたを言葉から問い直すうえで、貴重な存在となってきた。

一方で、原住民族の人々は、日本統治時代には日本語を学び、戦後の中華民国施政下にあっては公用語である普通語を習得していった。このことは、原住民族の人々による彼らを支配している側の表現様式を用いたメッセージの創出を可能にしたともいえる。その一つのかたちが原住民文学とよばれるジャンルの登場である。

台湾における原住民文学は、ブヌンの作家、トパス・トナピマとパイワンの盲目の詩人、モーナノンの登場をもって嚆矢とされている。すでに述べたように、それ以前にも原住民族は豊かな物語世界を有していたが、原住民文学というかたちをもって原住民族の人々の文芸が社会に開かれていったのは、従前の二人のうちトパス・トナピマの作品を含んだ作品集『非情の山地』の出版がきっかけとなったことは間違いない。原住民運動が社会的に注目されはじめた一九九二年に出版されたこの作品集は、漢族作家七人の七編の作品と原住民作家二名の作品四編で構成されている。

『非情の山地』に収録された「ひな鳥の涙」と題された作品はパイワンの書き手によるもので、物語は原住民社会の中での出来事である。一人前の大人になるために、パイワンやとなりのプユマ、アミの社会では、若い男性が一定の期間、合宿生活のようなものをおくり、さまざまな訓練を行うことがある。その様子を描いたこの作品の中にでてくる涙はどことなくユーモラスな印象さえ受ける。規則をやぶった少年の一人が褌一丁にされたうえで、棘のある葉をしきつめた筵の上に寝かされるというくだりである。

カピは命令を受けて、すぐに刑を受ける年上の少年を「筵」のうえに寝かせた。彼はむずがゆいのを必死にこらえていたが、堅く閉じた目からは涙がぼろぼろとこぼれ落ちた。体をしきりにねじり手で掻こうとするが、両手は後ろ手に縛られ身動きすらできない。彼は顔を歪め、観念したように天井を見つめている。ベンディはそばで呆然と見ていた。同情しても、厳しい規則のために彼を助けるわけにはいかない。彼は、このような特異なかゆみによる「フオナヨウラ」のような重罰は、普通の人には到底耐えられない刑罰だと実感した。（陳一九九二：二七九）

新入りのベンディが規則破りの少年が受ける刑罰を見ながら、まだ知らないことばかりの村のルールにとまどいながら、とても不安な気持ちになっている様子がよくわかるだろう。確かに刑罰という重い言葉がつづられているものの、それは一種、我慢くらべとも言うべきものであり、それを大真面目な様子で執行している首長の様子や、不安そうに見つめる新入りの描写は少年小説の趣さえ持ち合わせている。

こうしたユーモラスな涙とは対照的な涙が原住民文学の中に登場する。それは、長い間、被支配者としての社会的な地位を強いられてきた原住民族の人たちの声に代わる涙である。

トパスが書いた小説『最後の猟人』の中で、漢族の警官に狩猟をとがめられたブヌンの猟人が、せっかく捕らえた獲物を狡猾な警官に差し出す場面の描写を見てみよう。

「実のところ、お前を留置するのは忍びないんだ。ではこうしよう、獲物を置いていきたまえ。そうすれば、わしは任務を果たすことができるし、お前も無事だ」
ピヤリは、巡査がこれ以上追求しないと言うのを聞いて、涙をこらえてキョンを巡査に差し出した。（中略）
しかし彼がそれ以上におそれたのは、監獄の静けさだった。

支配者への抵抗が容易ではない歴史を原住民族の人々は経験してきた。霧社事件をはじめ、原住民族の人々を力で押さえつけることが日本の植民地時代には当たり前のように行なわれてきたし、中華民国時代以降は、国民党による白色テロともいうべき二二八事件で、少なからぬ原住民族の人々が犠牲となった。また、圧倒的に人口の少ない原住民族の人々にとって、社会の中における構造的な被差別状態を抜け出すのは容易なことではなかったといえるだろう。

モーナノンは主に詩を通して原住民族の受けてきた抑圧を社会にうったえてきた。その作風は魂から絞りだされるような原住民族の声をまっすぐに伝えるものである。モーナノン氏はパイワンの出身であり、目の疾患がもとで徐々に視力を失っていった。台湾では盲目の詩人としても有名である。

彼の詩には、原住民族の人々が受けてきた受難の歴史がモチーフになることが多い。とりわけ、性風俗の仕事に就かざるをえない状況におかれた原住民族の少女たちの思い、先祖代々住んでいた土地を施政者に奪われた搾取への怒りは彼の詩作の原動力になっているともいえるだろう。そんなモーナノンの詩に涙が描かれるとき、それは過去に流した涙であり、拭い去って前に進むべきものとして扱われる。

もしもあなたが山地人なら
すぐに血と涙にぬれた体をふき

巨木がめらめらと燃えるように
あなたが前進する道を照らせ

（「もしもあなたが山地人なら」の一節。下村作次郎氏訳。紙村他編二〇〇六）

そうしてすべてはまたどうして弟を責められよう
ただ利益のみを追い求める生活環境のなかで
気味には正統な道理も見えず
正義もあらわれず
ただ孤独と孤立だけが増すばかりだ
涙をふきなよ、もう泣かないことだ
君が焦がれるふるさとも
またあのように荒れはてて見る影もない
君の苦痛と怒りを
力に変えて
勇敢に立ち向かおう
すべては君自身にかかっている

（「遭遇」の一節。下村作次郎氏訳。紙村他編二〇〇六）

先の「もしもあなたが山地人なら」は原住民族として生きていくことに誇りをもとうと勇気を奮い立たせる内容の詩で、後者の「遭遇」は弟がおこした殺人のために自らが性を鬻ぐ仕事に就かなければならなかった女性へむけた勇気づけるためのメッセージともいえる内容の詩である。もちろん、この二編の詩だけで、社会的な軋轢に抗していった原住民族の人々の涙のもつ意味を説明してしまうわけにはいかない。ただし、モーナノンがこれらの詩を発表していった時代的背景は、もはや原住民族が悲哀の涙を流す時期は過ぎ去り、自分たちの権利とアイデンティティを台湾社会の中で確立していくために、とにかく前に進んでいくことをモーナノンに意識させたのであろう。時代の空気を敏感に感じとっていったモーナノンはその詩作の中で、原住民族の人々の抵抗の宣言を、涙をふきさるという行為にこめていったと考えることはできないだろうか。

むすび

涙、もしくは泣くという行為を切り口にして、筆者が調査をしてきた台湾社会のなかで気がついたことを思いつくままに述べてきた。台湾の複雑な歴史経験が文化の受容にも少なからぬ影響を与えてきたことが、涙というキーワードを通して、ほのかに浮かびあがってきたのかもしれない。中国や日本、韓国とは異なる涙の風景が台湾の社会の中に散りばめられているのである。

おそらく、筆者の気がつかない涙の風景は台湾には数あまたあるだろうし、とりあげた話題についても見方によっては異なる解釈を与えることはできるであろう。台湾の涙の風景、さらには台湾の人々の喜怒哀楽の風景が我々に台湾の文化や歴史の違った視座を与えてくれるのである。

〈参考文献〉
池田敏雄「出棺」『民俗台湾』二巻九号、一五頁、台北、東都書籍、一九四二
鈴木清一郎『臺灣舊慣冠婚葬祭と年中行事』台北、台湾日日新報社、一九三四
洪氏串珠「葬式の民俗」『民俗台湾』二巻一一号、一八〜一九頁、台北、東都書籍、一九四二
李時珍『国訳本草綱目第一二冊』（鈴木真海訳、白井光太郎校注）、東京、春陽堂書店、一九七三
桑子政彦『台湾写真大観』台北、台湾写真大観社、一九三三
陳英雄「ひな鳥の涙」『非情の山地　台湾原住民小説選』（呉錦発編、下村作次郎監訳）、一九九二
紙村徹他編『神々の物語—神話・伝説・昔話集（台湾原住民文学選五）』、東京、草風館、二〇〇六
許美智『排灣族的琉璃珠』台北、稻鄉出版社、一九九二

韓国で人はいつ泣くのか——涙は感情か、儀式か

林　史樹

はじめに

「韓国人はよく泣く」と聞けば、納得がいくとうなずく人たちがかなりいるのではないか。多くはテレビなどを通して、離散家族が再会を果たして泣いている場面や、イラクでの拉致事件で被害者が殺害されて遺族が泣いているといった場面を想像するかもしれない。あるいは、一九九四年の金日成の死に際して沿道で狂ったように泣き叫ぶ姿をみて、そのように感じた人もいるかもしれない。日本でも、たとえば一九八九年の昭和天皇の死に際して泣いた人々はいたが、人数も、度合いもさることながら、どうも「泣き方」自体が異なるように思われる。

この違いに対して、文化人類学者の崔吉城［二〇〇三：二二］は、「しばしば韓国人はよく泣くので情が深く涙もろいということを聴かされる」という。一般的に、韓国では泣く行為を「人間味」や「情」ということばで、ことさら強調する向きがある。①「泣き」がそれほど否定的に捉えられておらず、むしろ肯定的に捉えられていることが、韓国で「泣き」がよくみられる理由として考えられるかもしれない。

日常的によくみかける泣く行為であるが、実はこの「泣き」については、なかなか先行研究がみあたらない。涙に

しろ、詩や歌詞にはよくでてきても、それを文化として位置づけて言及されることはあまりなかったように思われる。

とくに韓国や日本の「泣き」に限ってみると、民俗学者の小島瓔禮［一九九七、一九九八］、知念良雄［一九九七、一九九八］、繁原央［一九九七］などが沖縄や島嶼部における泣き女について論考を残しているほか、葬礼の際に唱われる「泣き歌」②に関して、人類学者の酒井正子［二〇〇五］や植村幸生［一九九八］が成果をあげている程度である。まとまったものとしては、文化人類学者の崔吉城［二〇〇三］による研究のほか、新聞論説委員であった李圭泰［一九九五］のエッセイが目につくくらいである。

韓国の人々はよく泣くといわれ、その泣く行為を感情の発露とか、情があるという語で表現しがちである。情は果たして韓国の人々に固有の情緒で、泣くから感情が豊かといえるのだろうか。

本稿では、まず現代韓国において泣く行為が一般的であることを示す。次に、崔吉城の『哭きの文化人類学』（二〇〇三年、勉誠出版）と、李圭泰の『韓国人の情緒構造』（一九九五年、新潮社）を中心に論を展開し、朝鮮時代には感情は抑えられるものであったことを示す。同時に「泣き」の類型化を行うことで、時代によって求められる泣き方が変遷してきたことに着目する。そして最後に、これまで人間味や情として解釈されてきた「泣き」の行為を、一種の儀式的行動として捉えて検討していきたい。

① 崔吉城［二〇〇三：二二］は、親族のよく涙を流す男性に対し、その妻が「人情味のある人間」と肯定的に評価する話を紹介している。

② 葬送歌の研究に詳しい酒井正子は厳密な区分上、「哭きうた」と表記しているが、まずは一般的な漢字に置きかえたところの泣き歌として表記した。

1. 韓国における「泣き」

ことわざにみる「泣き」

日本などでは、「男は生まれて死ぬまで　三度しか泣かない」であるとか、泣くことが不吉な行為といわれるなど、とくに第三者に向かっておおっぴらに泣くことが規制されることが多かったように思われる。

それでは韓国では、泣く行為をどのように捉えてきたのだろうか。たとえば「울다（ウルダ：泣く）」という語が含まれる有名な諺には、「울지 않는 아기 젖 주랴」や「우는 아이 떡 하나 더 준다」などがある［東京外国語大学朝鮮語学科研究室編　一九八五：一一二］。これを直訳すれば、「泣かぬ子に乳をやるだろうか」、「泣く子に餅をさらに一つやる」ということになる。要するに「黙っている者には何も与えないし、与えられない」、自分で声をあげて主張をしないと他人は何もしてくれないことを諭した諺といえる。つまり、大いに泣く（声をあげる）ことが奨励されるのである。

したがって、「우는 아이 똥 먹이기（泣く子に糞を食わす）」という諺もよい意味で用いられない。泣いているのに欲しがっているものを与えず、価値のない、あるいは欲しくもない要らないものを与えるという意味で用いられ、むしろ情がなく、意地悪なことをしたときなどに用いられる。泣く（声をあげる）子には何かしてやるのが「情」というわけである。

このように、泣くという行為や、「눈물（ヌンムル：涙）」に関しては情と捉えられることが多い。たとえば、よく用いられる「눈물이 없다（涙がない）」といった句は［東京外国語大学朝鮮語学科研究室編　一九八四：一四一］、「情がな

い」という意味で用いられるように情と同義である。確かに、日本でも「人情のかけらもない」ことを「血も涙もない」というように、涙＝感情、あるいは人の情と捉えられる。また「泣く子と地頭には勝てない」といった諺もあるが、あくまでも泣いてよいのは子供である。成人、とくに男が泣くのははばかられるのであり、「笑う門には福来たる」のように笑うことが好まれ、基本的に泣くのは縁起が悪い、否定的な評価となるのである。

朝鮮社会における「泣き」

冒頭で指摘したように、今日、韓国の人々には「泣き」のイメージがある。しかし、韓国・朝鮮社会に影響を与えてきた儒教的な脈絡でいえば、「泣き」はもちろん、「笑い」や「怒り」も含めて感情は抑制されるものであった。たとえば、清貧なソンビ（儒学者）が、自分たちの生活を支えるために、ひもじい思いをしながら冬にも夏着を着ていた妻が病死したとの知らせを聞き、あまりの哀れさに涙を流したところ、涙を流したことを欠点とされ、ソンビ社会から疎外されたという［李圭泰　一九九五：二〇］。感情を表すことは他人から否定的評価を受けるのである。

鄭汝昌は、感情の表出を抑制し、感情をもてあそぶ詩をつくることすら道に外れるといって詩を書かなかった学者である。彼は、家門の子弟が科挙に合格して喜んで飛びあがったといって、天の星をとるほど難しい子弟の合格を取り消してほしいとの上疏文を書いたという。感情を抑制できない者がどうして民を治められるのかというのが理由であった［李圭泰　一九九五：一九］。

官吏たちが年に二度ずつ受ける試験で、悲しい思いや悔しい思いをして、泣きそうな顔をしたり、涙を流したりすると減点されたらしい［李圭泰　一九九五：二〇］。

男性はとくに涙を流さないのが原則である。科挙に首席合格をした高麗末の学者、李穡は離別詩を次のように詠んでいる［李圭泰　一九九五：三四］。

私には丈夫の涙があって
泣いても、三十年間、涙を落とさなかったのに
今日、亭の辺で君と別れる時に
春風に飛ばされ、一粒、落としてしまった

結局、朝鮮の伝統的な価値観や道義では涙や「泣き」の行為自体が極端に抑制されてきたのであり、抑制された涙は内向していったのである［李圭泰　一九九五：二〇］。そこで、自らが泣けない代わりに、朝鮮社会では鳥や虫、風や笛の音などに代理泣きをさせて、自分の悲しみを晴らしていたという［李圭泰　一九九五：二一-二二］。

そのような事情から、朝鮮社会では「代哭（テゴク）」が一般的になった。代哭とは、他人あるいは葬礼を行う屋敷の下僕が喪主の代わりに哭することを指す。哭とは、後述するように、泣き声の旋律を重要視した泣き方である。喪主は伝統的な規範に則って感情を表にだして泣けないため、代わりに下僕や雇用された人間が泣くのである。当事者たちの感情を抑制する一方で、この哭する人の数と声の大きさ、そこで醸しだされるもの悲しさこそが、死者の生前の権威を示すため、下僕が足りないときは他所から哭をしてくれる人々を集めてくることになる。専門的に泣いてくれる職能者を呼ぶのである。

また同様に泣く行為をとっても「女性の泣きは男性の泣きよりも、はるかに自然」［崔吉城　二〇〇三：九〇］とされる。ジェンダーによって許容範囲が異なるのである。これには、男性はより形式的に、女性はより形式から自由に

という二重構造的で、儒教的な価値観において期待される男性中心的な考えが横たわっているといえる。③

これらのことから、喪主の代わりに哭する人間には女性を選ぶことが多い。同様に朝鮮社会において賤民とされてきた、男児が産めない女性の代わりに代理出産をする女性「シバジ」の養女などが、これを兼ねることもあった［李圭泰　一九九五：三〇］。職業として喪家をまわりながら職業的に泣く女性のことを「泣き女」、「哭婢（コッピ）」、「哭女（コンニョ）」、「哭をする人（コッカヌンサラム）」というが、彼女たちも泣き方で等級が分かれ、報酬が異なったらしい［李圭泰　一九九五：三〇］。日本で、韓国の「泣き」といって思い浮かべるものが、まさに、この「泣き女」の存在であろう。

ただ、現代において「泣き女」の存在はあまり聞かない。④身近な人々に聞いても、「コメディなどでよく扱われることから、いることはいるのだろうが、実際に誰が親戚かどうかは葬式の場でわからない」という。つまり、多くの人々が集まる葬式において、誰かがひどく泣いていても、弔問客にとっては、それが故人の親戚なのか、知人なのか、他人なのか、区別がつかないからである。

「泣き女」が商売として成立したのも、代哭が必要であったという社会的背景があった。しかし、社会内で「泣き」についての需要や認識が変化するのにともなって、もともと哭さなかった親族が徐々に哭するようになり、必要性が薄れていったものと思われる。

③　後述する「泣き」の類型をこれに加えて図式化すれば、女性＝形式でない＝（感情を入れて）泣く＝巫俗における「泣き」、男性＝形式＝哭をする＝儒教葬礼における「泣き」といえるかもしれない。ただし、これはもう少し検討が必要である。

④　今日において、まったく存在が消えたかといえば、そうでもないらしく、インターネットサイトなどでは「泣く

人」で検索すると数件がひっかかる。いわゆる「何でも屋」などが窓口になっていたりもするようである。

2.「泣き」の変遷

さて、ここで「泣き」をさらに検討していくうえで、いわゆる泣く行為もいくつか分類できることに着目したい。これまで「泣き」と一括りしてきた行為が類型化することで、時代が下るにしたがい、「泣き」の様式が変わってきたと考えられるからである。

「泣き」の類型

崔吉城［二〇〇三：一五三］は著書のなかで、韓国の泣きには三つの類型があると指摘している。それぞれ、①泣き声が中心となる「泣」、②涙が中心の「涕」、③泣き声の旋律が中心の「哭」となる。以下、この三類型についてみていく。

このうち、泣と哭は前項に登場してきた泣き方である。両者とも声をあげることで第三者に悲しみを訴えかけたり、知らせたりする行為といえる。そのうち、泣が感情に任せた行為とすれば、哭はたぶんに感情を統制した泣き方といえる。哭とは、前項で触れたように代哭につながる行為で旋律が重要であり、必ずしも感情がともなっていなくてもよく、周囲に悲しんでいるということが伝わればよいのである。まさに泣き女が哭する際にも、第三者まで悲しみが伝わり、悲しくさせることが求められる。

第三者に訴えることの重要性に関しては、一つに現代韓国社会におけるコミュニケーションの取り方にあるように思われる。今日の韓国では、揉めごとなどに関しても第三者に自らの正当性を訴えかけることが多い。争いでも、日本などでは他人の介入を拒むことが多いが、韓国では大声で自分の正当性を叫び、周囲に人垣ができることを期待する。自らの正当性に関しても、その人垣に対して訴えかけるのである［林 二〇〇七：一〇六-一〇八］。

このことは、泣に対しても同様に指摘できそうである。自分が悲しい状態にあることを感情のレベルで第三者にいかに伝えたかで周囲から評価されるのである。その評価基準は「人間味」であり、「情」である。したがって、実際にそれが人間味のある行為であるか、情のある行為であるかは関係ない。ただ重要なことは、人間味や情が一つの価値基準となっており、それを推し量る方法が「泣き」の度合いということだけである。そして決まって、これほど泣ける「韓国人」は「情が深い」と吹聴されるのである。

泣や哭に対し、悌は感情が入って泣く行為であるが、第三者に悲しみを積極的に訴える行為ではない。あくまでも悲しみを内に秘めて嘆く行為で、ひたすら自分の哀れさを嘆くのである。そして、しばしば悌は、韓国でいわれるところの「恨」につながりやすい。

恨とは、日本でいう「恨み」と異なり、一般には「発散できず、内にこもってしこりをなす情緒の状態をさす語」で、怨恨、痛恨、悔恨などの意味も含まれるが、「日常的な言葉としては悲哀とも重なる」感情となる［金学鉉 二〇〇〇：三五五］。これはまた、自分の思い描く理想をかなえられなかったとき、胸中に募る感情といいかえられる。それゆえ、韓国語の「ソプソッパダ（섭섭하다：寂しい）」と関連性が深い。ソプソッパダとは、「スルスラダ（쓸쓸하다：寂しい）」のように単に孤独な寂しさを表現するだけではない。相手に対して何らかの期待があり、その期待がかなえられないときに用いられる語で、これがずっとかなえられないと、その「寂しさ」が募り、恨へとかたちを変えるのである。

この恨は、韓国社会で無視できない情念といえる。泣きだしてしまえずに内にためられ、外にあふれない涙は恨となり、恨が積もれば「怨（ウォン）」となり、怨が積もれば病気になるからである［李圭泰　一九九五：二三五］。恨のために病にかかったり、この思いを晴らすことができずにいたりすると、幽霊としてさまよったりしかねない。そうなると、子孫や現在生きている人々に災いをもたらすため、巫堂（ムーダン：シャマン）を呼んで、その思いを晴らしてもらうことになる。もし、これが晴らされなければ、悌は血涙へとかたちをかえていくのである。

血涙とは、『広辞苑　第五版』によると、「悲憤・悲哀のあまり出る涙、血の涙」［新村　一九九八：八四三］のことであるが、韓国にも血涙に相当する語があり、「血の涙（ピヌンムル）」あるいは「紅涙（ホンヌ）」と呼ばれる。「血がでるように泣く」とは、「とても悲しげに泣く」ことであり、ホラー映画でも幽霊が目から涙の代わりに血を流している場面をよくみかける。その際、幽霊は声をださずに泣く。悌の極致ともいえる泣き方である。

結局のところ、涕とは韓国でいわれるところの恨につながる「泣き」であり、それは第三者、主に巫堂が「解かれる」ことで昇華される。これがプリ（解く）である。ただ、血涙の段階まで行くと、死後もその恨は持ち越されるのであり、プリは困難を極める。

それに対し、泣自体は恨をともなわない。酒井［二〇〇五：二三九］が紹介する韓国人留学生の挿話は次のようである。「三日間泣きなさいというが、オバが亡くなったとき、母は二日間は思い切り泣いた。三日目になったら泣けなくなり、その後一年間くらい泣く気になれなかったそうだ」。同様に、琉球弧でも「思う存分泣き、うたいかけると心がすっきりして、〝もう行きなさい〟という気分になる」［酒井　二〇〇五：二三九］そうである。同じ「泣き」といっても、泣と悌では意味合いが大きく異なるのである。

以上のように、「泣き」についておおまかに分類したが、これらに境界線を引くことは難しい。泣と悌を完全に区

葬　儀

別もできない。いくら涙が中心といっても、声もでるだろうし、泣にせよ、涙はともなう。とくに近年において泣と哭の区分が難しくなってきたといえ、それは泣も哭も第三者に訴える行為であることに起因する。たとえば、哭も単に泣けばよいわけでない。近年、哭の訓練がなされなくなってきているが、[5] 哭には周囲に訴えて悲しくさせる旋律をだすことが求められるからである。

哭から泣へ

「泣き」の類型化の混同は、「泣き」に関する価値観の変化にともなうスタイルの変化とも関係する。本項では、哭から泣への変化についてみていきたい。

たとえば日本の事例となるが、南西諸島で「哭きうた」の調査を行った酒井正子［二〇〇五：一五］によれば、「琉球弧の葬送歌では、必ず死者の名を呼び、泣き、語りかける。死者に対しては、〝声〟に出さなければ思いが届かない」とされていた。ここでも哭することが求められていたのである。呼びかけとしての「泣き」である。

しかし、近年、酒井［二〇〇五：一五一一六］が奄美・沖永良部島の古老から聞いたところでは、「いまでは情がうすく、誰が亡くなってもみな押し黙って涙を流すだけ」で、それに対して「あれは泣いているふりをしてるにすぎない」といわれているらしい。つまり、葬礼の場においては、哭することこそ死者を弔うための「泣き」となるのであり、いくら感情の発露であっても悌では弔ったことにならないのである。

このような変化は韓国でも同様である。酒井［二〇〇五：二三九一二四〇］によると、ある韓国からの女子留学生は、親戚の葬儀のとき、「亡くなってすぐの死者は耳は聞こえるから、泣きなさい」といわれたのに対し、ソウル育ちの彼女は泣き方を知らなくて困ったというものである。このとき、親戚の葬儀で求められた泣き方ができなかったことは、彼女が悲しくなかったことを意味しない。ただ、死者を弔うための「泣き」があるのに、それができなかったというにすぎない。泣き方が変わったのである。

この変化について、酒井［二〇〇五：二〇七一二〇八］は奄美の事例を挙げて、①宗教的な要因、つまり日本復帰にともない、仏教や神道が一九六〇年代に徳之島に多く入ってくることで弔い泣きが抑制されていったこと、②日本本土との人的つながり、つまり日本本土との通婚が増えることで従来のしきたりに則った葬式が奇異にみられ、日本本土の規範が浸透していくこと、③火葬に変化したことで死者への名残や情念が薄れたこと、④身体的感受やパフォーマンスの「間接化」と人間関係の「希薄化」にともなって人に直接的に泣きかける表現を忘れていったことなどを指摘する。

このうち、宗教の変化が「泣き」の類型の変化に及ぼした影響については、崔吉城［二〇〇三：一〇七］も「仏教では哭を慎みその代わりに念仏を唱える」といい、「仏教では、死をひどく悲しんで泣くよりは、死それ自体を無視しないまでも、生死を超えた宗教的修行を重視しているから」と説明する。「泣きについても、韓国は儒教、日本は仏教の影響が強く現れている」[6]〔崔吉城　二〇〇三：一二八〕と考えたとき、一つは日本の植民地期に仏教の勢力が拡大したことを想起する。朝鮮半島における仏教勢力の拡大、それも日本仏教が先方にたった勢力拡大は朝鮮半島における哭を抑制させた要因とも考えられる。

③と④についても韓国社会で進行しているが、[7]さらに興味深いのは、哭の価値観が泣の価値観に駆逐されてきていることである。②に挙げたように日本の本土と徳之島の間でも、ある母親は「歌なんかうたったりして、はしゃいでいるようでおかしい。喪主なんだから静かにしてなさい」と本土に嫁いだ娘からいわれたそうである〔酒井　二〇〇五：二〇七〕。すでに哭の仕方もわからない若年層が現代韓国でも多数を占めてきており、韓国においても、哭がいつ「みっともない行為」に転換するかわからないのである。

⑤　以前は、嫁入り前の娘に専門の泣き女から物置や蔵でレッスンを受けさせたという〔李圭泰　一九九五：二六〕。

⑥　もちろん、必ずしも儒教や仏教だけで説明はできない。なぜなら本稿の趣旨どおり、儒教ではより厳格に感情の発露が禁じられていたからである。また現代韓国においては、キリスト教の影響を無視することはできない。

⑦　火葬については現在韓国全体で五割を超えている。また、人間関係の希薄さもソウル首都圏や大都市圏を中心に指摘されていることである。韓国で都市化現象が起き始めたのは、おおよそ一九七〇年代頃からといえる。

3．儀式的行動としての「泣き」

儀式的行動とは

『文化人類学事典』（弘文堂）によれば、儀礼とは秩序だった行為であり、宗教儀礼のみならず、挨拶に代表される儀式的行動や直接的に宗教とは関係のない世俗的な行事も含まれ、文化のなかの形式化された行動まで指す語である［梶原　一九九四：二一三］。また文化人類学者の浜本満［一九九七：一〇四］によれば、「文化人類学で〝儀礼〟という場合には、より限定された対象を指すのが普通であった」と断りながらも、「ある社会で何か行う決まったやり方がある場合、そうしたやり方の一種を指して」いるという。

儀式的行動については、文化人類学者の青木保［一九八四：二〇］が儀礼の説明として「あいさつ」を引き合いにだしながら、これを同時に儀式的行動と位置づけたりもしており、ある意味で同義的に用いている。そして、サリー・ムーアとバーバラ・マイヤーホフの見解も借りて、儀礼同様に儀式的行動の特徴として、①繰り返し行う、②意識的に行う、③「特別の」行動やスタイルをもつ、④秩序だっている、⑤喚起的で顕示的なスタイルをもつ、⑥「集合的」次元に属することをあげる［青木　一九八四：二一-二二］。

確かに「あいさつ」を、日常のごく普通の行為であると捉えると、儀式的行動といえなくなってくる［青木　一九八四：一九］。同様に考えれば、涙や泣く行為も儀礼あるいは儀式的行動といえなくなってしまう。浜本［一九九七：一〇四］なども儀礼というには、常日頃行われている行為には当てはまらないとし、仕方についても容易に理解できるものはそれにふさわしくないと述べている。

しかし、「あいさつ」を、方法も地域によって異なる作法であり、冠婚葬祭の節目などにも文化的な配慮としてわざわざ行わなくてはならない行為と捉えることもできる。そのように考えれば、儀式的行動といえ、日常的な性質のものに加えて「儀式的」性質のものがあると解釈すればよいことになる［青木　一九八四：一六-二〇］。同様に、「泣き」についても、それがある集団内のある脈絡で、必ずこうすべきという形態で行われているのであれば、儀式的行動といえるだろう。たとえば、冒頭で示したように「狂ったように泣き叫ぶ」など、その程度や頻度によって理解不能さがでてくるのであれば、浜本の要件にも合致してくる。以上のことから、本稿では「泣き」を儀式的行動と位置づけていく。

あるいは、「特別に」定められた儀式的行動というより、「泣き」自体が慣習化された行為といえるかもしれない。確かに、人々はすでに意識していない可能性があり、そうなればなるほど、泣くことや涙を流す行為は人間の本能にかかわってくる。しかし、慣習を「ある特定の社会集団が共有する特徴的な行動様式の全体で、衣食住のスタイルから慣習法による社会統制まで生活様式の多様な側面においてみられる」〔小野沢　一九九四：一八四〕と規定すれば、どの場面で涙を流さなければならないのか、哭しなければならないのかといった規範は、特定の社会集団が共有する特徴的な行動様式といえよう。⑧

以上のように考えると、生理現象で、感情の発露と捉えられがちな「泣き」にも、社会的な規範に制約を受けた側面がみえてくる。決して人間味や情だけで語られる行為ではなさそうである。

儀式的行動としての哭

「あいさつ」と同様に、「泣き」も儀式といえる。まず哭に関していえば、韓国・朝鮮では、臨終から死後三ヶ月後の儀礼「卒哭」までに、森羅万象、あますところなく欠けるところがない数字としての三三回の哭礼、三十三哭を行われなければならない〔李圭泰　一九九五：二八〕。それはいうまでもなく、哭が儀式として扱われているからであり、それに則って人々は哭するのである。感情とは切り離された行動といえよう。

それは古く朝鮮社会が感情を抑えてきたこととも重なる。哭は調節できる「泣き」の行為なのである。巫俗による葬礼において、執事が「以後は一切、哭をしてはならない」と宣言することで、それまでずっと哭をしていた故人の長女の泣き声が止んだという［崔吉城　二〇〇三：一二三］。哭が感情であれば、止めることが困難なはずであり、まったく感情に任せるままの行為ではないといえそうである。

これは男性においても同様である。崔吉城［二〇〇三：八三］は「韓国社会は男性が泣くのを全面的に禁じるのではなく、状況によっては泣くことを奨励する構造をもつ」といい、とくに「国家・民族・社会というイデオロギー的な次元に置いている」という。その例として、毛沢東や金日成が死亡したときの国民の泣きを引き合いに、「国王が崩御した場合の儀式も、国が滅びたのと同じく大きな問題だったので、儒生たちは哭をした」ことを提示する［崔吉城　二〇〇三：八三］⑨。逆にいえば、状況に応じて男女問わず哭が求められたのであり、求められて哭せない人間は社会規範から外れるとみなされたのである。

民族音楽学者の植村幸生も指摘するとおり、韓国の儀礼文化にあっては、「泣き」のスタイルが、ある種の定型的な表現といえるところまでつくり込まれており、哭に関しても、ほとんど「うた」のような、ある一定の音のパターンがある［植村　一九九八：二五］。このことからも、哭は一種の儀礼あるいは儀式的行動と捉えられるだろう。

儀式的行動としての泣

それでは泣はどうであろうか。一見、泣は感情の発露としてみられ、これまで韓国・朝鮮社会では、「これこそは我々の情」と宣伝されてきた行為である。

しかし、泣という行為も、必ずしも場所を選ばないわけではない。たとえば、このようなことがあった。ある結婚式において、妻側の両親が泣いているのに、もらい泣きをして新郎側の母が泣いた場合、情と評価されないことがあった。「なぜ、この人は泣くのか」、あるいは「おかしな人間」という評価が下されたのである。ここで推測できるこ

結婚式

とは、結婚において泣くことを許容されている、あるいは求められているのは、あくまでも新婦側の両親であって、新郎側が泣いても人間味でも、情でも何でもないと評価されることである。新婦側の両親は泣くことで情があるといわれ、泣かないと娘を嫁がせるのに情がないという評価を受ける。逆に、新郎側の両親は泣くことが儀式として求められていないため、泣くことは逸脱した、おかしな行為とみなされるのである。

同様なことは、崔吉城［二〇〇三：九〇］も指摘している。「女性といえども度を越した悲しみの表現をしてはならない」、なぜなら「激しい泣きを認められているのは、死者に近い親族に限られているので、見境なく泣くと〝軽率だ〟とか〝自分勝手に泣いている〟と、面罵されたり批判されたりする」からである。

この「見境なく」の部分がそれぞれの文化的背景に起因したり、あるいは個々人によって異なったりするだけで、決して感情のみに起因される行為でなく、たぶんに儀式的行動の側面が強いといえる。

さらに、儀式的行動としての泣についていては、崔吉城が紹介した卒業式の事例が興味深い。崔吉城［二〇〇三：七四］によれば、韓国でも学校で卒業式を行えば、鄭順哲作曲の「卒業式の歌」を唱って泣くのが普通であったという。ところが、大学教授であった藤原正彦は、アメリカの教壇に立って、アメリカの学生が卒業式で泣かないことを不思議に思ったそうである。それによれば、（藤原は）自らを振り返って卒業式で胸が一杯になった記憶はあっても、何が悲しかったのかわからないといっている。そこから、卒業式での涙は、単なる別離の悲しみだけでないといった見解に結びつける。つまり、「卒業式は悲しいもの」というプログラムにしたがって、人々は涙を流しただけというわけである。

同様に、涙も感情で流れるものであろうが、感情とは別にコントロールできるものといえる。たとえば、「涙の女王」と称される韓国の女優のチェ・ジウは、瞬時に涙の演技をみせ、スタッフに強い印象を与えたといい［internet 中央日報日本語版二〇〇五年一一月二九日付］、また男優のイ・ジュンギも「泣いて欲しい」という注文に対して8秒で涙を流したという［internet 朝鮮日報日本語版二〇〇六年二月二一日付］。

イ・ジュンギなどは、これについて普段から悲しい音楽をいくつか頭に記憶しておき、その音楽を思い浮かべ、悲しい自分の姿を想像し、自分を悲劇の主人公に追い込んでいくことで、瞬時に涙を流すことができるという［internet 朝鮮日報日本語版二〇〇六年二月二一日付］。もちろん、これら瞬時の涙を感情の高まりの結果と捉えることもできようが、同時に一種の演技、あるいは代哭につながる儀式的行動とも規定できそうである。つまり、涙を流す行為も、代哭が訓練することで上手にできるように、単に寂しさや悲しさ、情という感情のレベルにのみ起因するのではなく、訓練によって可能といえる。

これは決して今日のみのことではない。李圭泰［一九九五：二七］によれば、義父や義母の死に際して、女性が嫁ぎ先から涙を要求されるため、女性は嫁入りに際して哭を練習することになる。ただ、専門の泣き女から哭のレッスンを受けたからといっても発声だけはまともにできるかもしれないが、涙まででるわけでなく、涙がでない哭は欠礼となるため、口さがない婚家の人々に悪口をたたかれる。そこで、嫁入りの娘にもたせたのが「涙袋」である。涙袋とは、胡椒や芥子の種が一杯に入っている袋で、涙が期待される場面にもかかわらず、涙が流せないときに用いるものである。

そして、涙袋の力を借りずとも、訓練して涙を流せるようになったとき、初めて韓国・朝鮮社会において「一人前」と認められたのである。

⑧ さらには、これらの行為を、それぞれの社会がもつ慣習化された独自の技法であるところの身体技法［モース 一九七六：一二三－一二四］、あるいは、習慣化された型としてのハビトゥスと考えることも可能かもしれないが、これに関する議論はさらに検討が必要である。

⑨ 朴正熙大統領暗殺のとき、当時六－七歳であった女性が「国がつぶれるかと思って泣いた」という。まだ幼いため、国家という概念もなく、たぶん周囲の「大人」たちがそれを刷り込んだものと思われる。聞けば、彼女の母親も泣いたという。彼女は決して儒者でないが、まさに「国家の滅亡に際して哭する」行為を無言の訓練下のなかで行ったといえる。

まとめ

韓国・朝鮮社会では、涙に応じて「情の深い人間」という合格印が押されてきた。儀式的行動として泣くことを「感情の発露」と評価し、「自ら」を「情のある民族」と称してきたのである。⑩ しかし、韓国の人々は、これを儀式的行動とは受け取っていない。むしろ、感情にまかせて泣いているという。

これに対して、もともと哭で代表されていたところの「泣き」が、社会的な変化によって影を潜め、泣を中心とする「泣き」に取って代わられるようになったという解釈が成り立つ。前節のように、現代韓国社会においては哭の代わりに泣が求められるようになったことが、その背景としてあげられる。これには外部との接触が余儀なくされた植民地期やアメリカ軍政期など、社会変動期に起こった、技術継承の問題、宗教観や生活スタイルの変化などが関係していると考えられるが、これについてはもう少し調査が必要である。

いずれにせよ、その変化のなかで、哭から泣へと彼らの死者の弔い方が変わっていったのである。それにもかかわらず、泣に対しては、引き続き感情の発露のみで解釈されてきた。したがって、哭の代わりに泣がみられないことは死者への不敬となり、情のない人間という烙印が押されてきたのである。社会的な慣習としての哭から泣への変化である。

このことは、形式（儀式）も慣習化すれば、感情になりうるということを示している。感情も形式によって手なずけられるということである。

ただし、以上の議論は、韓国・朝鮮社会における泣く行為がすべて儀式的行動であることを示すわけでない。韓国（朝鮮）でも別れが泣くうえで一番の要因になっていたが［李圭泰　一九九五：一五―一六］、別れの際に、社会慣習として必ずしも泣や悌が求められていたわけではないからである。また、それは以前も同様で、ウルムコゲ（泣嶺）という地名が全国にあるのも、嫁いだ女性はおおっぴらに泣けないために、畑仕事や山菜採りという口実で婚家を離れ、地面を叩いて声をあげて泣ける場所が多く存在したことによるといわれる［李圭泰　一九九五：一八］。ここでの「泣き」は自分のための「泣き」である。感情の赴くままの泣や悌といった「泣き」は過去から現在まで人間の摂理として行ってきたのである。

それを明確に区分するために、本稿では「泣き」の類型化に着目したわけである。

哭は、もともと第三者に本人が悲しんでいるという意思表示であり、儀式的行動としての「泣き」であった。その哭でさえ、現代韓国社会の脈絡では感情の発露と理解されるようになったかにみえるのは、本来、さまざまな類型をもつ「泣き」が一括りにされ、混同が生じてきたからである。たとえば、酒井［二〇〇五：二〇九］によれば、泣くという行為は、その場にともにいる人の感情に直接訴えかける力をもつ」といい、「〝弔い泣き〟は濃密な人間関係や対面行為があってはじめて可能」という。しかし、そこには哭と泣の混同がみられ、むしろ儀式としての哭を行うことで酒井のいう「濃密な人間関係」をつくりあげようとしたのである。

さらにいえば、混同したのではなく、儀式的行動としての哭が泣に取って代わることで、泣も同じく儀式的行動の側面をもつ行為になったと捉えられるかもしれない。これにより、哭もまた、感情の発露である泣と同一視されるようになったのである。あるいは、代哭がもはや必要とされなくなった現代韓国において、また技術としての哭が継承されなくなった現在、感情の発露として声をあげる泣は、声の旋律が重要とされる儀式的行動としての哭に取って代わり、それが慣習化されたとも考えられるのである。

「泣き」が多くみられることは、必ずしもその社会の構成員の感情が豊かで、情が深いことを意味しない。いうまでもなく、儀式的行動として、あるいは慣習化されて泣いている側面があるからである。それはある状況で自然と涙がでるように訓練されてきた結果でもある。不可分ながらも、感情には本能として表出されるものと、社会的に訓練されて表出するものがあるといえそうである。

⑩　後は、泣く行為が当該社会で受け入れられるかどうかであるが、受け入れられる、つまりわかってもらえることで、それは「情が通じた」と解釈される。もちろん、これは当該社会だけでいわれる「情」であり、必ずしも人間としての思いやりや優しさとしての感情である情があるかないかは関係ない。あくまで主観的な、自分本位な感情とし

ての「情」である。韓国社会では、これを「民族」的で、特殊な感情として扱う傾向が強く、「我々は情がある」と用いることが多いが、これはあくまで規定内の「情」に限られており、それが思いやりや優しさにつながるかといえば、まったく別問題といえる。

〈参考文献〉

青木保『儀礼の象徴性』岩波書店、一九八四

崔吉城（舘野あきら訳）『哭きの文化人類学』勉誠出版、二〇〇三

知念良雄「念仏者の泣き女」『比較民俗学会報』17⑷一九九七、一八〜一九頁

「念仏者の泣き女⑵」『比較民俗学会報』18⑴一九九八、一八頁

浜本満「儀礼」『文化人類学キーワード』有斐閣、一九九七、一〇四〜一〇五頁

林史樹『韓国がわかる六〇の風景』明石書店、二〇〇七

梶原景昭「儀礼」『［縮刷版］文化人類学事典』弘文堂、一九九四、二二三〜二二四頁

金学鉉「恨」『朝鮮を知る事典（新訂増補）』平凡社、二〇〇〇、三五五頁

小島瓔禮「那覇の泣き女」『比較民俗学会報』17⑷、一九九七、一九〜二一頁

「徳之島の泣き女」『比較民俗学会報』18⑴、一九九八、一八〜二〇頁

M．モース（有地亨・山口俊夫訳）『社会学と人類学Ⅱ』弘文堂、一九七六

新村出編『広辞苑　第五版』岩波書店、一九九八

小野沢正喜「慣習」『［縮刷版］文化人類学事典』弘文堂、一九九四、一八四〜一八五頁

酒井正子『哭きうたの民族誌』小学館、二〇〇五

繁原央「哭と代哭」『比較民俗学会報』17⑷、一九九七、一六〜一八頁

東京外国語大学朝鮮語学科研究室編『朝鮮語慣用句集（上）』東京外国語大学、一九八四

『朝鮮語慣用句集（下）』東京外国語大学、一九八五
植村幸生『韓国音楽探検』音楽之友社、一九九八
李圭泰（尹淑姫・岡田聡訳）『韓国人の情緒構造』新潮社、一九九五
朝鮮日報「イ・ジュンギが8秒で涙」http://www.chosunonline.com/article/20060221000064
中央日報「チェ・ジウ『涙の女王』」http://japanese.joins.com/article/article.php?aid=70129&servcode=700&sectcode=740

涙を断ち切る文化

――マダガスカル南西部ヴェズ社会における死者への態度

飯田　卓

はじめに

肉親が亡くなると、誰だって悲しい。だから、肉親が中心となって組織される葬儀というのは、湿っぽくなってしまうし、涙がつきものである。湿っぽくなってしまうというより、意識的に悲しみを演出するよう、参列者が協力しているように思えるふしがある。故人が慕われていたのだということを、最後に確認するかのように。

だが、このような考えかたは、多くの日本の葬儀についてはあてはまっても、文化的背景が異なればかならずしもあてはまらない。ここでは、わたしが長らく調査してきたマダガスカル南西部のヴェズ社会のことをとりあげよう。この社会では、とくに高齢者が亡くなったときなど、酒を飲みながら歌ったり踊ったりして夜を明かし、おおいに楽しむことによって通夜の雰囲気を盛りあげる。そうすることが、故人への最大の供養だと考えられているのである。

1. ヴェズ社会における葬儀の進行

マダガスカルは、インド洋の西のはし、アフリカ大陸から約四〇〇キロメートル東に位置する島国である。地域ごとに多様な文化がみられるが、島民の話す言語はすべて、オーストロネシア語族に属するマダガスカル語の方言とみなせる。オーストロネシア語族の言語は、マダガスカルのほかに、東南アジアやオセアニア各地などで広く用いられてきた。このことが示すのは、インド洋のかなたの東南アジア島嶼部からマダガスカルが文化的影響を受けてきたことである。葬送の儀礼についても、マダガスカルのものは東南アジア方面と関係が深いという説がある（Deschamps 1965）。

ヴェズの人びとは、マダガスカルの南西海岸部に居住する。彼らの多くは、海で魚をとったりそれを町へ運んだりという水産関係の仕事に従事し、みずからを「海での生活に秀でた者」と自任することが多い（Astuti 1995; 飯田 2008a）。ヴェズの人びとは、一七世紀以降にこの地域を支配したマシクル人のアンヂェヴラ王国から距離をおきつつ暮らしてきたらしい（飯田 2008b）。ヴェズたち漁民は、農耕民と経済的な関係をとり結ぶだけで、積極的に王国の臣民になろうとしなかったのだと推測される。そして現在でも、自分たちはマシクル人ではないという独立心を維持しているのである。

冒頭に記したように、ヴェズの人びとは、葬儀においてしばしば愉快に時をすごす。しかし、そうした場面は、誰が死んだかによって異なってくる。とくに、故人が多くの子孫を残したかどうか、敬虔なキリスト教徒であるかどうかが、葬儀のやりかたに違いをもたらす。以下では、これらの点に配慮しながら記述を進めていこう。なお、葬儀のやりかたは、村落か都市かによって、また地域によっても異なってくる（Astuti 1995）。以下の記述は、ほとんどの住民が生計の大部分を漁業に依存する村落部のもので、ムルンベという町に近い地域のものである。

誰かが亡くなると、遺族のひとりが、死者が出たことを大声で告げる。口伝てで噂が広まるから、何度もくり返す必要はない。この声の届く範囲にある者たちは、とにかく動きをとめて耳をすませる。彼らが告知役に話しかけることは、まずない。そして、故人との関係の近さによって、弔問するタイミングを決める。

このおふれは、死者を出した村のみならず、故人に近しい者がいそうな村でもおこなわれる。したがって遺族は、ほうぼうの町や村に告知の使者を派遣する。とくに近しい者に対しては、一刻も早く葬儀に駆けつけることができるよう、帆走カヌーや牛車（ウシに牽かせる車）を迎えにやらせる。

故人が独身だったり、子宝に恵まれなかったりした場合、弔問客は少ないと予想されるから、こうした手間はほとんどかからない。逆に、多くの子や孫をもつ高齢者が亡くなった場合、それら卑属の住む町や村のみならず、その配偶者の実家にまで使いを出すから、手際よく指示を出さなければならない。おそらく、指揮者は悲嘆にくれるひまもないだろう。こうした手配が、葬儀にむけての最初の準備である。

指揮者が慌ただしく采配をふるういっぽうで、故人の安置された家では、しばしば悲痛な慟哭が聞かれる。このような悲しみはかならずしも長時間続くとはかぎらないが、訪れた弔問客は、故人の横たわった寝台のもとにまずひざまずき、その悲しみをあらわす。この時点では、涙を流して死を悼む雰囲気が場を支配しており、弔問者もそうした雰囲気にしたがうよう求められる。

故人の婿や嫁など、下の世代の姻族にあたる人たちは、故人とすごした時間が比較的短いから、涙など出ない場合も多いだろう。しかしその場合にも、悲痛を示すように語尾を長く伸ばしながら、「父さーん」「母さーん」などと顔を伏せて呼び続ける。しばらくして部屋から出ると、けろりとしていることもあるのだが、少なくとも死者の前では悲しむことが求められるようである。

　こうした雰囲気が変わりはじめるのは、夕方である。夜になると、死者の家のまわりでは、夜どおしジヘェ（jihè）と呼ばれる短い文句の輪唱がおこなわれる。これに参加するのは若い男女で、輪唱しながら故人の安置された家のまわりを左回りに駆け足でまわり、しばしばふざけ合って場をにぎわせる。四〇代以降の年齢層は、これに加わることは少なく、広場に集まってすわっている。彼らのいる広場では、楽団がテンポの速い曲を奏で、踊りのうまい者がときおりステップを披露して、観客の笑いを誘う。この傾向は、酒が入ることでますます拍車がかかるが、酒をふるまっているのはほかならぬ遺族たちである。遺族たち自身が、通夜の場をすすんで宴のように盛りあげているのである。

　もちろん、弔問客が少なければ、このようにはいかない。酒で場を盛りあげたところで、じょうずに交代しなけ

葬儀を盛りあげる楽団が隣村から到着。若者たちの気分が高揚しはじめる。

れば場を維持することはむずかしく、けっきょくはしらけてしまうのが落ちである。そのような場合には、キリスト教の賛美歌を詠唱することが多いようだ。村落部では、キリスト教が普及しはじめて数十年にしかならないが、この地域ではカトリック教会が私立学校を運営しているので、若い世代は学校で賛美歌をいくつも教わっている。

また、弔問客が多くとも、故人が敬虔なキリスト教徒の場合には、ジヘェをやらせたり楽団を招いたりせず、一貫して賛美歌で夜を明かすことになる。しかし、このときも遺族たちは、にぎやかに時をすごすよう参列者に奨励する。声高らかに歌った者に対して、とくに多くの酒をふるまうのである（Astuti 1995: 111）。

夜が明けて小鳥がさえずる頃には、ジヘェも賛美歌も中断される。埋葬の日でなければ、次の夜もまた夜更かしをしなければならないので、参列者たちは日がのぼっているあいだに休息をとる。また、故人を収めるための棺桶も、遺族の男たちが中心となって日中に製作する。あらたな参列者が到着するのも、ふつうは日中である。ジヘェや音楽、賛美歌でにぎわう夜にくらべて、日中は比較的静かな時間が続く。しかし、食事のふるまいの前には、にぎやかにジヘェがおこなわれることもある。参列者は次第に増えるから、昼も夜もにぎわいを増していく。遠方の親族が到着するまで、「通夜」は続けられる。

埋葬の日には、遺体の安置されていた家の東の壁がとり壊される。これは、ガマの葉で屋根や壁をふいた家屋の場合である。都市部では、こうした植物素材の建築が少ないから、家が壊されることはないのだろう。東の壁がとり壊されるのは、西側にとりつけられた入口が小さく、棺桶を出し入れできないためだろう。また、村の西側が海に面しており、墓地が村の東側に位置していることとも関係していよう。こうした東西関係は、多くの村で共通している。

家のなかに棺桶を運びこみ、遺体を収める作業をしているあいだ、会計係が香典（hafolaha）の金額を読みあげる。その合計額が多いほど、故人が慕われていたことがわかるわけだ。割礼祭など他の儀礼でも、これは行事の終わり近

故人を収める棺桶の製作。男性たちの共同作業である。

墓地に向かうジヘェの隊列。先頭は十字架を背負って走り回る。

くでおこなわれる。ただし、子孫をもたない若者が亡くなった場合には、このようなことはおこなわれない。

家から運び出された棺桶は、牛車に乗せられて、墓地まで運ばれる。村から墓地までは約一時間。四キロメートルばかりあるかと思われる。墓地が村の近くに位置することはまずない（Astuti 1995: 107-108）。牛車の歩みに合わせて参列者は歩いていくが、ここで、最後のジヘェがおこなわれる。ジヘェの一団は、行列の後ろから駆け足で追いつき、行列の前方にまわりこんでまた後ろに去っていく。ちょうど、彗星が描くような軌道で、行列の周りをまわるのである。このとき、行列を先導していた男も、ジヘェに加わって走り回る。故人の卑属らしきその男は、墓地に立てるための十字架を担いでいるから、走り回るとそうとう疲労するはずだ。しかし、故人への孝行が終わりに近づいたとあって、元気に走り回る。

墓地は、どの村からも離れた藪のなかにある。よそ者が一見しただけでは、墓地とはわからない。石が山のように積み上げられているだけである。十字架や墓標が立っていることが、墓地といえば墓地らしい点であろうか。目をひくのは、故人の使った鍋や食器が転がっていることである。いずれも金属製で、墓場に意図的に残したものだ。日常的に使うものと区別するよう、わざわざ石を打ちつけてへこませたり傷つけたりする。

あたらしい棺桶は、石垣の一角に置かれる。石垣の上方に安置される場合には、棺桶が落ちたり石垣が崩れたりしないよう、周囲が杭で固定される。そして、近傍に転がっている石で棺桶が覆い隠され、かたわらに十字架が立てられる。葬儀はこれで終わりである。帰り道、水場で足を清めて帰ることもある。

村では、しばらくのあいだ、故人の家が壁を壊されたまま放置されている。しかしこれも、やがて、完全に壊されて撤去される。死者を思い出させる景観は、こうして村から消え去ってしまうのである。

2. 理想的な葬儀とは

このように、参加者は葬儀の期間中、とくに夜の時間をにぎやかにすごす。音楽あり、賛美歌あり、ジヘェあり。そのなかでも、ジヘェについては、もう少し詳しく書く必要があるだろう。ジヘェは、数年に一度おこなわれる割礼祭などでもみかけるが、筆者が居合わせたジヘェのほとんどは、葬儀の場で目にしたものだった。ジヘェのようすを詳しく述べれば、葬儀がいかに涙と無縁のものであるか、理解できるはずである。

まず、ジヘェにおいて唱えられる文句を紹介しよう。ジヘェを唱えるときには、多数の声が重なりあい、しかもふだんの発声とは違ったふうに発音されるので、筆者が書きとめることのできたものはわずかであった。しかし書きとめたところで、日常的になにげなく発するような言葉や、意味不明な言葉が多い。「青い灯があかあか灯ってる（Tomaratara jiro manga）」、「知ってるぞ（Hainay）!」、「名声求むべからず（Ka mila laza）」、「ゆっくり運べ（Ka andese marè）」、「ここらの土地の水は塩からい（Tanà mbao masira rano）」、「頭の赤い太ったホロホロチョウ、曲った赤い鉄砲で撃たれた（Akanga mena loha vondrake tsatsiny la basy mena la miodake）」「飛行機が後ろでうなってる（Boiñe mangotsoke afara）」、「くさいイモ（Belè lo）」など。民俗の古層の手がかりがつかめるなどと考えていると、拍子ぬけしてしまう。

そうしたなかに、日本の感覚からすればおよそ葬儀に似つかわしくない、性的な文句がいくつかあった。「男たちはまだ胸毛ぼうぼう、女たちはまだグラマー（Nahoda reo mbo be volon-tsatsa, ampela reo mbo kimonean-tsatsa）」などといった文句だ。その他の文句も、解釈次第では性的な意味にとれるように思えてくる。ひょっとすると、ふだんはたがいに離れた村に住む若い男女は、逢引の場としてこのにぎわいを楽しんでいるのではないだろうか。

ジヘェの参加者は、ありったけの声を出しながら、家のまわりを走りつづける。いつしか息があがって顔は紅潮し、ちょうど興奮したのと同じ状態になる。ジヘェだけに集中しているというわけではない。ふざけ合い、笑いながら、ジヘェは展開する。「Ka mila laza（名声求むべからず）」というべきところを、「Ka mila drala（金銭求むべからず）」という替え歌にすることは、若者たちのお気に入りである。ふざけて笑い転げる者もいる。たんに慣例にしたがっておこなっているというより、葬儀のときにしかあじわえない楽しみを、せいいっぱい楽しんでいるようにみえるのだ。

このような場の盛りあがりは、よいものとして評価されている。割礼祭などの祭においてと同じように、盛りあがった葬儀はいつまでも人びとの記憶に残る。筆者自身、ジヘェに参加した経験は数えるほどしかないが、数年たったのちでも「○○さんの葬式のときには楽しかったね」と話しかけられることがある。また、あたらしく村に嫁入りした女性と話しているとき、相手が初対面だと思っていると、「○○さんの葬式のときに一緒にジヘェに参加したじゃない」と言われることもある。暗くて顔などわからないのだが。

祭が盛りあがったことを、ヴェズ語では「マレサケ（maresake）」あるいは「マサケ（masake）」と表現する。前者は、「変わったできごと」「ニュース」を意味する名詞で、大盛会という意味にも大惨事という意味にも使われる。「マサケ」については、少し詳しい説明が必要だろう。この形容詞は、果物が「熟した」あるいは料理が「できた」、料理に「火がとおった」という意味で用いられる。葬儀がマサケだったということは、その葬儀が、本来の目的を十全にはたすような状態にまで達したということであろう。葬儀は、参加者の興奮を最高潮にまで高めることで、その本来の目的をはたすのである。その目的が何なのかは、よくはわからない。死者の霊魂を慰めることかもしれないし、参列者の親族的つながりを再確認することかもしれない。しかし、筆者は次のように考える。葬儀における参列者の興奮は、遺族の涙や悲しみを断ち切り、そのことによって生者と死者の区別を明確にする。そのことが、ほんらい葬儀において期待されてきたのではないだろうか。

3．涙を断ち切る

すでに述べたように、故人の近親者とくに配偶者は、故人の死にのぞんで深い悲しみを示す。とくに故人が高齢のときは、配偶者も高齢で墓地まで同行できないため、最後の別れとなる出棺のときには、顔を伏せて泣いている。おそらく、臨終のときをのぞけば、遺族にとっては出棺がもっとも悲しい場面になるのだろう。しかし、葬儀の期間をとおして、配偶者はずっと悲しい時間をすごしているはずである。配偶者のようすをずっと観察したわけではないが、配偶者が酒をふるまったり一緒に踊ったりしている場面を筆者はみたことがない。悲しみのかけらも感じられない祝祭空間のなかで、配偶者は、孤独な悲しみに耐えているのである。

どんなに祝祭的な葬儀でも、悲しみにくれる人はいる。しかし、多くの人びとは、そうした悲しみが「場ちがい」だと認め、悲しみをできるだけ断ち切る方向に場を仕立てあげている。だからこそ、いかに悲しみにくれた遺族でも、お祭り騒ぎに水をさすようなことはしない。遺族もまた、場ちがいな悲しみを乗りこえて、できれば祝祭的な雰囲気に同化しようとしているのかもしれない。そうだとすると、葬儀の参列者たちは、涙を断ち切ろうとする遺族を助けているのだとはいえまいか。

こうした意見を受け入れてもらうには、ヴェズ社会において生と死が截然と区別されていることを示す必要があろう。筆者が調査した地域から離れた地域でヴェズ社会を調査したアストゥティは、ヴェズの人びとが死者をできるだけ遠ざけていると論じている。墓地は村から遠く離れているし、藪に覆われていて近寄っても見えない。埋葬のとき以外に人がそこに近づくのは、タブー（faly）である（Astuti 1995: 107-109）。さらには、イタリアから来た絵葉書のなかで墓地が家のすぐ近くにあるのを見て、信じがたいといった反応を示したという（Astuti 1994）。

このことは、筆者の調査した地域でも同じであった。ふだん墓に近づくべきでないのはむろんのこと、死者の名まえを口にしたり、字に書いたりするのもタブーであった。死者をこの世に呼びだすのと同じだというのである。死者の名まえは、墓地に立てられた墓標や十字架に記すだけでじゅうぶんなのだ。

故人の生前の写真を残すことすら、かつてはタブーであった。ヴェズの村で撮った写真を日本で現像し、次の訪問時におみやげとして配っていたとき、思いがけないことが起こった。写真の何枚かが、わたしの目の前でことわりもなく破られたのである。何が気に入らなかったのか、最初、わたしにはわからなかった。よくよく聞いてみると、わたしが日本にいるあいだに亡くなった人がいて、その人が写真に写っていたというのである。日本人の感覚ならば、せめて撮影者のいないところでこっそり破るところである。いかに死者が忌み嫌われているかが推しはかれよう。ただし近年は、死者の名まえを口にすることや、その写真を手元に置くことは、次第に許容されるようになっている。

墓の写真をとりたいと思って、埋葬以外の日に墓地に行きたいと村人に頼んだことがある。もちろん願いはかなえられなかったが、そのときに理由を聞いてみた。それによると、祖霊（raza、「祖先」「祖父母」「尊属」といった意味もある）は厳格（masiake）だからだという。マシアケをここでは「厳格」と訳したが、文脈によっては「兇暴」「気まぐれ」「わがまま」とも訳すこともできる。いずれの場合にも、「ふつうの人には手がつけられず、遠ざけておくべきもの」であるというニュアンスがともなっている。追いつめられた獣、怒りくるう人、泣きわめく子ども、理不尽な命令をくだす白人など、すべて「マシアケ」という語で形容される。祖先もまた、近づくと何をしでかすかわからず、遠ざけて放置するしかないのである。

たとえば、ある種のタブーをおかすと祖先が怒り、タブーをおかした者を死にいたらしめる。近親相姦などの場合がそうである。ヴェズ社会では、系譜の知られるかぎりで共通の尊属をもつ男女は、その尊属から何世代離れていようと、性的な関係をもってはならない。こうした親族に関する秩序を乱す者は、祖霊の怒りにふれ、死にいたる。たとえ違反者本人が死ななくとも、近い親族が突然の死を迎えなければならないという。

また、祖霊に対してしかるべき捧げものをしないと、やはり生者が死にいたることがある。ヴェズ社会では、祖霊に対する捧げものを頻繁におこなうわけではない。しかし、一部の祖霊は、夢枕に立ったり生者に疼痛を与えたりして、捧げものをおこなうよう要求することがある。捧げるものは場合によってまちまちで、タバコや酒、魚、米といったささやかなものですむこともあれば、ヤギやウシをまるまる一頭買って殺すようにと祖霊が指示する場合もある。夢見によって祖霊の指示を受けた者は、すぐさま捧げものをおこなって、祖霊の機嫌をそこなわないようにする。

また、別の場合には、近代的医学で説明できない疼痛を祖霊が生じさせる。疼痛をかかえる本人は、それが祖霊のしわざだと気づかないが、呪医や霊媒師の診断によってそのことを知る。呪医とは、薬草や占いに関する知識をもつ者で、霊媒師とは、自分の体に精霊を乗り移らせて精霊の言葉や超能力を授ける者のことである。いずれも、近代的な医学が治療しえない病気に対して問題解決の指針を与えるために、とくに村落部の生活には必要とされている。大多数の呪医や霊媒師は非職業的で、農業や漁業をおこなうかたわらで診断をおこなっている。彼らの診断により、祖霊が疼痛の原因であると判明した場合には、やはりウシなど適当な捧げものによって、祖霊をなだめる措置をとる。

これをおこたると、疼痛が悪化し死にいたる。筆者も実際に、捧げものの不足によって死んだという人の噂を、いく度となく耳にした。

ヴェズ社会において、祖霊は、生者の運命を左右しうる超自然的存在なのである。そのような存在は、日常生活から遠ざけておくのがよい。墓と村との距離は、そうした観念を具体化したものと考えられよう。葬儀において死者への愛着を断ち切ることも、厄介ごとを未然に防ぐうえではおおいに効果があろう。

4. 年長者の力

ところで、「涙を断ち切る」方向で葬儀が仕立てあげられるのは、弔問客が多い場合だと書いた。弔問客が多いということは、すなわち、子孫が多いということである。未婚の若者が死んだ場合、いとこが葬儀に参加することはあるが、たんなるクラスメイトが集まることは少なく、したがって葬儀の規模も小さいのがふつうである。それに対して既婚者の場合には、配偶者の親族たちが集まるから、それだけで規模が大きくなる。しかし、それでもまだ大規模とはいえない。子や孫がそれぞれに結婚して姻族をもっていてはじめて、葬儀が多様な親族グループの交流会として組織され、にぎわいをみせるようになる。

多くの子孫をもつ者の葬儀では、「涙の断ち切り」が演出される。未婚者など、年少者の場合には、そうした演出が顕著でない。このことは、すでに述べた「死者の厳格さ」の観点から説明できる。じつは、死んだ年少者の霊は「厳格」でなく、それほどおそれられてもいない。筆者の聞いたかぎり、年少者の霊が夢枕に立って捧げものをねだった例はなかった。

ヴェズの人びとは、日ごろから年長者を尊ぶいっぽう、年少者に対しては言いつけをはばからない。この関係は、死んでしまった相手に対しても、ひき続き維持されるのである。

ヴェズの人びとが年長の世代を尊ぶことは、次のような点から明らかである。まず、年長者には、名まえでなく親族呼称で呼びかけること。目線をさえぎるように前を横切ろうとしないこと。どうしても横切る必要があれば、腰をかがめて手刀を切るしぐさをすること。年長者の前では、ひざを立ててすわらないこと。年少者に対しては、これらの気づかいをすることはない。

子どもをもつような年齢にある者は、たんに年長であるというだけの理由により、子どもと同じ年ごろの者から敬意を払われる。そこからさらに年をとり、子どもが結婚して孫ができると、村のなかで一目置かれるようになる。

さらに孫が増えれば、たんに年少者に対してのみ威厳をもつのでなく、絶対的な風格のようなものが身につく。たとえば、村を離れる者に対して、「さよなら」「いっていらっしゃい」というかわりに、祝福を与えるようになる。「ぶじに目的地に着けますように、そこで何ごとも起りませんように、［神さま］彼をお守りください、彼が安らかでありますように、そしてまたここに戻って来れますように。」これは、別れる相手に対して言っているのではない。運命をつかさどる神に対して祈っているのである。こうしたふるまいは、若い者にはけっしてみられない。子孫が増えると、このように神とのあいだを仲立ちするふるまいが、自然に身につくようなのである。

じっさい、男女をとわず老人たちは、そこに存在するだけで子孫たちを守護しているかのように思える。彼らは、日中のほとんどを屋敷地の近くですごし、食べものや金を家に持ち帰ることはめったにない。それにもかかわらず、子や孫たちから頼りにされる。そうした自負心は、子や孫以外の者といるときにもはたらくのだろう。わたしは、ヴェズの村に親戚がいるわけではないが、日本に帰ると告げに行くと、しばしば訪問先の年長者が出てきて祝福を与えてくれる。

このように、人びとは、生涯をつうじて少しずつ「力」を増していく。その「力」とは、まず子どもたちを従わせる力に始まり、おとなの社会に対する影響力、老人ならではの風格（老人力？）へと、すこしずつ大きくなっていく。そして老人の死後、この力は、あの世からこの世へはたらきかける能力へと変化する。この能力により、祖先は生者の夢枕に立ったり、生者に疼痛を与えたりできるようになる。生者にとって、この能力は脅威である。生活をおびやかしかねない死者を、生者はできるだけ遠ざけようとする。その努力は、葬儀のときにすでに始まっている。葬儀において、生者はにぎやかに盛りあがり、近しい遺族の涙を断ち切る。幼い死者に対しては、このようなことはおこなわれない。これは、幼い死者は生者に対して影響力をもたないためである。力をもった年長の死者との断固たる訣別、それが、ヴェズ社会におけるにぎやかな葬儀の意味である。

〈参考文献〉

Astuti, Rita 1994. Invisible objects: Mortuary rituals among the Vezo of western Madagascar, *Res: Anthropology and Aesthetics* 25: 111-122.

Astuti, Rita 1995. *People of the sea: Identity and descent among the Vezo of Madagascar*, Cambridge: Cambridge University Press.

Deschamps, Hubert 1965. *Histoire de Madagascar*, Paris: Éditions Berger-Levrault.

飯田卓 2008a.『海を生きる技術と知識の民族誌——マダガスカル漁撈社会の生態人類学』世界思想社。

飯田卓 2008b.「ミケアとヴェズ——マダガスカル南西部の採食民」綾部恒雄（監修）福井勝義／竹沢尚一郎／宮脇幸生（編）『講座世界の先住民族 ファーストピープルズの現在 5 サハラ以南アフリカ』明石書店, pp. 303-317.

［コラム］涙壺

山中由里子

悲しみを演出する道具

村松友視の『時代屋の女房』という小説をご存知だろうか。主人公が営む骨董屋に突然現れた謎の女、真弓がまず目にとめるのが、「細長い花瓶の先っぽがよじれ、涙を受けやすい不思議な形になった青いガラスのなみだ壺」である。主人は、「イランだかトルコだか忘れたけど、兵士が戦場へ出ていったあと、女房がこのなみだ壺を目にあてて悲しい涙をためておくんだって」とその由来を説明する。この「涙壺」はこの作品の随所に、効果的な小道具として登場する。

一五年以上前、イランに旅をした際に、私はテヘランのガラス陶磁器博物館（ムーゼイェ・アーブギーネ）でこの「涙壺」を初めて見た。この博物館の見どころである古代や中世の器に比べると比較的時代が新しいもので、廊下の展示ケースに比較的無造作に置かれていたが、その色合いにたちまち惹きつけられた。『時代屋の女房』はまだ読んでいなかったので、この花瓶のようなものにまつわる逸話のことは知らなかった（図版1　みんぱく所蔵品）。

暗青色のガラスの壺の細い首はねじれ、しおれかけた花の茎のようにたわむ。そしてその先に開く口の部分は涙珠にかたどられている。その美しい色や不思議な形を前にして呆然と立っていると、イラン人男性がつかつかと寄ってきて、「戦場に行った夫や恋人を待つ女が、その涙をためるための壺なんだとさ」と語ってくれた。なるほど。頬から落ちた涙の糸はこの容器に受け止められ、くねり曲がった頸部をつたって、螺旋を描いて底へと流れ、たまった涙の量が愛の証となるというのか。泣くという行為をこれほど詩的に演出する道具を持つイラン人はなんと叙情的な人々であろう。また「女の武器」を形にして残すとは、イランの女性はなんとしたたかなのだろうと感心した。確かに、喜怒哀楽のうち、悲しみは唯一その生理的な発露を目に見える形で保存できる感情であるが、自らの悲嘆の直接的な証拠（言葉や芸術による表現ではなく）を誰かに見せるためにとっておこう、という発想は私にとっては新鮮であった。

最近になって再びこの博物館を訪れる機会があった。「涙壺」はまだ展示されていた。学芸員らしき女性に「これは本当に涙を溜めるためのものだったんですか」と聞いてみると、「涙容れ（アシュク・ダーン）というけれども、実際にはバラ水容れ（ゴラーブ・ダーン）なんですよ」、とそれまで頭の中に描いてきた悲哀に満ちた心象をあっさりとくずされてしまった。

図版１　「涙壺」
国立民族学博物館所蔵
標本番号 H0224132

バラ水とはバラの花びらを蒸留し、バラ油を摂取したあとに残った水のことで、イランでは服や体、部屋の中にふりかけたり、料理に香りを加えるために使う。バラ水の容器はガラス、陶器または金属で作られたが、液体が一度にどっと流れ出ないような、首の細い構造になっている。その繊細な美しさのためにこの器は装飾品・美術品としても愛でられた。くだんの首のねじれたガラスの瓶は一七～一八世紀頃からシーラーズなどで作られ、一九世紀後半にはヨーロッパで流行し、多く輸出されたそうである。①

① Arthur Upham Pope ed., *A Survey of Perisan Art*, vol. 6 Carpets, Metalwork and Minor Arts. Tehran: Manafzadeh, [1964], p. 2603.

ヨーロッパにおける涙壺

一九世紀のヨーロッパといえば、イギリスは「喪の時代」ともよばれるヴィクトリア朝時代。夫アルバートの死を悼んで、常に喪服を着続けたというヴィクトリア女王の悲嘆に感化されて、喪服、墓、葬儀といった死をめぐる風習に人々がこだわりを持つ風潮の中で、死者に対する哀悼の意を誇示し、演出する道具として「涙壺」tear bottles が流行した。

現在は骨董品として集める人もいるようで、愛好家によるウェブサイトもある。② 掲載されている写真や記述を見るとヴィクトリア朝時代の涙壺は試験管か小さな香水の瓶ほどの大きさが主流だったようである。形や大きさからみると、当時輸入されていたというイランの「涙壺」に影響されて作られたのではなく、むしろ古代ローマの墓から副葬品として発見された「涙壺」を模したものと私は推察する

ヨーロッパでは、古代ローマの墓から多く出土するガラスまたは陶器の小さな壺が、ラテン語で urna lacrymalis または urna lacrymatoria、英語で lachrymal vial または lachrymatory などとよばれてきた。ラテン語で lacrima は涙の意味であるが、このような名称がついたのは、この小瓶に近親者の死を嘆いて流された遺族の涙が入れられ、それが遺体とともに墓に埋葬されたと信じられてきたからである。現在では、実際には涙ではなく香油か薬油などが入

れられたとする考古学者も多く、この用語は括弧つきで使われる。

このような名称と由来はどうも、「珍品陳列室」cabinet of curiosities が流行った一七世紀にさらに遡るようである。大航海時代に世界各地で「発見」された珍しいもの——鉱物、動物の剥製、古代の遺物、異国の産物など——を、当時の王侯貴族や富裕層は競って収集し、陳列した。「驚異の部屋」（英語で cabinet of wonder、独語で Wunderkammer）ともよばれるこの収集品の保管庫兼展示室は、現在の自然・考古学・民族学博物館の原型ともいえる。

「涙壺」のタイプの小瓶は、比較的小さくて運びやすく、大きな器に比べるとおそらく壊れにくく原型を留めていたためか、収集品として人気があったらしく、ヨーロッパ各地の「珍品陳列室」に納められていたようである。有名なのは、デンマークの宮廷医師、収集家であったオレ・ヴォルム（Ole Worm 1588-1654）の「珍品陳列室」であるが、息子ヴィルム・ヴォルムがオレの死後に編纂した収蔵品カタログ『ヴォルム博物館』には、「陶器」、「ガ

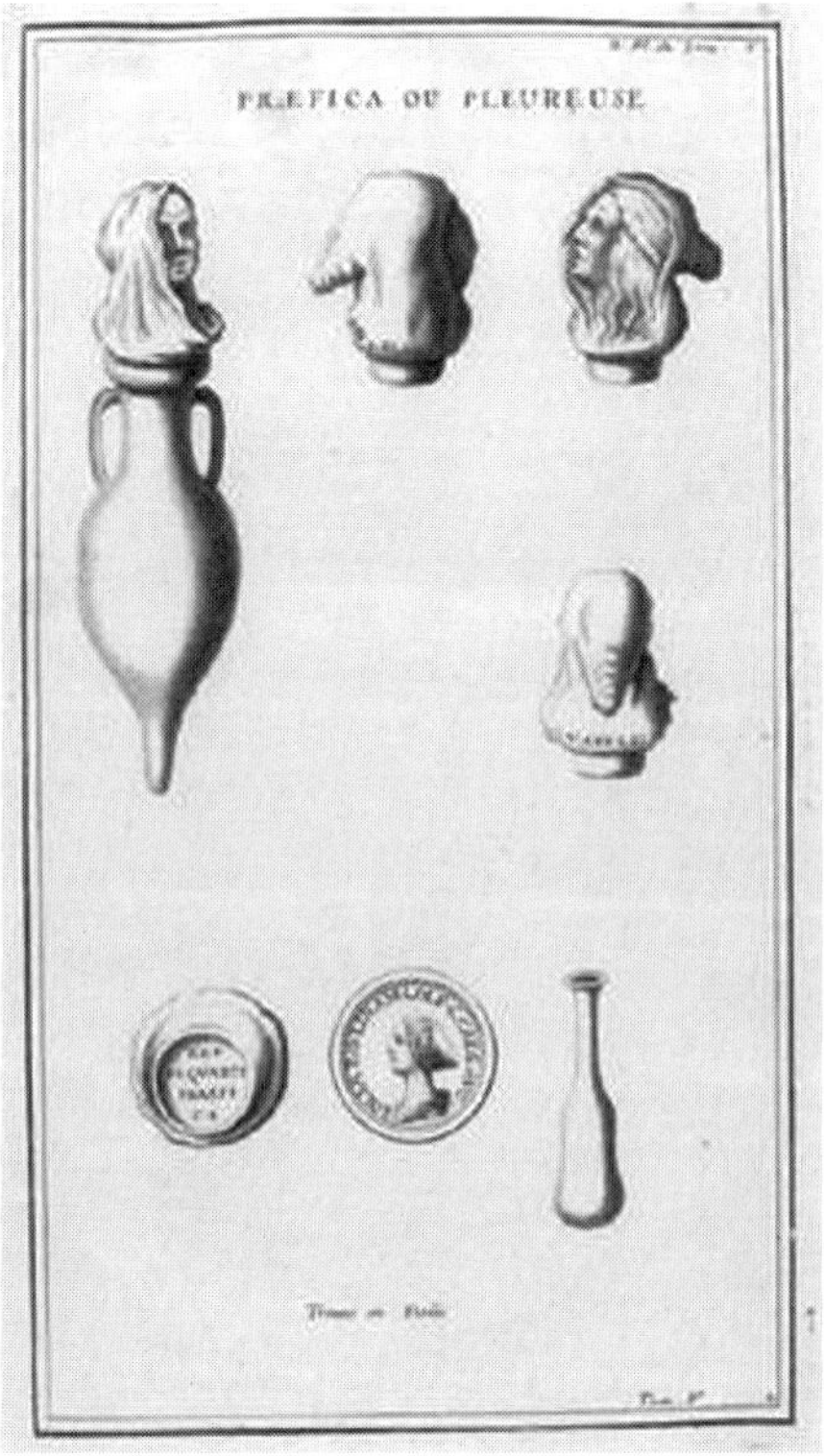

図版 2　「泣き女の涙壺」
Bernard de Montfaucon, *L'antiquité expliquée et représentée en figures*（Supplement 5）*Les funerailles*, Paris, 1724, plate II.

ラス細工」の各章に「涙壺」の項目がみられる。出土地、かつての所有者、色形などの説明に加えて、「このような容器にローマ人は故人のために流した涙を集め、遺骨とともに墓に残した」、とその用途が記されている。[3]

啓蒙思想が主流となる一八世紀に入ると、古典古代世界への関心はさらに高まる。考古学の先駆者ともいえるフランスのベネディクト会の僧、ベルナール・ド・モンフォーコン（一六五五～一七四一）は、『古代図説』をにおいて、ギリシア・ローマの遺物を、図版つきで一〇巻にわたって詳細に解説している。「涙壺」、およびそれをめぐる葬儀儀礼についても詳しく記述してり、古代ローマの人々は、雇われた「泣き女」praefica や親族が流した涙を小さな壺に容れ、それを遺灰とともに骨壺の中に入れ、さらに香油を涙と混ぜることもある、とある。[4] 図版2はモンフォーコンが紹介している「涙壺」の一つで、蓋の部分がヴェールをかぶり悲痛な表情をした女性の頭部にかたどられ、「泣き女フラウィア・クワルティア享年六一歳」という碑文がみられる。

ほぼ同時代のイギリスのエフライム・チェンバース（一六八〇～一七四〇頃）による『百科事典』（一七二八）の「涙壺」の項目にもほぼ同様の説がみられるのであるが、[5] このチェンバースの事典に想を得てフランスのディドロとダランベールが編纂した『百科全書または科学・芸術・工芸の合理的事典』の「涙壺」“lachrymatoire”に関する記述では、ローマ人がそこに涙を溜めて故人の墓に入れたという説は、実は疑わしいことがすでに指摘されている。「形状そのものが涙を集めるという用途に全く向いていない」という、まさに「合理的」な理由が挙げられており、実際には「遺灰にかける香油や液状薬を容れるために作られたもの」であったと記されている。[6]

② 例えば、次のサイト。http://www.lachrymatory.com/victorian.htm

③ ヴォルムの記述をみる限り、この用語はすでに収集家たちの間では流通していたようである。Willum Worm ed.

Museum Wormianum, Leiden, 1655, pp. 347, 362.
古典史料にはその語は登場せず、おそらく一七世紀の造語であるらしい。"Letter from the Rev. L. Vernon Harcourt, describing several Vessels of glass and earthenware, and ornaments, discovered near Chilgrove in Sussex," *The Gentlemen's Magazine* vol. 181, 1846 July, pp. 175-6.

④ Bernard de Montfaucon, *L'antiquité expliquée et représentée en figures*, vols. 1-5, suppl. 1-5, Paris, 1719-1724. 「涙壺」に関しては五巻（一七二二年）pp. 116-8, plates 98-101、および五巻補遺（一七二四年）pp. 14-5, plate 2, p. 122。「泣き女」については五巻 pp. 14-5。本書はハイデルベルグ大学の考古学関係図書デジタルコレクションに含まれており、全巻オンラインで参照できる。（二〇〇七年四月一六日参照）
http://www.ub.uni-heidelberg.de/helios/fachinfo/www/arch/digilit/montfaucon.html

⑤ Ephraim Chambers, *Cyclopædia, or, An universal dictionary of arts and sciences... the whole intended as a course of antient and modern learning*, London: Knapton, 1728, v. 2, p. 426. http://digital.library.wisc.edu/1711.dl/HistSciTech.Cyclopaedia02（二〇〇七年四月一六日参照）

⑥ Denis Diderot et Jean Baptiste le Rond d'Alembert, *Encyclopédie, ou Dictionnaire Raisonné des Sciences, des Arts et des Métiers* vol. 9, Paris, 1765, p. 155. 壺の項目にもほぼ同じ記事が含まれている。«Urne» v. 17, p. 75.

『聖書』への連想

考古学が学問として成立してゆく一九世紀に入っても、涙を溜めるという風習が古代からあったという説は、根強く残ったようである。その背後には『聖書』「詩篇」の一節——「あなたはわたしの嘆きを数えられたはずです。あなたの記録にそれが載っているではありませんか。あなたの革袋にわたしの涙を蓄えてください。」（詩篇　五六：八、新共同訳）——への連想が働いていたのではないかと考える。ダビデが神に自らの積み重なる苦しみを訴えるこの一節で、「皮袋」と訳されている語は、液体を入れる袋を指すヘブライ語の「ノード」no'dである。主要な英語訳ではbottleとされており、英語圏のキリスト教徒はそこからガラスの瓶を想像するようである。

宗教家や歴史家は、『聖書』のこの一節から古代ユダヤに涙を溜めるという風習があったと解釈し、そこに「涙壺」とよばれてきた古代ローマの遺物にまつわるとされた喪の儀式を結びつけ、キリスト教的過去とローマ文明を重ね合わせた。その顕著な例は、一八四一年に刊行された『聖書百科全書』にみられる。「埋葬と葬儀儀礼」の項目に「涙壺」への次のような言及がある。

ローマ人の間で広まっていた、涙を小壺ampulla、または涙壺urnae lachrymalesに入れるという風習は、より古い時代に東洋の人々、特にヘブライ人たちの間で行われていたようである。これらの涙壺の素材は粘土、ガラスなど様々で、形状も多様であった。一人の会葬者が他の参列者の間を、悲しみが最高潮に達したときに、綿の布を持って一人一人まわり、落ちる涙をその布で丹念に集め取り、瓶の中に搾り入れ、細心の注意をはらって保存した。それらは遺された親族や友人たちの想いの記念として故人の墓に入れられた。詩篇作者が（詩篇五六：八）「私の涙をあなたの瓶に入れてください」の一節で言及しているのは、この風習であるに違いない。（後略）⑦。

葬儀の様子がいかにも現場での観察に基づくかのように詳しく描かれているが、考古学的裏づけがあるのかどうか疑ってしまう。また、古代ユダヤに実際に涙を溜める風習があったかどうか証拠がないにも関わらず、その儀式が「ローマ人」にも「ヘブライ人」にも共通してあった伝統であることをほぼ確信している。

⑦ William Goodhugh and William Cooke Taylor eds, *The Bible cyclopædia: or, Illustrations of the civil and natural history of the sacred writings, by reference to the manners, customs, rites, traditions, antiquities, and literature of Eastern nations*, vol. 1, London: J. W. Parker, 1841, pp. 231-2.

ヨーロッパ人によるイランの涙壺の発見

種本があるはずだと調べているうちに、古代ローマと一九世紀イギリスとイランの涙壺をつなげる糸口がついに見つかった。上の『聖書百科全書』にある、参列者の涙を布に集め取って涙壺に入れた、という記述は、実はイギリスの外交官ジェームズ・モーリア（一七八〇頃～一八四九）の『第二のペルシア旅行』からほぼ一語一句写されたものだったのである。モーリアは、モハッラム月に行われるシーア派の一大宗教行事アーシューラーで、アリーの息子ホセインがウマイヤ朝軍に殺される場面を再現した殉教劇を観覧した際の様子を、次のように語っている。

最も悲劇的な場面では、ほとんどの観客が本気で泣いているようだった。大宰相とその隣の僧の傍に私は座っていたのだが、彼らが大量に流す真の涙を間近で見ることができた。このような嘆きの集会では習慣として、悲しみが最高潮に達したときに僧が綿の布を持って一人一人まわり、落ちる涙をその布で丹念に集め取り、瓶の中に搾り入れ、細心の注意をはらって保存した。これはまさに詩篇五六：八「私の涙をあなたの瓶に入れてください」の実例である。一部のペルシア人が信じるには、臨終の苦しみの中、いかなる治療も効かなくなった際に、このようにして集められた涙の一滴が死にそうな人を蘇生したことがあるという。涙はそのために集められているのである。⑧

モーリアのこの記録は、「オリエント」の慣習に生き続ける『聖書』の世界の実例として、一九世紀を通して頻繁に引用されたようである。[9] 東洋諸国の風俗や慣習に、『聖書』に描かれる古代ユダヤを解明する手がかりを探るという視点は、トーマス・ハーマーというイギリスの聖書学者によってすでに確立されていた。[10] モーリアもこういった視点を意識し、当時のイランの宗教的儀式で使われていた「涙壺」と詩篇のダビデの言葉を結びつけているのであろう。

このように「涙壺」をめぐる一九世紀ヨーロッパ人の言説の奥には、聖書的古代観と近代ヨーロッパの起源とみなされた古代ローマ文明を結びつけ、さらにそこに、聖書の時代から変わることなく存続してきたものとして捉えられた東洋諸国の風習を重ね合わせようという思考がみてとれるのである。

こうして宗教感情と古代憧憬とオリエンタリズムを体現するモノとして注目された「涙壺」は、さらにヴィクトリア朝イギリスの感傷的な精神文化の波にのり、喪のグッズとして商品化されたのである。喪服や喪の装身具 mourning jewelry（例えば故人の髪を細工したもの）とともに、涙壺は悲しみを演出する道具の一つとして、特に女性の間で流行したようである。

さらに涙壺はヴィクトリア朝イギリスからアメリカに渡った。南北戦争（一八六一〜一八六五）で多数の犠牲者がでたために、イギリスの喪の文化の需要は十分にあったのである。そして涙壺の流行は大西洋の反対側でも広まった。[11] 冒頭に挙げた、イランの「涙壺」について語られていた「戦争に行った男を待つ女が涙を溜めた」という話は、実は南北戦争時代のアメリカでも流通していたようなのである。[12]

とすると、涙壺にまつわる言説はまず一九世紀初頭にイランからイギリスに伝わり、商品としての涙壺の登場を促す要因の一つとなり、涙壺がモノとしてアメリカに渡ると同時にそのまわりに生じた新しい言説が、なんらかのかたちでイランに戻ってきた、ということか？

結局はただのバラ水容れ、とテヘランのガラス博物館の女性は言ったのだが、イランのシーア派の行事で、二〇世紀前半頃までは、涙壺が使われていたことを示唆するペルシア語文献はある。著名な小説家、サーデク・ヘダーヤト（一九〇三～一九五一）は『真珠の大砲』*Tup-e morvari* という風刺的な作品（一九四七）の中で、エマーム・ホセインの殉教物語の語りを聞きながら、殺された人々の苦痛を追憶するシーア派の儀式ロウゼハーニーでの様子について、相当な皮肉をこめて次のように書いている。

> 狂信者は涙容れの瓶まで持っていて、アリーの息子たちのために流した涙をそこに集め、彼らが死んだ後、その瓶は墓に入れられた。それをもって五〇〇〇〇年の日（最後の審判の日）に、あの世の職員の仕事を楽にしてやるために、地上でアリーの息子たちのためにいかに心は焼け、両目が月経になったか[13]、証拠を示してやるのである。[14]

一九世紀末、二〇世紀初頭のイランの近代化の動きの中で、知識人エリートが殉教劇などシーア派の伝統的な行事を後進的なものとして批判する傾向が強まり、パフラヴィー朝のレザー・シャーは、一九三〇年代初頭にモハッラム月の宗教行事をついに禁止している。[15] レザー・シャーの治世に、イラン東部のホラーサーンを中心にフィールドワークをした民俗学者ドナルドソンは、近代化政策で消えかかっていた慣習や民間信仰の貴重な記録を残している。「かつては、長くて曲がった首、洗眼容器のような形をした口の涙壺は数多く見られた。それらはカルバラの合戦で殺されたホセインの殉教を悼んで流された涙を受けるために使われていたものだった」、という記述をみる限り、涙壺もすでに一九三〇年代後半には過去の事物となっていたようである。⑯

儀式の衰退とともに、涙壺は生産されなくなり、かつての用途は忘れられていった。⑰そして「涙容れ」という名称とモノだけが博物館や骨董品屋に残っていたところに、どういう経路で伝わったのかは不明だが、愛する者の帰還を待つ女が涙を保存した、という甘美な空想を誘う言説が添えられるようになったのであろう。

⑧ James Morier, *A Second journey through Persia*, London: Longman, 1818, p. 179.

⑨ モーリアの涙壺に関する記述を引用したいくつかの例。*The Mirror of Literature, Amusement and Instruction*, vol. 21, 1833, p. 393; John Kitto, *The People of Persia*, London, 1849, p. 158; *Sunday at Home: Family Magazine for Sabbath Reading*, 1857, p. 254.
イラン研究者フロアは、モーリア以降のヨーロッパ人旅行者による涙壺の記述を挙げているが、最も早い例であろうモーリアには言及していない。後の旅行者がモーリアを参照していた可能性は大いにある。Willem Floor, *Public Health in Qajar Iran*, Costa Mesa: Mage, 2004, p. 94, n. 78; ibid, *The History of Theater in Iran*, Costa Mesa: Mage, 2005, p. 189. フランスの宝石商ジャン・シャルダンの有名なペルシア旅行記（一七一一）に「涙壺」は登場しないようである。

⑩ Thomas Harmer, *Observations on divers passages of scripture. Placing many of them in a Light altogether new … by Means of Circumstances incidentally mentioned in books of Voyages and Travels into the East…*, London, 1775 (new edition 1816).

⑪ 次のサイトには、南北戦争時代アメリカの涙壺あるいは涙受け tear catcher のコレクションが紹介されている。http://19thcenturyartofmourning.com/civil_war_tear_catchers.htm（二〇〇八年四月一六日参照）。

⑫ 当時の文学作品には、兵士が妻に涙壺を渡して出兵したという話がよくでてくると涙壺愛好家のサイトには紹介されているが、そういった作品の原典はまだ確認できていない。http://www.lachrymatory.com/civilwar.htm（二〇〇八年四月一六日参照）

⑬ 「血の涙を流したか」の意。

⑭ Sadeq Hedayat, *Tup-e morvari*, Entesharat-e mard-e emruz, [1984], p. 137.

⑮ Kamran Scott Aghaie, *The Martyrs Of Karbala: Shi'i Symbols and Rituals in Modern Iran*, Seattle: University of Washington Press, 2004, pp. 25-6, 52-3.

⑯ この形状の特徴はまさにテヘランのガラス博物館、大阪の国立民族学博物館所蔵の「涙壺」と一致する。Bess Allen Donaldson, *The Wild Rue: a study of Muhammadan magic and folklore in Iran*, London: Luzac, 1938, p. 178. ちょうど同年に『ペルシアの信仰と慣習』をフランスで出版したマセはシーア派儀式で使用される涙壺に関して、アメリカの伝道師ウィルソンの滞在記を引用しているが（S. G. Wilson, *Persian Life and Customs*, New York: Flemming H. Revell, 1900, p. 192）、マセ自身はそれを見たことがないようである。Henri Massé, *Croyances et Coutumes Persanes*, Paris: Maisonneuve, 1938, p. 126.

⑰ カーシャーンやテヘランのガラス工房では、涙壺も含めたカージャール朝スタイルのガラス容器の複製が一九五〇年代、一九六〇年代頃まで作られていた。このような複製品の涙壺には、おそらく元来の宗教的な用途はなく、装飾品、バラ水容れとして使われたのだろう。民博所蔵の「涙壺」は、おそらくカーシャーンのムハンマド・グーリーによる一九五〇年代のもの。Jay Gluck and Sumi Gluck eds, *A Survey of Persian Handicraft : a pictorial introduction to the contemporary folk arts and art crafts of modern Iran*, Tehran, 1977, pp. 98-99, 106.

Ⅲ

美術・演劇・映画にみる涙の表象

ピカソ《泣く女》——絵画における現実の挿入としての涙

永草次郎

はじめに

パブロ・ピカソ（一八八一～一九七三）は、一九三七年の五月末から一二月にかけて《泣く女》（図1など）を数多く描いた[①]。それらは、壁画として依頼された彼の大作《ゲルニカ》（図2）から派生している。スペイン内線のさなか、フランコ将軍の国民戦線軍を支援するナチス・ドイツ軍はバスク地方の町ゲルニカを無差別に空爆した。当時、パリ万国博覧会のスペイン館のために同国の人民戦線による共和国政府から壁画制作を依頼されていたピカソはゲルニカの大虐殺をそのテーマに決める。虐殺への怒りに駆られた集中的な制作の過程で、壁画のなかの一人の女性像が独立して描かれるようになる。それが《泣く女》の作品群である。女性像のもとになったのは、その制作の少し前からピカソの愛人となった写真家ドラ・マールであると推測されている。

一連の《泣く女》において注目される点は、巨大な壁画《ゲルニカ》では描かれなかった涙が、小さな人物画の《泣く女》では、さまざまな表現で、確実に造形化されていることである。泣いている女のクローズアップに涙が描かれるのは当然のこととは言え、涙の造形化は、ピカソにおいても、そして、美術史においても、それほど頻繁にあることではない。

① ロサンゼルス・カウンティ・ミュージアム〈ピカソと泣く女〉展（一九九四年）カタログ、ジュディ・フリーマン著、福のり子訳『ピカソと泣く女 マリー＝テレーズ・ワルテルとその時代』（淡交社、一九九五年）には、八点の《泣く女》の油彩画が収録されている。涙の描かれていない《哀願する女》を含めると九点になる。それぞれの題名は少しずつ異なるが、本稿では「泣く女」と総称して扱う。《泣く女》は素描、彩色素描、版画でも多く描かれている。

図１ 《ハンカチを持つ泣く女》
1937年６月26日 油彩・カンヴァス 54.9×46cm ロサンゼルス・カウンティ美術館

図２ 《ゲルニカ》
1937年５－６月 油彩、カンヴァス 346×777cm マドリード レイナ・ソフィア芸術センター（プラド美術館からの寄託）

1. 美術史と涙の表現

西洋の絵画や彫刻の歴史のなかで、嘆き悲しむ姿、苦悩する姿は数多く表現されているが、涙自体が描写されることは稀である。いわゆる名作のなかに涙が描かれているという印象はほとんどない。驚くことに、涙よりもむしろ、血のほうが多く表現さているように思われる。磔刑、聖痕、殉教はもちろん、静物画のジビエに描かれた血の描写は、見る者に鮮烈な印象をもたらしている。それに比べると、涙は、地味な存在であり、造形化されても目立たない。

ギリシャ神話では、アフロディテ（ヴィーナス）に育てられ愛人となった美少年アドニスが狩猟中、猪に殺された際、その血から赤いアネモネが生まれ、また一説では、アフロディテの涙から薔薇が生まれたとされる。しかし、絵画上での涙の描写はあまり知られていない。ちなみに、薔薇はその後ヴィーナスの持物となって描かれることがある。ヴィーナスの聖木の薔薇ははじめ白かったが、アドニスのもとに急いだヴィーナスの足に棘が刺さり、滴る血が薔薇の花を赤く染めたとする一説もある。

美の殿堂ルーヴル美術館の作品にざっと目を通す意味でガイドブックを見てみると、②涙は一五世紀フランドルのディーリック・バウツの工房による《悲しみのキリスト》と《悲しみの聖母》、ヴェネツィアのアントネロ・ダ・メッシーナ作《円柱に縛りつけられたキリスト》（一四七六年頃）、フランス一九世紀のテオドール・シャセリオー作《ネレイスたちによって岩に縛りつけられたアンドロメダ》（一八四〇年）の四点に見られるのみである。涙は邪魔なのであろうか、よく知られた名画には、深い悲しみの場面にさえ涙自体が描かれることがない。涙は、美化や様式化の中では排除されるか、または、構図全体に対して小さな細部であるために描写対象にならないか、あるいは、明確なデッサンでとらえられるものではないので、描かれたとしても判然としないと言える。涙の明確な描写は、余分なものとして場面を醜化させるか、あるいは、細部へのマニアックなこだわりとして避けられる傾向にあるとも考えられる。

国内で見ることのできる西洋美術の中に涙を造形化した興味深い作品がある。静岡県立美術館にあるカルポーの彫刻《悲しみの聖母》（図3）である。近代彫刻の祖ロダンに大きな影響を与えたカルポーによるこの作品は、ロダン以前の彫刻にはめずらしく未仕上げの表面による生命感と表現主義的傾向を見せている。息子キリストの磔刑を悲しむ聖母マリアを描く伝統的なテーマ「マーテル・ドロローサ（悲しみの聖母）」は、美術史上数少ない涙が描写の機会を得る絶好の主題であるとは言え、絵画ではない彫刻作品に涙の粒が表現されているのはきわめてめずらしいと言えよう。ところで、その後の新しい彫刻を代表するロダンの作品にも、大作《地獄の門》の一部分として構想され、結局は採用されなかった《泣く女》と呼ばれる顔の作品群（一八八五年以前）があるのだが、そこでは涙は造形化されていない。歯をくいしばり、顔をゆがめることで、絶望に瀕して泣いていることがわかるのみで、明確な涙はない。あるいは目の周囲の膨らんだ造形や未仕上げな質感が光の加減によっては涙のように見えてくる

図3　ジャン＝バティスト・カルポー《悲しみの聖母》
1869-70年頃　テラコッタ　高さ73cm
静岡県立美術館

という微妙な表現があるのみである。

ピカソに少し先立っては、写真家マン・レイが《ガラスの涙》（図4）という写真作品を残している。この作品については、ドラ・マールや写真芸術との関連で後に詳述するが、とりあえず、ここでは、涙がオブジェと化してることを指摘しよう。涙は描写の対象ではなく、つまり、絵画でも彫刻でもなく、オブジェなのである。美術史上稀な涙は、描かれたり造られたりすると、異質な何かになり、制作を他のジャンルへとはみ出させる装置になってしまうことがしばしばあるのだ。

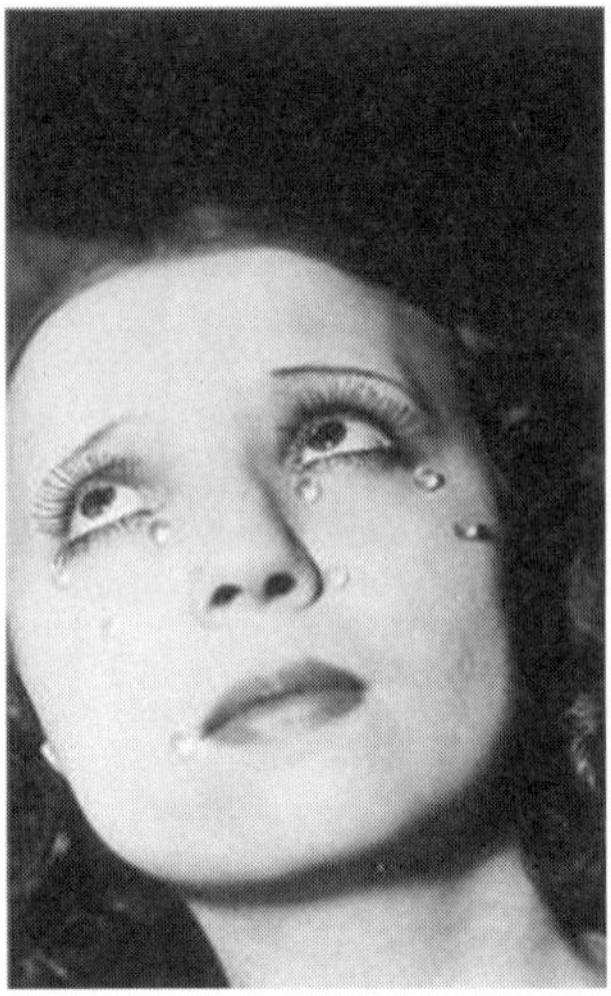

図4　マン・レイ《ガラスの涙》
1930年頃　写真：ゼラチン・シルヴァー・プリント　8×5.5cm

以下にたどるピカソの《泣く女》の涙は、異質な何かを交通させるオブジェであったのかも知れない。ピカソの美術史上の重要な様式革新は、キュビスムと呼ばれる同一画面上に時空の異なる視覚を描く手法であるが、それは、悲しみや怒りの感情の表明として時間差をもって表出する涙を造形化することと似ていたのかも知れない。

② ヴァレリー・メテ著、㈱エクシム・インターナショナル訳『ルーヴル―七〇〇年の絵画の系譜』Art Lys. 二〇〇〇年

2. ピカソ芸術の感情表現《泣く女》

ピカソの変幻する画業のなかでも、《泣く女》ほどに泣き叫ぶ人物は他に描かれていない。初期の青の時代の人物たちはみなもの静かである。次の時代、黒人彫刻に影響を受け、空間をばらばらにしたキュビスムにおける人物たちは仮面をつけたようになったり、背景と同化し消えそうであったりする。その後、古典的な様式に戻ったときには、ギリシャ美術の静けさをたたえた人物像が現れる。やがてシュルレアリスムの時代に至っては、人体というより不思議な生命体と言える像を描くようになったが、それらが泣き叫ぶことはない。口を開けている生命体の叫びは、別次元の言語コードにあり、泣いてはいない。では《泣く女》の後、すなわち第二次大戦を経たピカソはと言うと、彼の知りえない一九八〇年代のグラフィティ・アート（キース・ヘリングやバスキアのストリート上の落書きアート）を先取りするかのように、自らの存在の痕跡をひたすら自由に、そしてまた過去の名作をパロディにして、日々残していく。そうした制作の中でも、泣き叫ぶ人物は描かれていない。ただ、ゴヤの戦争画《五月三日》（一八〇八年、一八一四～一八一五年）の構図を用いて描いた《朝鮮の大虐殺》（一九五一年）においては、子供を連れて動揺する女たちが描かれた。それは《ゲルニカ》と《泣く女》を彷彿させる一方、銃を突き付けられた人間の諦観にも似た静けさがあり、また感情表現以上に図式化がまさっているように見える点で、それらとは大きく異なっている。この違和感は、この頃共産党員となっていたものの、社会主義レアリスムによる写実的な絵を描かなかったピカソが少しその要素を取り入れたということによろう。そこに表わされたのは、喜怒哀楽の感情というよりも、政治参加と過去の名画の作り替えへのチャレンジであったのだ。同様にこの頃の作品《戦争と平和》（一九五二年）にも、《ゲルニカ》の追憶と社会主義レアリスムとの融合が見られる。さらに、プッサンの《サビニの女の略奪》（一六三四～三五年頃制作、ローマ草創史で、女性がほとんどいないローマ軍がサビニの未婚の女性を略奪したという伝説を描く）を描きなおした作品（一九六二年）にも、泣き叫ぶ女が描かれているが、やはりそれは古典的絵画の作り替えをテーマとしているのであって、泣く女そのものの描写というテーマからは遠ざかっている。

こうして見ると、ピカソの《泣く女》の激しい感情表現と涙の描写は、彼の画業においても特殊なものであったと言える。ピカソの激しさや派手さは、主には彼の線と色彩によるデフォルマションにあったのであり、人物の劇的な仕草にあったのはわずかに《泣く女》の時代においてのみなのである。

ところで、この特殊な《泣く女》の時代を導いた壁画《ゲルニカ》のなかに描かれた「死んだ子を抱える女」の姿は、究極の泣き叫びを示す像であると言えるが、実はそこに「涙」は描かれていない。「涙」が確実に描かれたのは、《ゲルニカ》にではなく、《ゲルニカ》から副次的に生まれた一連の《泣く女》であった。ピカソにおいても、美術史上においても、涙がこれほど画面に明確に、そして、繰り返し描かれたことは稀であろう。

ピカソ芸術の涙は、スペインの内乱のさなかに起きたドイツ空軍によるゲルニカ空爆という惨事と、ドラ・マールというこの頃に現れた新しい恋人という二つの現実との関わりの中でのみ、特殊に描写されたのである。

3. 芸術と戦争の不幸な出会い《ゲルニカ》

スペインでは、一九三六年二月の総選挙で人民戦線内閣が成立したが、七月一七日にフランコ将軍率いる反乱軍がモロッコで蜂起し、人民戦線の共和国政府軍との内戦が始まった（やがて、一九三九年四月にはフランコの勝利によって共和国政府が消滅している。以後四〇年近くフランコの独裁体制が続くことになる）。

フランコ将軍の内閣成立に反対の立場をとるピカソは、この年に人民戦線の共和国政府によってプラド美術館の館長に任命される（実際に同館に赴いて職務をしたわけではない）。こうして、彼の名声を認めた共和国政府によって、ピカソはフランスにいながらも祖国の情勢と密接にかかわることになる。一九三七年一月にはピカソはパリ万国博覧会のスペイン館のための壁画をスペイン共和国政府から依頼されることになった。

ピカソはすでに共和国政府に資金をもたらすための作品として、一月七日、フランコ将軍を批判する版画《フランコの夢と嘘》に着手しており、連続漫画形式の一八コマから成る版画の最初の一四コマを制作した（版画一枚が九コマから構成され、全部で二枚、すなわち一八コマの場面がある）。このうち最後の四コマは後の六月七日に完成している。一月の時点で描き上げた部分では、おもにフランコの姿を怪物のように描き、戯画化することに重点が置かれたが、六月に描いた部分では、フランコの残虐行為による被害者の方の描写が主になっている。そして、注目すべきことは、十五番目のコマに、両手を上げ、泣き叫ぶ女の姿（図5）が描かれたことだ。加害者でなく被害者へと、描写対象が変化したことには、時期的に見て、その間に起きたゲルニカの虐殺とその壁画化が関係しているとみて間違いないだろう。この版画は、ピカソの詩『フランコの夢と嘘』を刷った一枚と表紙を添えて、スペイン共和国のために売られた。

図5《フランコの夢と嘘》の部分：第15場面
1937年6月7日

版画制作とともに壁画の構想を練っていたピカソのもとに、四月二六日の三時間におよぶゲルニカ空爆のニュースが届いた。五月一日の『ス・ソワール』紙と『ユマニテ』紙は四日間にわたって報道した。とくに『ス・ソワール』紙は壊滅した町に満ちた瓦礫や死体の様子を写真で伝えた。それらの写真はピカソの壁画構想に多大な影響をもたらしたであろう。無差別の虐殺を知ったピカソはゲルニカの惨状を壁画のテーマにすることに決め、その日から習作デッサンを始めている。馬と牛の描写、死んだ子を抱き抱えながら泣き叫ぶ母の像が研究され、構図が決定されていく。そして、そこから女の頭部だけが研究され、独立し、さらに涙が加わることで生まれたのが他ならぬ《泣く女》の連作であった。

五月二四日の日付が付された《ゲルニカ》のための二点の習作スケッチが、独立した《泣く女》の最初の像となった（その一点：図6）。細胞あるいは生命体のような形になった目からは、その尾のように三本の線が垂れ、その先に黒い涙が描かれている。口は《ゲルニカ》の中の馬の口に似ているし、あるいはピカソがよく描く歯のある女性性器のようでもある。ピカソは女性像を独立させると同時に、その変容の実験に取り組み、そこで目頭あるいは目尻から曲線で伸びた涙の描写を生み出していった。描写というより図式か記号の生成のようである。

逆に、壁画の《ゲルニカ》に涙が描かれることはなかった。《ゲルニカ》では、左にいる「死んだ子を抱く女」の頭部は、右側にいる「腕をあげて叫ぶ女」の頭部としても繰り返されているが、それらに涙は描かれていない。あえて言えば、目自体が涙の形のようであり、あるいは鼻孔が涙の形のようになっている。五月二〇日から二四日の間と五月二七日にドラ・マールによって撮影された《ゲルニカ》制作中の写真では、中央の右の下方で屈んで歩く女の目に涙のような線が描かれているが、完成作ではその線は残っていない。

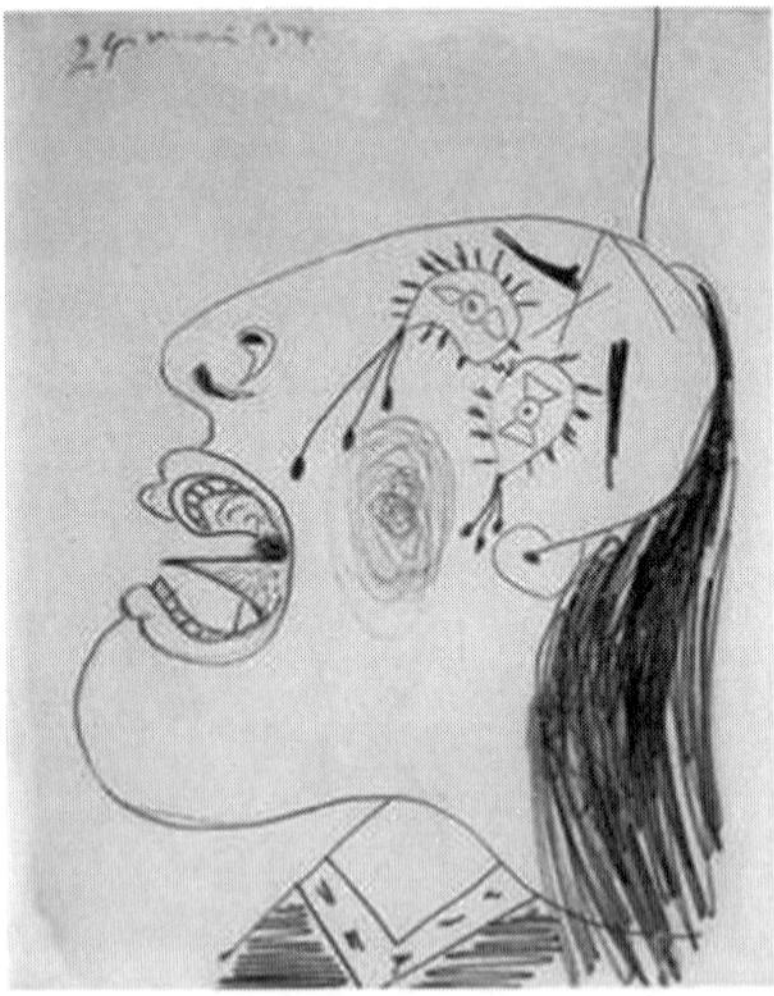

図6《泣く女》
1937年5月24日　鉛筆、グアッシュ、紙
29×23cm　マドリッド　レイナ・ソフィア芸術センター（プラド美術館からの寄託）

図7 《泣く女》
1937年10月26日　油彩、カンヴァス　59.7×48.9cm　ロンドン　テイト・ギャラリー

《泣く女》のほうには、いずれも、涙の垂れていく線とその先の涙の粒が確実に描かれている。それらは、記号や文字を生成しそうな象形文字的イメージになっている。キュビスムの作品において一つの平面である絵画に別角度から見た面を同時に描いたり、イメージではない文字や記号を挿入したり、紙や布などのオブジェを貼り付けコラージュを生み出したりしたようにピカソは、この絵画的で平面的な壁画のスケッチのなかに、象形文字的な記号イメージをオブジェのような異物として挿入したのだ。そのことで作品は絵画的な面から文字的な線の表現へと傾向を転じ、その変化は彼の制作が公的で絵画的なメッセージから私的で内的な詩作へと転じたことと重なっている。

この頃のピカソによる現実を批判するような制作は、絵画を描くというよりもメッセージを伝えることに重きを置く作業となり、ある意味で思想家や文筆家のような役割が彼に求められた。以前から行っていたシュルレアリスムの自動記述による詩作にとどまらず、この時期ピカソは現実に対する批判として詩作を行い公表することになった。前述のように、一九三七年六月のゲルニカ制作後にピカソは《フランコの夢と嘘》に添える詩を数日間で書いているのだ。その原稿には《横たわる女》が色のクレヨンで素描され、その目には涙とその軌跡の線が描かれている。文章と涙の共存がここに見られる。そこにおいて涙が線となり目から髪の毛へと伸び、領域を自由に越境しているように、記号のような涙はまさに、絵画から文章へと向かう彼の活動の越境を促す合図の印であったかのように見える。

ピカソは一時期、絵による文筆家という役割を社会的に求められたのであった。不幸な戦争によって彼は画家から思想家、詩人、政治活動家へ移行することを余儀なくされたのである。③そして、最後の《泣く女》（テイト・ギャラリー）（図7）では、涙の線が消え、文字・記号から平面の色の構成としての絵画に戻っている。ここにおいてピカソの文筆家的変容は終わりを告げ、画家への回帰が示されている。図式的涙は再び色と形の構成物となり、顔やハンカチとダブルイメージを形成し、溶け込んでいく。すなわち、線のみが独立したり、象形文字的イメージが単独に浮かび上がるという傾向が消えている。ピカソにおいて涙は、絵画を文字や文学へとつなぐ不思議な媒介物であったのであり、コラージュで言えば、絵画と現実、二次元と三次元をつないでしまう貼られた異物、すなわちオブジェのような役割を果たしたのではないだろうか。涙は、絵画を文学へとつなぐ、あるいは絵画を文字へとつなぐ不思議な他者なのであり、別の言い方をすれば、涙は絵画の中では文字であるとも言えるのだ。

③　コクローヴァとの離婚問題がこじれた一九三五年末から一九三六年にもピカソは基本的に絵画の制作を中止して、かわりに大量の文章を書いている。フリーマン著前掲書、一五九、一六五頁

4．泣く女ドラ・マール——分裂と融合の象徴

この頃ピカソの心をとらえ、彼の女性像のモデルとなったのが、ドラ・マールである。ピカソの女性遍歴をたどると、一九〇五年に出会い彼の「薔薇色の時代」の恋人であったフェルナンド・オリヴィエ、一九一一年に愛し合う仲

となったが四年後に死別したエヴァ（マルセル・アンベール）、一九一八年に正式に結婚したオルガ・コクローヴァ、一九二七年に出会ったマリー＝テレーズ・ワルテル、一九三六年のドラ・マール、一九四三年からフランソワーズ・ジロー、一九五四年に出会い、前妻オルガの死（一九五五年）後、一九六一年に結婚したジャクリーヌ・ロックがいる。

《泣く女》の時代とは、法的な妻オルガとの冷え切った関係とは別に、恋人マリー＝テレーズとの生活があり、さらに新たな恋人ドラ・マールが現れた時代であった。ドラ・マールはシュルレアリストとの親交もあった写真家である。カフェ・ドゥ・マーゴで彼女を見かけ関心をもったピカソは、一九三六年一月から二月頃、詩人ポール・エリュアールの紹介で、スペイン語を流暢に話すこの女流写真家と親交をもつようになる。同年八月初旬カンヌにほど近い小村ムージャン滞在時、友人が集う仲、二人の関係は親密になっていった。彼らの接近していく夏は、スペイン内戦の勃発の時期と一致している。一九三六年七月一七日にフランコがモロッコで蜂起し、一八日にはスペイン本土に反乱が波及し内戦が勃発した。前述のように、この年、スペイン人民戦線の共和国政府によってプラド美術館館長に任命されたピカソは、翌一九三七年一月に今度は、スペイン共和国政府から、この年に開催されるパリ万国博覧会のスペイン館の壁画を依頼される。この壁画すなわち《ゲルニカ》制作のために必要な大きなアトリエを探すのに尽力したのは、他ならぬドラ・マールであり、彼女はその制作を手伝ったり（馬の毛を描く）、制作過程の記録写真も撮影した。自らが源泉となった《泣く女》が壁画の中から生まれてくる様子を記録に残したのはまさに彼女自身なのであった。

一九〇七年トゥールに生まれた彼女、本名ヘンリエッタ・テオドラ・マルコヴィチは、少女時代の数年間をアルゼンチンで過ごしたことから、スペイン語を流暢に話すことができた。エコール・デザール・デコラティフ、アカデミー・パシーで絵画を学び、アカデミー・ジュリアンではキュビスムの画家で理論家のアンドレ・ロートに師事している。若い頃に自らの名を呼びやすく縮めてドラ・マールというエキゾティックな名に改名した彼女は、マン・レイが撮影した肖像写真（図12、後で詳述）において派手な衣装と個性的な仕草や表情を見せているように、「長くて赤く塗られた爪の指と、予想もできないほどくるくると変わる髪型と共に、シュルレアリストの注目を集めていた④」という。

　マールとの交際が始まったときのピカソには、事情によって離婚が成立しないオルガ・コクローヴァという妻がいて、また、愛人マリー＝テレーズ・ワルテルとの間には娘マヤが生まれていた。かくして一九三七年には、ワルテルとマールの肖像が同時に描かれ、いずれも独自な肖像画の傑作となっている。ワルテルの肖像は柔らかな曲線やパステル調の白みがかった明るい色彩で描かれているのに対し、マールの方は、激しい変形と筆遣い、そして原色がぶつかり合うような派手な色彩で描かれている。

図8《帽子を被った座る女》
1938年 9 月10日　油彩、板、砂　54.9×46cm
ヒューストン、メニル・コレクション

　ちょうど《泣く女》を制作し始めた頃にあたる一九三七年の五月か六月には、ピカソの前で遭遇したワルテルとマールが取っ組み合いの喧嘩をしたとも伝えられている⑤。また、ワルテルはピカソを独占したがり、一方のマールは、ワルテルと娘マヤのもとを訪れたピカソのいるヴェルサイユ近くのル・トランブレ＝シュル＝モールドルの屋敷をひそかに外から見ていたこともあったという。一九三八年の夏の休暇はピカソとマールは友人たちとムージャンで過ごし、マールは心の安らぎを得ているが、その後の数か月で、マールの肖像はピカソによってますます激しい変形を施されることになる。蜘蛛の巣に覆われたようになったり、最後は体全体が籠になってしまったりもした（図8）。翌一九三九年は、ピカソの母が亡くなり、三月にはフランコ軍のスペイン支配が決定的となるなどピカソにとって暗いものとなった。また、九月三日には、ドイツに対してフランスが宣戦布告し、第二次大戦が拡大化する。スペイン共和国政府の敗北とナチによるパリ占領という幾重にも重なる苦渋の中で、ピカソは、ワルテルとマールという二人の女性との二重生活を送っていく。そのさなか四三年には、画家フランソワーズ・ジロー（二二歳）も新しい愛人として加わってくる。前年の四二年頃からマールとピカソとの関係は少し冷えかけていたが、ジローの出現で決定的となり、マールはピカソから遠ざかっていった。その後精神的に不安定になったマールは、友人の言では、精神病院で療養したり、すでに著名になったジャック・ラカンに精神分析を受けている。

ジローが後に著した『ピカソとの生活』に次のような記述がある。それは、ジローの肖像を描いているとき、どうしても頭部が同じような月の形に戻ってしまうことにいら立ってピカソが述べた言葉である。

「これはわしの好きな構造ではない。これは別の王国から来たものだ。しかしわしにはこれをどうすることもできないのだ。芸術家は時に自由に思われたりするが、そう思うほど自由じゃない。ドラ・マールの肖像を描いていた時も、こんなだった。彼女が笑っている肖像を描くわけにはいかなかった。わしにとっては、彼女は泣いている女性なのだ。何年もの間、わしは彼女を歪んだ形で描いていた。それはサディズムからではなく、楽しんでやっていたわけでもない。ただわしに強いられた一つのヴィジョンに従ったまでだ。深い真実であって皮相的なのではない。きみもわかる通り、画家には限界がある、つねに人が想像するようなものではないが[6]」。

この回想は、ワルテルとマールが愛人でモデルとなった《ゲルニカ》と《泣く女》の時代、特に《泣く女》を描くに際し、マールの存在が大きかったことを物語っている。一方、ワルテルは《眠る女》であり、性の喜びを示す像を形成した。

一九四二年一〇月のマールを描いた最後の大作の肖像画は、デフォルマションの少ない落ち着いたものになっている。彼女は現実の像に近く描かれることによって、ピカソという芸術の中から解放され、現実の中で生活することになるのであった。泣き叫ばず、あるいは、泣けない現実の中で、クリニックで精神分析を受けながら、生きていったのである。

④ フリーマン著前掲書、一七五頁
⑤ フランソワーズ・ジロー、カールトン・レイク著、瀬木慎一訳『ピカソとの生活』新潮社、一九六五年、一八五頁
⑥ 同書、一〇四頁

5. 新しい時代の涙――涙する対象から主体へ

ピカソの泣く女の時代は、前衛芸術が戦争という現実と立ち向かうことを余儀なくされた時代であると同時に、前衛芸術が写真や映画という新しいメディアと立ち向かい、完全な敗北が決定する時代でもあった。絵筆は迫真性や描写では機械に勝つことはできない。戦争も大きな機械的武器の決定的勝利を示すものとなった。ピカソの《泣く女》は飛行機による空爆、つまり機械的な力による破壊から生まれたものであったと同時に、それは新聞の写真のみなら

ず、機械的複製技術の長である映画からの多大なる攻勢とも言える影響を受けずしては生まれなかっただろう。特に指摘されるのは、エイゼンシュテイン作の映画《戦艦ポチョムキン》（一九二五年）のなかのオデッサの階段での無差別な殺戮シーンとの関連である。映画では、撃たれた少年を抱く母（図9）、乳母車をかばう母など《ゲルニカ》に通じるシーンがモンタージュで映し出され、見る者の心を打つ。ピカソの時代、絵画は、戦争自体とともに、映画という動画とそのモンタージュを外部にあるひとつの現実とみなすような立場をとっていると言える。同じ平面形式でありながら、現実の影と一致し、現実の時空を平面に構築するとともに分断し並べ替える映画という機械のつくるイメージを絵筆が模倣する立場をとり、それに敢然と挑み、敗北する。絵筆は、ドン・キホーテのような戦いを映画に挑んだのであった。言うならば、戦争のさなかの女の涙は、絵画の涙でもあったのだ。

イギリスの美術批評家ジョン・バージャーは、一九六五年の著作『ピカソ　その成功と失敗』のなかで、「ゲルニカは近代戦争の画ではない」とし、メキシコ壁画運動の巨匠シケイロスがスペイン内乱のニュース映画のなかの泣きわめいている子供にヒントを得て描いた《こだまする泣声》（図10）と比較し、シケイロスの作品には「近代戦のもたらす独特の荒廃を見る」のに対し、ピカソの方は、「どんな時代の幼児虐殺の画としても通用する」と指摘している[7]。映像の時代にあってピカソの絵は、手法こそ前衛的であるが、その図像はいつの時代にも通じる。とすれば、絵画の敗北の印である涙は、映像には不可能

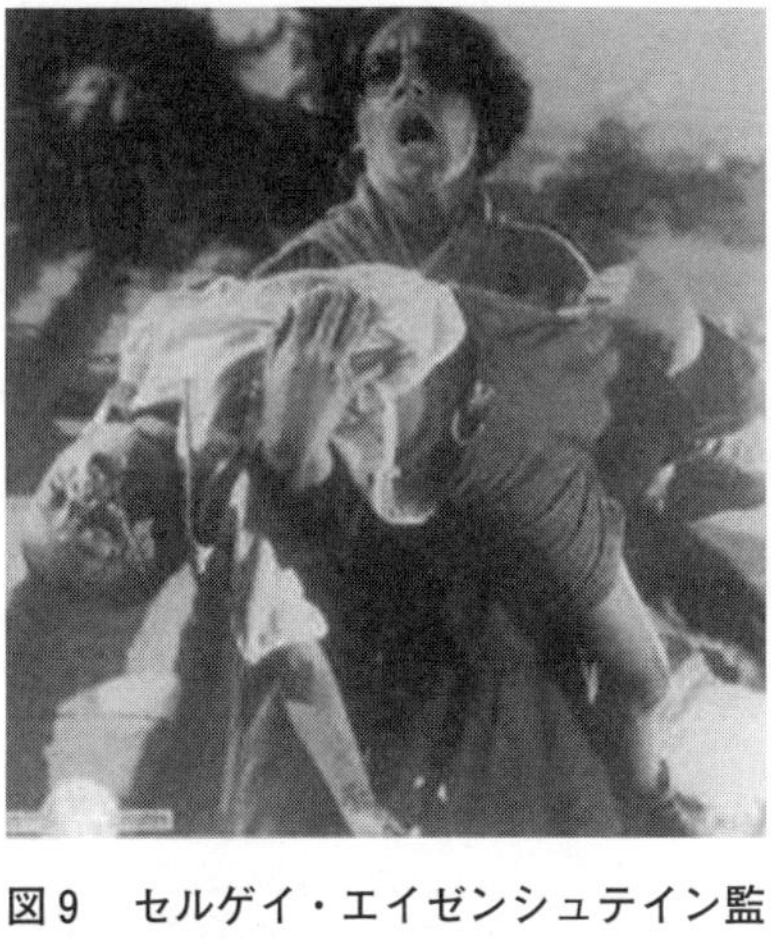

図9　セルゲイ・エイゼンシュテイン監督映画《戦艦ポチョムキン》
（オデッサの階段のシーンのスティル写真）　1925年

な、普遍化された時空の創造という前向きな挑戦を印すことでもあったと見えよう。

そもそもキュビスムとその後のシュルレアリスムとは、写真や映画などの機械的な写実に対する絵画の挑戦であったふしがある。メキシコ女流画家フリーダ・カーロの作品は、シュルレアリスムの技法の挑戦を、さらに男性の力や自らの傷ついた不自由な肉体への挑戦へと結びつけ強化した。男性（夫でメキシコ壁画運動の巨匠リベラ）に翻弄され、若い頃のバス事故で傷ついた肉体の苦痛に耐えながら絵画制作を行ったカーロの一九四四年の自画像《ひび割れた背骨》（図11）には、まさに挑戦としての涙が描かれている。個人的な境遇の自叙伝的な作品は、それを越えて、普遍的なフェミニズムからの社会批判のように見える。アンドレ・ブルトンはシュルレアリスムの運動に彼女を取り込むべく、一九三九年にすでにエッセイの中で彼女を取り上げていた。

写真をダダあるいはシュルレアリスムの表現のうちに

図11　フリーダ・カーロ《ひび割れた背骨》
1944年　油彩、板　メキシコ・シティ　40×31cm　ドロレス・オルメド・パティニョ財団美術館

図10　ダビド・アルファロ・シケイロス《こだまする泣声》
1937年　130×100cm　ニューヨーク近代美術館

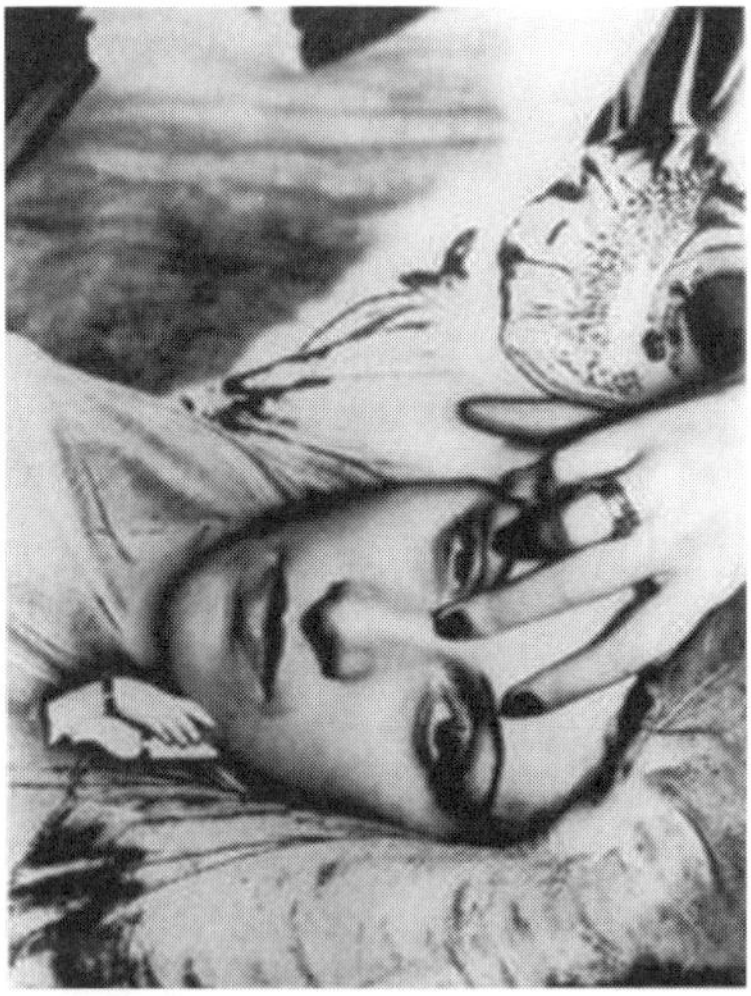

図12　マン・レイ《ドラ・マール／ソラリゼーション》
1936年　ゼラチン・シルヴァー・プリント　28.5×22cm

図13　シンディ・シャーマン《Untitled Film Still ＃27》
1979年　25×20cm

飼いならしたとでも言える写真家マン・レイは先にも述べたように、ドラ・マールの肖像写真を撮った。ピカソはマン・レイにその写真をほしいと要求し、代わりに大判の銅版画集（闘牛）を持ってきたとのことだ。マン・レイがマールを撮った写真は何点かあるが、その一つにはソラリゼーションという現像時に過度の光を与えることでコントラストが反転して不思議なイメージが生まれる技法が用いられている。マールの独特の魅力を表現した一九三六年のその写真（図12）は、ピカソが彼女を絵画上でデフォルメしたことと通じるところがある。

そのマン・レイによる一九三〇年頃の写真に《ガラスの涙》（図4）という作品があることはすでに指摘した。女性の顔に非常に明確な七滴ほどの涙がのせられているものと、クローズアップされた目と二滴の涙が写されたものとがある（後者の方が大きくプリントされ、一般的に知られている）。タイトルからして涙はガラス製なのであろう。睫毛にも人工的な印象がある。女性の顔、あるいは、目のクローズアップと涙の組み合わせは本来自然なものであるはずなのに、ここでは涙がきわめて人工的なオブジェと見えるため、女と涙の自然な組み合わせが異化されている。オブジェとしての涙、付け睫毛のようなメイクアップとしての涙の存在がそこに見られる。ここで涙はリアリティと反目し、現実の裂け目のようなものを提供する。それは同時に、描く者と描かれる者との間にある裂け目でもあろう。涙の現象の主体は女の目であるのか、はたまた見る者が物（オブジェ）として生み出すのであろうか。涙の主体が大きく揺らぐ結果となる。

涙の主体である女は所詮描かれる対象であり、描き見つめる主体は男であるという視線の権力構造は、現代の新しい涙の写真作品で大きく揺らぐ。一九七〇年代末から一九八〇年代の新しい写真表現として評価されたシンディ・シャーマンの涙の作品（図13）では、見つめられる「泣く女」は作者自身であり、それを演出し撮影するのも彼女自身であった。見つめられる自身は、自叙伝的な自己ではなく、虚構としての泣く女であり、誰もが入り込める空虚な「泣く女」という記号、あるいは代名詞のようなものと化している。そして、そのことで、見つめる（描きつくり出す）力はその対象に作用することなく、空回りし、横滑りしている。自己完結した記号としての空虚な「泣く女」を自らの生身の肉体と生命の痕跡＝写真で代替するというスリリングさがここにはある。この主体／対象の合一は、これまでの泣く女に見る、描く者／描かれる者の権力構造を無効化したり逆転させたりしている。その合一あるいは無効化を化粧のような皮膚感覚における異物として促しているのはやはり、肉体と外部の間、その裂け目にある涙であった。

⑦　J・バージャー著、奥村三舟訳『ピカソ／その成功と失敗』雄渾社、一九六六年、二六一―二六二頁

絵巻に見る「涙」の表象——「泣く姿」が構築する力関係

亀井若菜

はじめに

本稿では、日本中世の絵巻の中の、「絵」に描かれた「泣く姿」に注目する。言葉によって表された「泣く」ではなく、絵が見せる「泣く」姿の、意味や機能を考えていきたい。

まず、絵巻の詞書と絵について見ておこう。絵巻は、「詞書《ことばがき》」と「絵」によって構成されている。通常、文字によって物語を記す「詞書」のあとに、それに対応する「絵」が配されている。そのため、絵は、詞書の挿絵のようにも思えてしまおう。また、詞書の内容から絵を説明することも、よく行われる。しかし絵は、詞書によって語られる物語の挿絵ではない。言葉と絵は、ものを表現するまったく異なる媒体である。言葉の内容をどのような絵として表すか、それは言葉によって決まることではない。一つの言葉を表す絵は、何百通りも描かれよう。その中でどのような絵として描くのか。そこには、その絵によって何を見せようとするのか、という目的に沿った選択がはたらいている。また絵巻では、詞書に書かれていることだけが、絵に表されるわけでもない。詞書には書かれていないことが、絵に描かれることもある。絵巻の詞書と絵は、それぞれが自らの表現手段に即して表すべきことを表しており、両者は一体化して、絵巻作品を完結させているのである。

本稿では、そのような絵巻の「絵」の中に描かれた「泣く姿」について考察する。

絵巻には、泣く人物が少なからず描かれる。絵巻の絵においては、「泣く姿」は、「手を目にあてる」あるいは「鼻をかむ」という姿で表される。これは、多くの絵巻を見た結果、抽出されたことである。絵においてその人物が泣いているか否かは、このポーズをとっているかいないかで識別される。絵巻の絵では、「涙」は描かれない。涙が表現されない以上、絵において、上に挙げた二つのポーズ、「手を目にあてる」あるいは「鼻をかむ」というポーズをとっていない場合は、その人が泣いているとは認識できない。[①] そのため本稿では、この二つの姿を手がかりに、絵の中の「泣く姿」について考えていくこととする。

その際、踏まえておくべきことは、「絵」では、「泣く姿」は描けても、言葉による表現とは異なって、その人がなぜ泣いているのか、その人の心情を表現することは難しいということである。人が泣く理由には、悲しみ、嘆き、恐怖、喜び、感動、共感など、様々な要因があろう。しかし絵では、泣いているという状況は描けても、どういう気持ちで泣いているのか、その人物の細かな感情を表すことはできない。「源氏物語絵巻」のような物語絵巻の場合、そこに描かれた人物の細やかな心情を推測することが可能であるのは、物語本文や詞書など、言葉で表された物語の内容と照らし合わせて、絵を見るからであろう。絵そのものの中の「泣く姿」については、そのため逆に、その心情を推測するということとは別の側面からの考察が必要であり、また可能なのである。

そこで注目されるのは、僧の伝記や社寺の縁起を主題とする高僧伝絵巻や社寺縁起絵巻において描かれる「泣く姿」である。これらの絵巻では、特定の出来事を描く「場面の型」に則って「泣く姿」が描かれる場合が多い。たとえば、祖師の臨終場面では、臨終を描く絵の型に則って、「泣く姿」の人々が多く配される。詞書に記述がなくとも、絵には泣く人が多く描かれ、その場の状況を盛り上げるのである。しかし一方で、「泣く姿」を描くべき絵の型は踏襲しているのに、「泣く姿」がほとんど描かれない場合もあり、それがなぜであるのか注目される。

これらの絵巻について考察し、絵の中で、誰をどのような「泣く姿」として描くのか、あるいは描かないのか、という選択や表現のあり様を見ていくと、絵の中の「泣く姿」が、絵巻全体の制作目的と密接に絡んで、人々の力関係や上下関係を構築する表象となっている、ということが浮かび上がってくる。本稿では、絵における「泣く姿」が、ただその場面における悲しみや嘆きを表しているのではなく、その絵巻の制作目的に沿って、人々の力関係を構築する表象として機能していることを中心に論じていきたい。

以下、本稿ではまず、物語本文や詞書など言葉で表された物語の内容と密接に関わって「泣く姿」が描かれる「源氏物語絵巻」について見る。その後、高僧伝絵巻や社寺縁起絵巻から、特定の出来事を描く「絵の型」を踏襲して「泣く姿」を描くものや、「泣く姿」を描くべき絵の型は踏襲しているのに「泣く姿」を描かないものについて、順次見ながら、絵として表された「泣く姿」が何を意味し、どのような機能を持っているのか、考えていくこととしたい。そして最後に、ジェンダーの視点から、女性の泣く姿、男性の泣く姿について考察する。

① ただし、この二つのポーズをとっていなくとも、口を開け、眉間にしわを寄せるなど苦悩の表情を見せる人が、泣くことを表していると考えられるものもある（たとえば、金剛峰寺蔵「仏涅槃図」など）。しかし、そのように考えられるのは、その人の近くに、泣くポーズをとる人が配されていたり、あるいはその人が「泣いている」ことがわかる情報が他の典拠から得られるからである。口を開け、眉間にしわを寄せるなどの表情だけでは、「泣いている」か否かはわからない。

図1　源氏物語絵巻　柏木（一）　徳川美術館蔵

また、手や手を入れた袖を目にあてるポーズは男女ともに描かれるが、鼻をかむ姿は男性のみに描かれる。それが文学作品からも言えることを、伊東祐子氏にご教示いただいた。

1.「源氏物語絵巻」に見る「泣く姿」

絵巻の中の泣く姿というと、徳川・五島美術館本「源氏物語絵巻」（十二世紀作）の「柏木（二）」の源氏、朱雀院、女三宮や、「御法」の源氏、紫の上の姿が、印象的なものとして、まずは思い浮かぶのではないか。

「源氏物語絵巻」では、登場人物の複雑な深い心情を細やかに記す物語本文や、そこから抜粋された詞書の内容にしたがって、絵の中で泣くポーズをとる人の心情に思いをめぐらせることが可能である。絵にも、物語の内容を暗示するような繊細な描写がなされている。

たとえば、「柏木（一）」では、画面に登場する主要人物である源氏、女三宮、朱雀院の三人が皆、手や、手を入れた袖を、目にあてて泣いている（図1の左端に女三宮、その右に朱雀院、2人の下方に源氏が描かれている）。この場面は、源氏の妻、女三宮が、柏木の子を産み源氏に疎まれるという苦悩にさいなまれ、食事もできず病に伏せ、そのような娘を見舞う父朱雀院に、涙ながらに出家させてほしいと申し出るところである。朱雀院は娘の出産を喜んだのも束の間、娘が出産後、病に伏せた理由もわからないまま、弱っていく様子をただただ心配し、娘に会いに来て涙を流す。源氏もそのような朱雀院を迎えて涙を流すものの、不義の子の出生に自分の過去の過ちも思い出され、女三宮の扱いに困っている。ここでは、不義の子の出生をめぐって三人が泣いているのであるが、三人それぞれがその状況をどう受け止め、どう理解しているか、ということには違いがあり、一人一人は自分の思いに没入して泣いている。

絵の造形としては、三人は一ケ所に集まって、手を目にあてて俯くという共通のポーズをとっているものの、心情が相互にずれていることは、朱雀院と源氏の間に板の間が見えていることや、女三宮と源氏の間に几帳がおかれていること、全体に几帳や畳が斜めに配され、三人のいる場から波紋のように広がることなどでも表されている。三人も逆三角形に配され、安定していない。泣くという同じポーズをとっていながら心情が噛み合わず三人が苦悩を深めている様が、人物や調度の配置など、画面全体の構成から醸し出されており、巧みな表現となっている。②

このようなことは、物語の内容や登場人物の身に起きたことを熟知している者が見たときに、理解しうることである。この絵は、そのような観者に見られることを前提として、描かれている。そして観者は、「泣く姿」の人物に気持ちを重ね、「泣く姿」の人物をとおし、その背後にある物語に思いをめぐらせていく。そのような意味で、この絵の中で「泣く」ポーズをとる一人一人の人物が担う意味は大きい。絵には描かれていない物語の内容までをも、「泣く」人物は担い、暗示しているのである。

② この画面の分析については、以下の文献を参照した。
佐野みどり『新編名宝日本の美術　第10巻　源氏物語絵巻』小学館、一九九一年

佐野みどり『じっくり見たい『源氏物語絵巻』』小学館、二〇〇〇年
立石和弘「源氏物語絵巻の境界表象」『源氏物語を今読み解く1　描かれた源氏物語』三田村雅子・河添房江編、翰林書房、二〇〇六年
三谷邦明・三田村雅子『源氏物語絵巻の謎を読み解く』角川書店、一九九八年

2.「泣く姿」を描く型の踏襲と逸脱

「源氏物語絵巻」では、絵の中の泣く姿は、物語や詞書の内容と深く関わって、その心情が読み取れるように描かれていた。しかし、「源氏物語絵巻」のような例はむしろ少数であろう。十三世紀以降、祖師や社寺を社会的にアピールしていく機能が絵巻に期待され、高僧伝絵巻や社寺縁起絵巻が作られるようになると、特定の出来事を描く「場面の型」に則って、泣く人が描かれるようにもなる。詞書の記述にはなくとも（あるいは、簡単な記述しかなくとも）、絵の「型」に沿って「泣く姿」は描かれ、その場を盛り上げるのである。次に、そのような例として、高僧伝絵巻に描かれた祖師の臨終の場面をいくつか見てみたい。

「法然上人絵伝」（十四世紀頃作）第十六巻第五段には、明遍という僧の臨終の場面が描かれる（図2）。仰向けに横たわり合掌する明遍のまわりには、多くの僧が集まり泣くポーズをとっている。詞書には「六月十六日子刻、頭北面西にして、念仏相続し、禅定に入るが如く、息絶え給ひにけり。生年八十三なり。見る人随喜の感涙を流し、聞く人在世の徳行をぞ慕ひける」と書かれている。泣く人々に関しては、「見る人随喜の感涙を流し」と書かれているだけである。この詞書に対し、絵はなぜこのような図様になったのかといえば、そこには釈迦の入滅を描く「涅槃図」の

図２　法然上人絵伝　第16巻第５段　知恩院蔵

図３　仏涅槃図　金剛峰寺蔵

型の踏襲があったのであろう。釈迦の入滅の状況を描く涅槃図は、バリエーションはあるものの、定型に基づいて、数多く描かれてきた。現存最古の作品である金剛峰寺蔵「仏涅槃図」（所謂「応徳涅槃図」、一〇八六年作）を見るならば（図3）、入滅した釈迦が中心に横たわり、そのまわりで多くの弟子達が泣いている様子が描かれている。鼻をかむポーズをとる者や、袖を目にあてて泣く者、ほかにも慟哭する表情を見せる者が多数いる。「法然上人絵伝」の絵は、このような

図4　玄奘三蔵絵　第12巻第2段　藤田美術館蔵

図が描き継がれ、絵巻の絵にも応用されていった過程を経て、描かれたものであろう。

「玄奘三蔵絵」（十四世紀初め頃作）の玄奘の臨終の場面は、一層、「涅槃図」の型に近い形で造形化されている（図4）。この絵巻は、西域からインドへの大旅行を敢行した唐の僧、玄奘三蔵の物語を描くものである。その臨終の場面に「涅槃図」の型が使われているのは、玄奘を釈迦になぞらえて表現するという意味も込められてのことであろう。入滅した玄奘は、「涅槃図」のように一段高い台の上に横たわっており、その台を取り囲むように僧が配され、その多くが泣いている。両袖を顔に押し当てて泣く人、片手を両目に当て口をあけ号泣する人、懐紙で鼻をかむ人もおり、泣く人々が表情豊かに表現されている。

このように、臨終を描く場面では、「涅槃図」の型などを参照して、泣く人を多く配することが定型化していたことが窺える。

しかし、「涅槃図」に則って臨終場面を描きながら、「泣く姿」をほとんど描かない絵がある。時宗の開祖一遍の行状を描く「一遍聖絵」（一二九九年作）である（図5）。一遍は、兵庫の観音堂で臨終を迎える。その臨終場面を見ると、実に多くの人々が一遍のまわりに参集している。この場面も「涅槃図」の型を使って描かれていることは明らかである。[3] しかし、これほど多くの人々が臨終場面に描かれながら、泣くポーズをとっている人は少なく、わずかに四、五人であることは注目される。集まった人々の中には、口を開けたり頬を

図５　一遍聖絵　第12巻第３段　歓喜光寺・清浄光寺蔵

赤く染めている人も多くおり、そのような表情が悲嘆を表しているとも考えられるものの、泣いていることが明らかにわかるポーズをとる人は少ない。また、一遍が、群集に埋もれるようにして、低い位置に描かれていることにも注意したい。比較として「玄奘三蔵絵」を見るならば、玄奘は一段高い台の上に横たわっていた（図４）。「法然上人絵伝」の明遍の臨終場面でも、明遍は畳の上に臥してはいるが、画面の中では高い位置に配されている（図３）。それらに比べ、一遍の位置は低いと言えよう。ではなぜ「一遍聖絵」では、一遍が低い位置に描かれ、泣く人が少ないのだろうか。

それは、この絵巻全体の制作意図と関係して考えることができよう。「一遍聖絵」の制作意図については、水野僚子氏が詳細な論考を発表している[4]。以下、水野氏の論を紹介したい。「一遍聖絵」には、一遍が生涯にわたって各地を遊行した様が表され、一遍はこの絵巻全編を通した主人公である。しかし、この絵巻では、一遍の起こした非現実的な奇跡の描写は避けられ、一遍その人を大袈裟に称揚するような表現はなされていないという特徴がある。一方、一遍が正統な宗教者であることを見せるような表現は、随所でなされている。そして、この絵巻では、一遍の訪れた神社や寺院の景観を、神仏の鎮座する聖なる空間として描き出すことが重視されており、一遍が仲立ちとなって、絵巻を見る観者と、絵に描かれた神仏や聖域とを、結縁させるようにも描かれている。それらの表現は、この絵巻を作ったのが、聖戒という僧であることを考えると理解できる。一遍没後の時衆を率い教団として組織していたのは他阿真教であり、聖戒は、その教団からは孤立していたと想像されるのだが、このような立場にいた聖戒は、絵巻の制作を支援しその後も社会的経済的後ろ盾となってくれるような人を確保しようとしたのではないか。絵巻の絵は、そのような支援者が、絵巻に描かれた絵を通して、各地の聖域や神仏と結縁できるような表現になっていると考えられる。以上のように水野氏は推論する。絵巻の中で一遍を特に称揚するようには描かないことも、そのような支援者に対する配慮なのだと考えられよう。

「一遍聖絵」には、一遍にまつわる奇跡を描かない、誇張した表現をしない、一遍を特には称揚しない、という謙虚な姿勢があることがわかった。この絵巻では、このような全体の制作方針に沿って、一遍の臨終場面においても、一遍を高い位置には描かず、泣く人もほとんど描かなかったのではなかろうか。ということは、「泣く姿」には、泣く対象となる人物を、偉く見せ、称える、という機能があるため、「一遍聖絵」では、泣く人を描かなかったのだということになる。「泣く姿」は、ただその人が泣いていることを表しているだけではなく、泣く対象となる人物を称え高めるために配されるもの、との理解が背後にあったことが窺える。絵に描かれた「泣く姿」は、泣く人と、泣く対象となる人との間に、上下関係を構築する表象でもあったのだ。

絵に表された「泣く」ポーズを見ると、「手を目にあてる」「鼻をかむ」ということのほかにも、共通項がある。それは、頭を垂れる、目を閉じる、体を丸める、という姿勢をとっていることである。泣いている人が、直立し、目を開けて描かれることはなく、頭を下げ、目を閉じている。このようなポーズは、恭順、服従を示す姿勢でもあろう。「泣く」という動作は、心の動きを表すもののように思いがちであるが、絵に描かれた「泣く姿」は、泣く人と、泣く対象となる人物との間に、上下関係を構築する表象でもあったのだと言えよう。

③　黒田日出男「中世を旅する人々―『一遍聖絵』とともに―」『週刊朝日百科　日本の歴史別冊』朝日新聞社、一九九三年

④　水野僚子「『一遍聖絵』の制作背景に関する一考察」（『美術史』一五二冊、二〇〇二年三月）

3.「泣く人」は弱い人、「泣かない人」は強い人

「泣く姿」が、泣く対象を称え偉く見せる、という機能を持っていることが理解できた。一方、「泣く姿」によって、その泣く人を「弱く」見せるという機能もあることが、絵巻の物語と絵からは推測できる。次には、それについて見ていきたい。

「西行物語絵巻」の略本系・サントリー美術館本（十四世紀末頃作）第二巻第六段や、采女本系（原本は一五〇〇年作）には、次のような話が語られている。西行は東国へ下る途中、遠近江の天竜川で渡し船に乗ったが、混み合ってきたため、ある武士に下りろと言われる。西行はその武士に鞭で叩かれ血を出すが、少しも恨むことなく手を合わせ、船から下りる。それを見た供の僧が泣き悲しんだので、西行は彼を都へ帰したという。供の僧は泣いてしまったがために、西行に同行することはできなくなるのである。この場面の絵を見ると、船の中で鞭打たれ額に血を流している西行と、川べりにたたずみ袖を目にあてて泣いている僧の姿が、詞書に忠実に描かれている。ここでは「泣くこと」を、心弱いこと、仏道の妨げになること、とみなしていることが窺える。

「玄奘三蔵絵」第一巻第五段では、詞書で「心弱げに見え」と書かれている人を、絵では「泣く姿」で表している。泣く姿を絵に描いて、弱いことを表しているのである。「泣く人」は「弱い人」ということを、言葉ではなく、絵で

図6　玄奘三蔵絵　第1巻第5段　藤田美術館蔵

図7　玄奘三蔵絵　第3巻第1段　藤田美術館蔵

示していることが興味深い。

この段の詞書では、玄奘がインドへ行くことを志し、中国の涼州に至るものの、国の法が厳しく関を出ることができないとき、恵威法師という僧が、二人の弟子を玄奘の供としてつけ、送り出したことが語られる。しかし道整、恵林という二人の弟子は、途中で退却してしまう。それを詞書では「涼州より付き奉る二人の僧、道整は逃げ帰りぬ。恵林も心弱げに見えければ、其れも帰し給ひにけり。唯一人、西を指して出で給ふ」と書いている。道整は「逃げ帰り」、恵林は「心弱げに見えければ」と書かれ、「泣いた」とは書かれていない。しかし絵では、それぞれ袖を目に当てるポーズをしており、泣く姿としている（図6の右側が恵林）。一方、絵の中の玄奘は、恵林の方に鋭いまなざしを向けて指を差し、泣く恵林を咎めるようなポーズをしており、力強い（図6の左が玄奘）。泣くポーズの人が「弱い」ことを表すのに対し、泣かない人は「強い」という対比が表されていると言えよう。

一方、詞書には「泣く」と書いてあるのに、絵では泣く姿に描かない場面もある。「玄奘三蔵絵」第三巻第一段では、高昌国の王が玄奘に心服し、王が、高昌国を訪れた玄奘を心を尽くして厚遇する様子が表される。そして玄奘が西に向けてそこを発つときには、「王、法師の足下を礼して悲泣し給ふ。道俗皆別れを惜しみて、涙に咽ぶ声、村里を動かす。各々、遥かに送りて帰りぬ」と記される。この場面の絵を見ると（図7）、玄奘を見送る王と数人の者たちが描かれている。ここで注目したいのは、王以外の者には泣くポーズをとる者もいるのに、先頭にいる王は、泣くポーズをとっていないことである。詞書には、王が「悲泣し給ふ」と書いてあるにもかかわらず、絵では、王は地に跪き深々と頭を下げているものの、泣いてはいない。この王は絵巻の中で、玄奘に心服し、信念を持って行動した人物として表されている。そのような王は立派な王なのであり、その「泣く姿」は、絵では表されなかったのだと考えられよう。

また「玄奘三蔵絵」第五巻第五段でも、玄奘が目に「悲しみの涙」をたたえたと言うのにもかかわらず、絵には玄奘の泣く姿は表されていない。この段は、玄奘が摩竭陀国の金剛座の菩提樹の前で、自らのこれまでの罪障を悔い、五体投地をしながら泣いたことが表されている。詞書には、「一人業障の深き事を恨むと宣ひて、悲しみの涙、御眼に満てり」と書かれるのに対し、絵では、玄奘は菩提樹の前にひれ伏す姿に描かれるが、泣くポーズはとっていない。玄奘も、「泣く姿」では表されないのである。

「玄奘三蔵絵」の制作背景は明らかではない。しかし中野玄三氏によれば、「玄奘三蔵絵」は、南都の興福寺が、法然によって作られた浄土教団をはじめとする新興の宗教教団に対抗し、力を巻き返すべく、新機軸に満ちた祖師伝絵として作ったものであるという。⑤興福寺は、それまで法相教学の大成者である慈恩大師を祖師と仰いできたが、新たな宗教教団として再生すべく、南都の教学的傾向を打破し、西域・インドへの大旅行を敢行し「大般若経」六百巻を漢訳した玄奘を祖師とする絵巻を作ったのだと、中野氏は推測する。つまり中野氏の説に従えば、この絵巻は、玄奘を法相宗の新たな祖師とすべく作られた絵巻であり、玄奘はその中で大いに称揚されていることになる。

絵巻の中で、道整や恵林といった供の僧の「泣く姿」や、玄奘や、玄奘に心服する王の「泣かない姿」が意識的に描かれていたのは、そのどちらもが、玄奘を高め、強く見せるために、必要であったからであると考えられる。これは、同じ祖師絵伝でありながら祖師の行状の不必要な誇張や称揚は避けようとした「一遍聖絵」で、「泣く姿」がわずかであったことと比較すると、対照的であり、興味深い。絵巻全体がその祖師をいかなるものとして表象しようとしているのか、という製作意図と深く関係して、「泣く姿」が扱われていることが理解できるのである。

⑤　中野玄三「『玄奘三蔵絵』概説」『続日本絵巻大成9　玄奘三蔵絵　下』中央公論社、一九八二年
中野氏は、この絵巻を興福寺が作ったことを知る重要な資料として、『尋尊大僧正記』を挙げている。その康正三年（一四五七）三月十二日の条には、十三世紀初め頃のこととして、興福寺一条院の第八代院主信円が、「玄奘三蔵絵」を一乗院良円に譲ったが、後に菩提山の実尊から抗議がでたため、信円が良円から取り返し、実尊に譲ったとされる。この条には、そのような由来のある十二巻の絵巻を、尋尊が見たことが記されているのである。この資料は、この絵巻が作られたと考えられる十四世紀初頭からは大分隔たった後の時代のものであり、また、興福寺が作ったことを明記しているわけでもない。しかしこの絵巻の制作目的についての中野氏の考察は、本絵巻の内容や制作時の社会的状況から考えて妥当であると考えられる。

4.「泣く人」を描き込む政治的文脈

以上のことから、絵の中の「泣く姿」が、悲しみや嘆きを表しているだけではないことが理解できた。「泣く姿」

を配することによって、泣く者と泣かない者、泣く者と泣く対象となる者との間に、力の強―弱、立場の上―下という関係が作られていくのである。そのような例を、さらに見ていきたい。

「粉河寺《こかわでら》縁起絵巻」は、和歌山県粉河寺の縁起を記す一巻の絵巻である。この絵巻には二つの話が収められている。その第二話で「泣く姿」の人々が登場するので見ていきたい。

まずは、この絵巻の第二話の詞書で語られる話の内容を略述しよう。第二話は、「河内国讃良郡《さらら》」の長者の一人娘が病気になり、どんな僧が祈っても治らない、というところから物語が始まる。ところが、ある童がそこを訪れ、七日間祈祷をすると、娘の病は治ってしまう。娘やその一族が喜ぶなか、その童は、粉河から来たということだけを告げ、娘が差し出した形見を受け取り、姿を消す。翌年、娘とその一族が河内からはるばる粉河まで行くと、粉河の観音が娘の形見を手に持って立っており、病を治してくれた童が、粉河観音であったことがわかり、娘と一族は、粉河観音の前で剃髪し出家する。以上が第二話の内容である。

その最後の剃髪場面の絵を見てみると（図8）、娘は屋外の粉河観音の前で一人の男性僧侶によって剃髪されており、その横に既に頭を剃った娘の母親らしき女性が描かれている。女性は、顔を両手で覆って泣いている。その手前の侍女も、頭を垂れ、ひれ伏すようなポーズをとっている。まわりの男性達を見ても、武具を脱ぎ捨て、自ら髻を切る者とともに、泣くポーズをとる者も複数描かれており、劇的な状況を高めている（図9・10）。

この場面は、剃髪を描く他の絵と比較すると、逸脱した表現であることがわかる。剃髪の場面というと、徳川美術館本「西行物語絵巻」第三段（十三世紀作）の西行の剃髪場面、クリーブランド美術館蔵「融通念仏縁起絵巻」第六段（十四世紀作）で和泉前司道経の娘が良忍上人のところで剃髪する場面、「法然上人絵伝」第三巻第四段（十四世紀頃作、図11）で幼い法然が剃髪される場面などに見るように、屋内で数人の僧の立会いのもと、角盥を前に、剃髪され

図９　粉河寺縁起絵巻
粉河寺蔵

図８　粉河寺縁起絵巻
粉河寺蔵

図10　粉河寺縁起絵巻　粉河寺蔵

図11　法然上人絵伝　第３巻第４段
知恩院蔵

る人物が描かれることが多い。泣く人も必ずしも描かれるわけではない。しかし「粉河寺縁起絵巻」では、屋外の粉河観音の前で、泣く人を多く含む剃髪場面が劇的に描かれている。この場面に相当する詞書には「さておのおの出家しを（りにけり）」と書かれているのみであるのに、なぜ、このような剃髪場面が描かれたのであろうか。

筆者は、この絵巻が、十三世紀前半に、粉河寺が高野山と領地の堺をめぐって争っていたときに、粉河寺が作ったものであると考えている。[6] 粉河寺領丹生野村《にゅうのや》と、高野山領名手荘《なてのしょう》は、両者の境界にある水無川《みなせがわ》と椎尾山《しおお》をめぐって、堺相論をしていた。その堺相論という文脈で考えると、絵巻の中の様々な表象が意味を持ってくると考えられるのである。

第二話の主人公である娘の家は、「河内国讃良郡」の長者の家と、詞書に書かれているが、その讃良郡の地頭職は十三世紀前半に、高野山のものとなっている。粉河寺と高野山の堺相論と、この事実、そして絵巻の物語を結びつけて考えると、絵巻の中の「讃良郡の長者の娘」は、粉河寺が現実に敵対していた高野山領の家の娘として設定されていることになる。そして娘は、まずその家で、病気に伏せた姿で描かれているのである（図12）。病気の娘の表情を見ると、苦しそうに顔をゆがめ、髪は頭上で丸まり、胸ははだけ足も露出され、体中に赤い斑点が付され、体は膨らんだように表されている。この娘の姿は、死体が腐り骨になるまでの様子を示す「九相図」の図像を引用して描かれていると考えられる[7]（図13）。つまり、高野山領の家にいる娘は、肉体や死体の「穢れ」を表す「悪い」イメージによって表象されているのである。

図12　粉河寺縁起絵巻　粉河寺蔵

図13　人道不浄相図　六道絵のうち
聖衆来迎寺蔵

しかし、娘の病は、粉河の童の祈祷によって癒え、娘は翌年はるばる粉河まで赴き、そこで剃髪され出家する。粉河における剃髪場面においては、娘は美しい着物を着、顔も引目鈎鼻で描かれ、黒くまっすぐな髪を長く垂らしている（図8）。高野山領の家で病気で伏せていたときの「穢れた」姿からは一転し、粉河観音の前では、「美人」を描く型に則って、顔や髪や着物が「美しく」描かれるのである。高野山領と粉河という二つの場における娘の姿を、このように全く対照的な二つのイメージを使って描くことにより、暗に、高野山を貶め、粉河寺を称えているのだと考えられる。

また剃髪場面の表現においては、粉河観音の真下に粉河寺の男性僧侶がおり、その僧侶の下に、高野山領の娘が押さえつけられるように配され、三者がまっすぐ上から下に並べて描かれていることが注目される（図8・10）。この配置の仕方も、粉河寺を上に、高野山を下に見ようとする視線の表れであろう。また、そもそも、この高野山領の家の子が、絵巻の中で「娘」すなわち「女性」として設定され[8]、粉河寺の「男性」僧侶に剃髪されていることも、粉河寺を「男性」、高野山を「女性」とするジェンダーメタファーによって、粉河寺を上に、高野山を下に見ようとする意識の表れである考えられよう。

この絵巻は、粉河寺が高野山と領地の堺をめぐって争っているときに、高野山に対する粉河寺の優位を主張し確認できるような表象を見ることを欲し、粉河寺が作ったものなのではないかと考える。絵巻の中で注目される表現としては他に、粉河観音を中心とする粉河寺一帯の景色が、物語の進行に添って、何度も繰り返し描かれていることが挙げられる（図10もその一つ）。それも、領域争いというときにあって、粉河寺が守るべき土地を繰り返し描き、確認したかったということであろう。

そのような絵巻のなかで、最後の娘の剃髪場面に、先に述べたような「泣く姿」の人が多く配されているのである。剃髪される娘の横には、母らしき女性が袖で両目を押さえて泣いており、侍女もひれ伏すような姿勢をとっていた。そのまわりでは、娘の一族の男性達が、自ら髻を切ったり、武具を捨てたり、泣くポーズをしていた。これらの人々のポーズは、粉河観音を前に、高野山領の人々が、ひれ伏し、自ら力を捨てることを表すためのポーズであると考えられるのではないか。[9] 高野山領の人々を「泣く姿」で表すことで、泣く対象となっている粉河観音を高め、称え、高野山領の人々をそれに恭順するものとして見せようとしているのである。絵の中には、その絵を作り、見る人が、こうあってほしいと望む願望が現実を再構築する形で描かれる。[10] ここでは、高野山と争う粉河寺が、自らの優位を絵の中に見ることを望み、高野山側の人々の「泣く姿」を絵に表し、それにより、粉河寺を上位とする力関係を表象として構築しようとしたことが窺えるのである。

⑥ 詳細については、亀井若菜「ジェンダーの視点が拓く『粉河寺縁起絵巻』―高野山に対抗する自己表象としての絵巻」（『ジェンダー史学』一号、二〇〇五年）を参照されたい。

⑦　打ち捨てられた死体が腐り、鳥獣に食べられ骨になるまでの様子を描いた絵には、聖衆来迎寺蔵「六道絵」十五幅のうちの「人道不浄相図」（十三世紀後半）、比叡山寂光院旧蔵「九相詩絵巻」（十四世紀頃）、大念仏寺蔵「九相詩絵巻」（一五二七年作）などがある。また『吾妻鏡』建暦二年（一二一二）十一月八日条には、鎌倉将軍源実朝の御所で行われた絵合で大江広元が「小野小町一期盛衰事」を提出したことが記されている。ここでは、それらを総称して「九相図」と書いた。「人道不浄相図」に関しては、加須屋誠「聖衆来迎寺本『人道不浄相図』考」（『仏教説話画の構造と機能―此岸と彼岸のイコノロジー』中央公論美術出版、二〇〇三年〈初出一九九四年〉）を参照されたい。

⑧　「粉河寺縁起絵巻」が制作される際には、既存の寺の縁起が参照されたと考えられる。この絵巻以前に作られた粉河寺の縁起で現存しているものに、仁範筆「粉河寺大卒塔婆建立縁起」（一〇五四年）がある。それを見ると、病気の子どもは「一愛子」とされ、性別は記されていない。しかしこの絵巻ではそれを、「娘」（＝女性）と設定していることが注目される。そこには重要な意味が加えられていると考えられよう。注6前掲亀井論文参照。

⑨　ここにおいては、「泣く姿」も、娘の剃髪や観音の有り難さに対して涙を流すという意味だけを表しているのではないであろう。さらに、高野山側の男性が、武具を捨て、髻を切ることは、「男性性」を捨てることをも象徴していると考えられる。それはこの絵巻の中で、高野山を、「男性」ではなく「女性」（長者の娘）で表象していることとも、一貫性を持つものであろう。

⑩　このような考え方は、一九八〇年代から進められたニューアートヒストリーで提示された。亀井若菜『表象としての美術、言説としての美術史―将軍足利義晴と土佐光茂の絵画』（ブリュッケ、二〇〇三年）の中でも、このような観点について論じたので参照されたい。

5. 泣く女と泣く男、ジェンダーの視点からの考察

以上、絵の中の「泣く姿」が、力関係の構築に貢献している例を見てきた。では、そこにジェンダーは、どのよう

に関わっているのだろうか。絵巻に表された「泣く姿」を見ていくと、泣く人の性別によって、その表現の仕方や意味するものに違いがあることが浮かび上がってくる。次には、ジェンダーの視点から、絵巻の中の「泣く姿」について見ていきたい。女性が泣く姿としては、「華厳宗祖師絵伝」の善妙、「酒伝童子絵巻」の貴族の娘、「伴大納言絵巻」の源信邸と伴善男邸の女性達を、男性が泣く姿としては「北野天神縁起絵巻」の恩賜御衣の場面で泣く人々を取り上げたい。

図14　華厳宗祖師絵伝　義湘巻　高山寺蔵

「華厳宗《けごんしゅう》祖師《そし》絵伝《えでん》」の「義湘巻《ぎしょうのまき》」（十三世紀前半作）は、七世紀の新羅の高僧、義湘の事跡を描くものである。義湘は修学のため唐に行くのだが、ある邸に托鉢に行った折、そこの娘善妙《ぜんみょう》に恋心を打ち明けられる。しかし義湘は善妙の誘いをきっぱり断り、善妙に、仏に仕える自分の功徳を信じるように諭す。すると善妙は道心を起こす。そして善妙は、義湘のために贈り物の衣装を調えるのだが、それを渡すこともできないまま、義湘が新羅に帰る船に乗ってしまったことを知る。絵には、袖を目にあてて泣く善妙が描かれる。その次の場面では遠く船の見える浜辺で、贈り物の箱を傍らに置き、仰向けに横たわり、手を両目にあて、足をばたつかせて泣く善妙の姿が描かれる（図14）。ここまで激しく泣く姿をクローズアップして描く例は、他にはないのではないか。そしてさらに次の場面では、善妙が海に身を投げ、龍となって義湘の乗る船を守り、新羅まで送り届ける情景が展開する。

善妙が激しく泣く姿は、善妙の義湘への気持ちがそれほど強いことを表して

図15　酒伝童子絵巻　中巻第１段　サントリー美術館蔵

おり、またそれほど恋心が強いことは、龍にまで変身し義湘を守ることの裏づけにもなっているのであろう。しかし見方を変えれば、あられもなく泣くその姿は、池田忍氏の指摘のように、善妙が自らの感情をコントロールすることもできない弱い存在であることを示している。[11]そのような善妙の姿によって引き立てられるのは、義湘という男性僧侶の強さ、高潔さであろう。善妙の姿は、そこまでの女性の思いを振り切り善妙を諭した義湘が、それだけ立派で、男性としての魅力も備えた僧であることを示すのに貢献している。善妙の泣く姿は、善妙が女性であるが故に描かれた姿であろう。そして、そのような善妙や義湘の描かれたこの絵巻は、女性に対し男性への献身を強い、男性には女性の献身を当然と思わせるはたらきを持ったであろう。[12]

十六世紀の「酒伝童子《しゆてんどうじ》絵巻」（サントリー美術館蔵、狩野元信画）にも、女性が泣く姿が描かれる。その女性は、弱い存在であるとともに、性的な存在としても表されている。

この絵巻は、十六世紀の前半に、関東の戦国武将北条氏綱《うじつな》が作らせた絵巻である。絵巻の物語では、都の貴族の女性たちを捕えて食べる酒伝童子という鬼を、天皇の命を受けた武士達が退治しにいく話が展開する。中巻第一段には、鬼の館の入り口の川辺で、袖を目にあてて泣く貴族女性が描かれている（図15）。この場面は、鬼に捕われ衣服を川で洗わされている貴族女性を、鬼退治に来た武士達が見つけ、館の中の様子を聞くところである。この女性は鬼に捕えられて泣いているのだが、絵に描かれたその姿を見ると、注目すべき特徴を有している。この女性は貴族の女性であるにもかかわらず、緋の袴を露出した姿で表され、腕は肘まではだけ、口を開け、歯を見せて泣いている。その座って泣く一人の女性を、武器を身につけた武士達が六人で立ったまま、見下ろし凝視している。腕をはだけ弱々しく泣く女性は、男性たちの強い視線を受けており、性的な存在として描かれていると捉えられる⑬。

この絵巻は、関東の戦国武将北条氏綱が作らせたものだが、その実際の制作を取り仕切ったのは、京都の貴族達であると考えられる。京都の貴族が氏綱の依頼を受け、絵巻制作のコーディネーターになったのだと考えられる。詳しい考察は省くが⑭、貴族は、京都文化を憧憬する戦国武将とかかわりを持ち、その絵巻制作の依頼なども引き受けていた。しかしながら、貴族は、貴族の経済基盤を侵害するような行為にも及ぶ戦国武将を快くは思っておらず、武士達を野蛮なものと見下そうとしていた。この場面で、武士が女性を性的なものとして凝視する姿が描かれたのは、そのような貴族達の意識の表れであろう。女性は、武士の野蛮さを示す道具として、京都の貴族の思惑のもとに、性的で弱い者として描かれ、肌を露出して泣く姿に表現されたのである。

この絵巻は、これまで見てきた高僧伝絵巻や社寺縁起絵巻の類ではなく、時代も少し下ったものである。しかし、ある男性達が、他の男性達に対抗し、その者達を貶める表象として女性像を使っているという点では、「粉河寺縁起絵巻」にも共通している。さらに大きな視野で見るならば、女性の泣く姿が、男性との関わりにおいて、男性の都合のいいように描かれており、「華厳宗祖師絵伝」の善妙の姿とも重なる機能があると言えよう。

絵巻の中には、女性が集団で泣いている姿も見られる。貞観八年（八六六）に起きた大内裏の応天門の炎上を題材にした「伴大納言《ばんだいなごん》絵巻」（十二世紀作）である。この絵巻では、応天門放火の疑いをかけられた左大臣源信《みなもとのまこと》の邸と、その放火の真犯人であったとされる大納言伴善男《とものよしお》の邸の中に、女性達の泣く姿が描かれている。その女性たちの姿

図16　伴大納言絵巻　中巻第１段　出光美術館蔵　源信邸

図17　伴大納言絵巻　下巻第２段　出光美術館蔵　伴善男邸

や邸の様子は、二者の間で差をつけて表現されていることが指摘されている。

まず、源信邸の女性達について見てみると、その女性達の間でも表情に変化がつけられており、庭に近い方の空間にいる女性達は、源信に放火の嫌疑がかけられたことを嘆き悲しむ表情をしているが（図16の右方の女性達）、奥の方では、その嫌疑が晴れたことを知り、女性達の表情は喜び泣くものに変わっているとされる⑮（図16の左方の女性達）。一方、放火の真犯人として最終的に連行された伴善男邸の女性達は皆、絶望感に打ちひしがれ悲嘆にくれているとされる（図17）。また注意深く見れば、二人の邸の様子にも差があることを、水野僚子氏が指摘している。[16] すなわち、源信邸は、左大臣邸らしく桧皮葺の四脚門から始まり、中門も描かれ、女性達が配される部屋も、表の庭に面した空間となっている。一方、伴善男邸は四脚門より格下の棟門から始まり、女性達が配される部屋は、寝室とその隣の私的な空間となっている。源信と伴善男については、そのように邸の様子や女性達の表情に差をつけて、二人の身分や、応天門炎上という事件に対して二人が置かれている立場が異なることを表現しているとの研究がなされているのである。

二つの邸に配された女性達のポーズを改めて見てみると、源信邸では（図16）、明らかに「泣く」ポーズをとって描かれているのは、一番奥にいる源信の妻と思われる女性を含め、わずかである。他の女性達は、両手を合わせるなど、手で思い思いのポーズをとっている。[17] これらのポーズは、嘆きや祈りを表しているのではないだろうか。それらは、主人源信が無実の罪をきせられて嘆き、庭で祈っていることに呼応するポーズなのであろう。[18] そして、どの女性も背を丸めたりすることはなく、背筋を伸ばして独自のポーズをとっている。そのような姿の女性が、お互い間を空けることなく緊密に配されているため、集団としても力強く表されていると言えよう。一方伴善男邸では、ほとんどすべての女性が、手を目にあてるポーズをとっており、背を丸め、あるいは背を反らして泣いている（図17）。泣く対象である主人伴善男が既に捕えられ、そこにはいないことも、嘆きを深めているのだろう。部屋の中央が空けられ、女性達がばらばらに配置されていることも、空虚感を深めている。

無実の罪の嫌疑が晴れる源信と、真犯人として捕えられる伴善男の立場の違いは、このような女性達の表現からも導き出されるのである。この絵巻においては、集団としての女性達の姿が、男性の立場を示す表象となっているのだと言えよう。

また、この二人の前に登場する清和天皇のいる清涼殿には、女性がまったく描かれない。このことによっても、集団で女性達が描かれる二人とは、天皇の身分や立場がまったく異なることが視覚的に表されているのだと考えられる。[19]

これらの絵巻からは、女性の泣く姿が、男性との関わりにおいて、男性にある性格を付与する表象として、描かれていることが理解できた。

では、男性の泣く姿からは、どのようなことが読み取れるのだろうか。

絵巻に表された男性の泣く姿を見ていくと、男性は、男性のために、あるいは男性を前にして、泣いている場合がほとんどであることに気づく。既に挙げた例を振り返っても、「法然上人絵伝」の明遍や「玄奘三蔵絵」の玄奘の臨終場面で泣く人々、「玄奘三蔵絵」の玄奘の前の恵林など、男性の泣く姿は、男性に対して向けられていた。男性が女性のために泣いている姿は、他の絵巻を探しても、ほんのわずかしかない。[20] また、男性が愛する稚児のために泣く姿は、「稚児観音縁起絵巻」（十四世紀頃作）や「芦引絵」（十五世紀作）に見られる。しかし、男性が女性のために泣く姿は、ほとんど描かれないのである。

また、男性ばかりが複数集まって泣いている場面について見ると、その涙が捧げられる対象となっている男性は、泣いていないという特徴がある。たとえば臨終場面で、集まった人々の涙が捧げられる、死を迎えた男性は、当然のことながら泣いていない。泣く人が多くいても、涙を捧げられた人物は、泣いていないのである。この状況を言い換えるならば、泣く人と泣かない人はともに男性同士、泣いたり泣かれたりすることで、その結束を強め、その中の誰かを高めるのに貢献し合っている、とも言えるであろう。

しかし、「北野天神縁起絵巻」の「恩賜御衣」の場面では、その中心人物である菅原道真を含めたほとんどの男性が泣いている。この場面は、大宰府に流された菅原道真が、前年の清涼殿での重陽の宴で道真が作った詩に感動した天皇から衣を下賜されたことを思い出して、泣くところである。「北野天神縁起絵巻」は多くのバージョンが作られたが、承久本（十三世紀作）でも、弘安本の図様を引き継ぐ「松崎天神縁起絵巻」（一三一一年作、図18）などでも、この場面では、道真を含めた複数の男性達が泣いている。涙は道真に捧げられているように見えるのだが、その道真も泣いているのである（図18の左端で泣いているのが道真である）。それはなぜなのだろうか。

図18　松崎天神縁起絵巻　第2巻第3段　防府天満宮蔵

それは、この人々が、前年に天皇から下賜された「御衣」を前にしているからではないか。「御衣」はこの場面の中央に置かれている。前述したことを踏まえるならば、男性たちの涙は、この「御衣」で暗示される天皇に捧げられているため、道真を含む男性達が皆で泣くところが描かれたのではなかろうか。この場面の「泣く姿」は、「御衣」で象徴される天皇と臣下との間の上下関係を確認する意味をも担っているのだと考える[21]。

以上、男性の泣く姿について考察した。男性の泣く姿は、男性に対して向けられるものがほとんどであり、それによって男性同士の君臣関係、師弟関係など、上下関係が確認され構築されていることが窺えた。

⑪　池田忍「献身の図像―『華厳宗祖師伝絵』のヒロイン、善妙」『日本絵画の女性像―ジェンダー美術史の視点から』筑摩書房、一九九八年

⑫　注11前掲池田氏論文

⑬　この女性や、この絵巻に出てくる他の女性が、性的な存在として描かれていることについては、亀井若菜「女性表象から見えてくる男たちの関係―狩野元信筆『酒伝童子絵巻』解釈の新たな試み」(『交差する視線　美術とジェンダー2』池田忍・金恵信・鈴木杜幾子編、ブリュッケ、二〇〇五年)で詳述したので、参照されたい。

⑭　注13前掲亀井論文

⑮　黒田泰三『新編名宝日本の美術　第12巻　伴大納言絵巻』小学館、一九九一年

稲本万里子「家族の情景―『伴大納言絵巻』に描かれた妻の役割」『交差する視線　美術とジェンダー2』池田忍・金恵信・鈴木杜幾子編、ブリュッケ、二〇〇五年

なお、この場面に対する研究の歴史は、黒田日出男『謎解き伴大納言絵巻』(小学館、二〇〇二年)一四二〜一五八頁に詳述されている。

⑯　水野僚子「絵巻物にみる寝殿造―貴族の住空間をめぐる景観の意味と機能」『平安文学と隣接諸学1　王朝文学と建築・庭園』竹林舎、二〇〇七年

⑰　この場面の女性達がとるポーズの意味を考えるには、他の絵や彫刻で同様のポーズをとるものを捜し、その意味を探るという図像学的研究が必要であろう。しかし、他の作品の人物に、この女性達に類似するポーズがなかなか見出しえないのが現状である。

⑱　若杉準治氏が『絵巻＝伴大納言絵と吉備入唐絵　日本の美術二九七』(至文堂、一九九一年、三二頁)の中で、「庭の方を指さす女は、源信の訴える姿と対応し、また立ち上がって祈るような姿の女、大きな口をあけて嘆く女など様々な祈りと嘆きの姿がそこには見出される」と書いている。

⑲　この絵巻の中で家族や女性がいかに描かれているのかについては、稲本万里子氏が詳細に論じている。注15前掲稲

本氏論文参照。

⑳ 男性が女性のために泣く姿として見出されたのは、「源氏物語絵巻」の「柏木（一）」の朱雀院、「御法」の源氏のほかは、「融通念仏縁起絵巻」の武蔵国与野郷の名主の息女の臨終場面で、その家人の男性が泣く姿をしているものくらいであった。また、絵巻ではないが、目連救母説話を描く向嶽寺蔵「六道十王図」などには、目連が地獄に落ちた母のために泣く姿が描かれている。鷹巣純「目連救母説話図像と六道十王図」（『仏教芸術』二〇三号、一九九二年）参照。

また「粉河寺縁起絵巻」の娘の剃髪場面で男性達が泣く姿については、物語の表層から見れば、出家する娘のために泣いていることにもなろうが、本稿ではそれを粉河観音に恭順する姿として解釈した。

㉑ 「恩賜御衣」の場面は、明治期以降に出版された図版や図録等で「北野天神縁起絵巻」が紹介されるとき、非常に多く採用されている。千野香織氏は、そのことと、この場面が天皇の権威を暗示していることを関連づけて論じている。千野香織「『近代』再考」、『イメージ&ジェンダー』三号、二〇〇二年十一月

おわりに

以上、中世の絵巻の絵の中から、「泣く姿」を見てきた。「泣く姿」は、それが描かれる絵巻全体の制作意図と絡んで描かれていたことが理解された。「泣く姿」は、ある場面、ある情景の点景として、ただ添えられているのではない。絵巻全体を見、他の絵巻と「泣く姿」を比較していくと、「泣く姿」は、その絵巻全体がどのような意図をもって何を見せようとして作られたのか、ということと、強く関係して描かれていることがわかった。それは、「泣く姿」が、泣く者と泣かない者、泣く者と泣く対象となる者との間に、力関係を構築し、泣かない者、泣く対象となる者を、高め、称えるという機能を持つためである。

「泣く姿」は、あからさまに力関係を構築する表象とは見えない。しかし、その姿は、絵巻の中で、ある人を称え高める状況を作り出すのに、巧みに使われている。絵の中の「泣く姿」を見たとき、「可愛そう」、「悲しそう」とただ思うのではなく、その姿が描かれることによって、誰が高められ、称えられているのか、そして誰が低い立場に置かれているのか、考えてみたい。さらに、「泣く・泣かれる」という関係性からも排除されているのは誰であるのか、ということも。

絵の中に描かれた「泣く姿」の意味や機能は、もちろん、力関係を構築するというだけではないであろう。しかしそれが、悲しみや嘆き、喜びや共感を表すためだけに描かれているわけではないのだということを考察した。

［コラム］　泣く男——能狂言絵の中の「泣く」という形象

藤岡道子

写楽はなぜ

東洲斎写楽が能役者斉藤十郎兵衛であったという説は、内田千鶴子氏によって近年積極的に再調査され提唱されて、能楽研究者の間ではほぼ確実視される説となっている。阿波藩抱えで江戸在住のワキ役者であった十郎兵衛が、能舞台ワキ座に居て何を見ていたか。能狂言の研究者にとっては実に魅力的な謎である。彼が能の絵を一点も残していないことはきわめて残念。能役者であった十郎兵衛＝写楽がなぜ能を描かなかったかの謎解きは誰によってもまだ手をつけられていない。

能狂言絵は歌舞伎絵のように江戸時代絵画の一大潮流になりえず、美術的にはまったく問題にされていない領域である。能狂言絵と歌舞伎絵の美術的な価値の上下は能狂言と歌舞伎との時代における位相といった理由からではない。能狂言という芸能がおそらく絵画に変換できにくい性格を持っていたからと考えねばならないだろう。斉藤十郎兵衛＝写楽が能役者でありながら描かなかった能、描いた歌舞伎。美術作品としての分析のほかに、ここには能狂言とはなんだったのかというもうひとつの謎解きを迫るものがある。

能狂言絵というもの

さてここで問題にするのは写楽ではなく能狂言絵である。世にひっそりと伝存する能狂言絵。能狂言絵は美術品としてほとんど評価されることもなく美術研究の対象となることもなかったが、描かれてこなかったわけではなく、実は秘かに愛好されてもきた。その調査を美術研究としてではなく能狂言の演出資料研究としてここ十年にわたり進めてきた。作品がどこに、どのような状態で残存するのか見渡すことのできるような先行の研究はない。出会うたびに一点ずつの考察をしていき、それが少しずつ蓄積されておぼろげながら江戸時代の能狂言絵画史が見わたせるようになってきた。ここでその中のいくつかの能狂言絵を開き、とくに話題を「泣く」形象に絞りその様相をみていきたいと思う。

能狂言絵を二つに分類

能狂言絵は大きく二つに分類できる。第一は都市風俗図あるいは寺社参詣図の中の一景として能舞台と能の上演そして観客を描くもの、第二は能舞台（これは省略されることもある）と能の上演、そしてときに観客を描くもの、である。

第一の類型のもっとも古い作例のひとつは洛中洛外図屏風（町田本・現国立歴史民俗博物館蔵・一六世紀前半成立）の画中に描かれた能の舞台図である。河原（カ）に仮設された能舞台でいましも能が上演されようとしている。能の曲名は「高砂」とおおかたの美術書に考察があるのは、すでにワキ座に座しているワキとワキツレが黒い大臣（カ）烏帽子に赤地の狩衣、白地の大口（カ）を着た現行「高砂」に近い神官姿で、橋掛りを姥と尉らしい人物が登場してくる絵柄からの判断である。能狂言絵はこのような都市風俗図の一景として描かれる様式をひとつの類型として、以後江戸時代の終わりまで描き継がれていく。邸内（遊里、禁裏、武家屋敷等）遊楽図の一場面また勧進能の俯瞰図などもその類型の流れと考えてよいであろう。

第二の類型のもっとも古い作例を挙げることは容易でない。桃山期に遡る作例が無いことと、江戸時代初期かと推定はされるが確実に制作年をいえるものがないためである。この類型は、画帖、巻子、あるいは屏風貼交等の形で今日伝来する。現在公刊されて一般の目にふれることができるのは『国立能楽堂収蔵資料図録』Ⅰ、Ⅱに収載された作品（現状は額装、巻子、画帖、屏風）、「能絵鑑」（宇和島伊達家伝来本。淡交社より刊行）、「能絵鑑」（小田本・旧水野家伝来本。フジアートより刊行）、「能狂言絵巻」（柳営御物といわれる三巻本。現東京国立博物館蔵。『近世風俗図巻』所収）が江戸前期から中期にかけての優品。特に狂言絵のみの作品としては「山脇流」と題記のある作品（徳川美術館蔵。全体は未公刊ながら同館図録に数図所収）、「狂言絵巻」（英一蝶画。アメリカ個人蔵。『近世風俗図巻』所収）など注目すべきものがあるが、もっとも古く、制作年代もほぼ確定できるのは刊本「狂言記」の挿絵である。同じく江戸前期の制作と思しいのが『狂言集成』の挿絵に用いられた古図で、その一群の離れと考えられるのが「狂言古図」（国立能楽堂蔵。同能楽堂図録に全図所収）と「狂言画集」（個人蔵。拙稿「新出「狂言画集」の紹介と考察」に全図所収）である。

能狂言絵の第一の類型　第二の類型

第一の類型の作例は「洛中洛外図屏風」（町田本）で見たごとく大画面中のほんの点景にすぎない画面でありながら上演の様態がかなり正確に描きとめられていて、上演史、演出史の好資料たりうるものもある。ただし能狂言を描くという主題のもとに描かれたものではないので、能狂言上演図としては正確さを欠く作例もあり、ここでは一応の参考にするにとどめたい。第二の類型の作例を見渡し、能狂言絵の中の「泣く」という形象を収集し考察をしたいと思う。

第二の類型の能狂言絵はすべて一図一場面。能一曲ごとにそのもっとも主要な場面が選ばれて描かれている。能は内容が前場後場にわかれるものも多くそのため前場後場の二図になるものもあるが、一図一場面である描き方は変わらない。主要な場面が一箇所のみ選ばれるので、どの能狂言絵もほぼ同じ場面が描かれることになる。ここが能狂言絵の著しい特色である。すなわち「高砂」を描く絵は江戸時代を通じてほとんど同じような図柄、前場の、箒をもって中央に立つ尉が後方に控える姥と画面右手つまりワキ座に座している三人の神官たちの前で相生の松について語る場面の図になるのである。能狂言絵は画帖や巻子に相当数の曲目が実際の上演順や謡本の曲目記載順に従って描きこまれ、鑑賞法も一枚刷りの歌舞伎絵や役者絵とは異なって、いわば能狂言鑑賞のための事前事後のテキストとして紐解かれるものであったらしい。上層の武家階級からの注文を受けて制作され、能狂言愛好者の極上品のハンドブックとして享受されたらしいのである。（鑑賞法については淡交社刊『能絵鑑』の中村保雄氏解説を参照した。）先に挙げた「狂言絵巻」の筆者、あの新境地の風俗画を多く描いた英一蝶にしてさえもその形式に則っており、能狂言絵の描法の枠はそこまで堅牢であったようだ。写楽＝斉藤十郎兵衛が才気の触手を動かさなかった（らしい）のはそんなところにも原因があったのだろうか。能狂言の主要な場面が誰によっても同じ箇所と考えられたことは、あえて能狂言絵を持ち出さずとも論外の常識のようなものであるが、あらためて能狂言絵を見渡して能狂言の演劇・芸能としての特質に思い至るわけである。

能狂言絵を能絵と狂言絵に分けて

ではここから能狂言絵を見ていくことにするのだが、まず能絵と狂言絵を分けて見ていくことにしたい。能狂言絵には能または狂言のみ描くもの、能と狂言を上演順に従うごとく交互に描くものの二種類の形式があるが、その双方から能を描いた絵、狂言を描いた絵をそれぞれ「泣く」という形象に絞って見ていきたい。

まず能絵

まず能絵であるが、先に挙げた資料を通覧して登場人物が「泣く」絵柄は驚くほどわずかしか見出せない。「泣く」演技は現行ではシオルという型で表現する。シオル（シホル、シヲル）という型の用語は表章氏の綿密な考察によって江戸時代中ごろ以降、それ以前は泣くという用語が使われていたことが近年明らかにされたのだが、江戸時代の型付《かたづけ》すなわち演出指示書を追っていけばどの能の曲目にもシオル、泣くという型は頻出する。能は脇能や祝言の切能を除きおおかたは悲劇であり、悲劇的情調が支配する内容をもっているのでシオル、泣く型が多いのは当然のことである。しかしながら、能絵においては「隅田川」の母親ですら、誘拐されて死んだわが子の亡霊とはるばると来た隅田川べりの墓で対面する母親ですら（実際の舞台ではシオルのであるが）泣いていない。それはこの曲目の中心的な場面であって絵にその場面が描かれていても、なのである。能絵からは「泣く」という形象がほとんど消えているのである。

「生田敦盛」図『宇和島伊達家伝来能絵鑑』（淡交社）

能絵の中の「泣く」男

わずかに見出せた作例は「生田敦盛《いくたあつもり》」（「能絵鑑」筆者不詳。宇和島伊達家伝来本）、「藤戸《ふじと》」「通《かよい》小町《こまち》」（「能之図」狩野柳雪筆。国立能楽堂蔵）、「藤《ふじ》渡《と》」「綾鼓《あやのつづみ》」（「能狂言画帖」玉手棠洲筆カ。国立能楽堂蔵）の四曲である。「生田敦盛」は敦盛の遺児が父敦盛の亡霊にめぐり会う場面。一の谷生田の森の草の庵に宿を借りようと訪うた僧形の遺児はその庵中に甲冑を帯した華やかな若武者姿の父敦盛をみるのである。描かれた遺児は敦盛の前に座し右手を目の高さにあげて泣いている。「生田敦盛」の絵は、この場面が描かれていても他の絵では必ずしも遺児が泣いている姿に表現はされない。筆者不詳、江戸時代中期の成立かとされる「能絵鑑」独特の絵柄である。次に「藤戸」、「藤渡」はともに前場で、息子を殺害された母親が新領主の前に訴え出る場面。息子から海の浅瀬を聞き出して戦功をあげながら秘密保持にために殺害したその当人である新領主佐々木盛綱の前に来て老母がさめざめと泣いている。現行の型は両手を目の高さに上げて泣くモロジオリで、江戸時代末期の玉手棠洲筆（カ）「藤渡」はこの形で描かれる。江戸時代中期の狩野柳雪筆「藤戸」は実はシオル型ではなくくずおれて両手を手前の床につき顔を盛綱に向ける型に描かれている。この型は現行にはなく、泣く型が現行のように手を目の（実際は面の額のあたりの）高さまで上げる型に固定する以前の型である。（泣く型が固定する以前に身もだえし号泣する演出があったことは小田幸子氏に詳しい論考がある。）江戸時代中期の絵に、既に実際の舞台ではシオル型に統一されていたにもかかわらずこうした古演出が描きとどめられていることは、能絵が古い粉本によっていたことを推察させて興味深い。同じく狩野柳雪筆「通小町」の深草少将もまた「藤戸」の母親とまったく同じ、くずおれて両手を手前の床につき顔を小町に向ける形に描か

「通小町」図『能之図』狩野柳雪筆（国立能楽堂提供）

れる。「通小町」は現行では重い曲で、百夜通いの少将も大口袴(あるいは指貫)をつけて貴公子の出立ちだが、この絵の少将はのし目・水衣のみすぼらしい姿で泣いている。「泣く」演出と少し外れるが、江戸時代の古い型付にも少将は大口をつけることになっており着流しで出る演出はなく、この絵の少将の装束は絵師の間違いかと考えねばならない。絵画資料にはときにこのようなミスがある。ただしこの少将が「泣く」型は「藤戸」と重なるので粉本などによった確かな図柄だったのであろうと考えておきたい。玉手棠洲筆(カ)「綾鼓」は後場で、怨霊に右手を取られて引かれていく女御が左手を顔の前に上げて泣いている場面。右手の笞をふりあげて女御を打とうとしている怨霊、二人の前には綾の鼓をかけた桂の木の作り物が描かれている。

能絵の中に「泣く」男が少ない

以上四曲の「泣く」形象を追ったが、それにしても二百曲はあろうという能絵の中で四曲とは。もともと伝存の少ない資料をさらに博捜しても能絵の中の「泣く」形象についてはおそらくこの程度の割合でしか現われないだろう。つまり江戸時代の能絵には「泣く」という形象がきわめて少ないのである。それではいったいその理由は何なのだろう。「泣く」場面が一曲の中心的な箇所にあり、「泣く」型は実際の演技にはしばしばあり、「泣く」姿が絵にならないということはない、というのに。それは能絵というものの性格、能というものの特質による、と考えられるだろう。能絵は先に記したように今日伝来する多くが、上層武家の注文による高い技術を持った工房での制作品である。どのように使用、鑑賞されたかについてもすでに考察した。いわゆる大名調度と呼ばれるような豪華本はその性格上品格とめでたさが要求される。ここに見てきたような能絵はそうした制約の中で、能のドラマ性を抑えて装飾性を意識した調度品としての絵画となったのであろう。このような能絵からまた能がどのように鑑賞享受された演劇・芸能であったかを考えることも可能であろう。そもそも「藤戸」のように武士のエゴイズムによって人生を破壊された漁民の母子を描く能を時代は違うといえ江戸時代の武士が平然と鑑賞するとは不可思議なことではないか。また、戦争に討ち死にして今は地獄で苦しむ武士を主人公とする修羅能はなんと江戸時代を通して人気が高かったのである。観客（多くの場合武士階級だった）にとって能は深刻な人間ドラマであるより、重厚な音楽、高い教養なしには解読のできない古典、装飾性にみちた舞事であったのだろう。これが能絵を見つつ思い至る感慨なのである。

能絵の中でひとり「泣く」男

能絵の考察の最後に「生田敦盛」について触れておきたい。「生田敦盛」絵の中の僧形の少年が、江戸時代の大名調度的豪華本能絵のなかで目下唯一シオル型で泣く男だからである（「能狂言画帖」は玉手棠洲かと考えられる町絵師の作品でここであげた他の作品のような大名調度ではない。しかしながら収載曲数も多く幕末期の能絵として貴重なもの、またシオル型が絵になる可能性を明らかにしてくれるものなので取り上げた）。子方がシオル場面は能のいくつもの曲目にあって「生田敦盛」独自のものではない。子どもが親子関係の絶望的な状況の中で泣くという設定は観客の涙を誘うために強力な効果を持つものであるが、なぜ「生田敦盛」にのみその姿が描かれたか。この答えは「能絵鑑」という美術品の構想、注文主の期待や絵師の内的な制作動機などにまで立ち入らねば解けないものである。そしてそれを解くことは今日ではもはや不可能としかいいようがない。ただ多くの能絵の中で敦盛の「忘れ形見の撫子《なでしこ》」だけが泣いていたことを記憶の片隅にとどめておくしかないだろう。

次に狂言絵

能絵の次に狂言絵を見ていきたい。能絵と同じように狂言絵も今日肉筆の屏風絵、襖絵、画帖、巻子等の形で伝存し、またそれらを解体したいわゆるメクリの形で古書市場売立てに現れることがある。また狂言絵には「狂言記」という江戸時代前期に読み物として刊行された書物の挿絵があって、これがかなりの曲数にのぼり、刊行年時に近いころの舞台図とよめるものも多いので、江戸時代前期の狂言の様子を具体的に視覚化するものとして有用である。ここで狂言絵の中の「泣く」という形象を探るに当り、さきに能絵において取り上げた資料に加え、「狂言記」挿絵、制作年は不詳ながら江戸時代前期かと絵柄から推察される『狂言集成』挿絵およびその一連の作と思われる「狂言古図」と「狂言画集」に所収の絵、制作年は江戸時代中期と考えられるものの、所収曲数が現存作例中もっとも多く、かつ伝統的な狂言絵の描法を踏んでいるため狂言の江戸時代前期の様相を伝えると思われる「山脇流」と題記のある徳川美術館蔵本によって見ていくことにする。

狂言絵も能絵と同じく一図一場面に描かれ「花子」「釣狐」のように前場後場のある曲は二場面が描かれることがあるが一図一場面である描き方は変わらない。能絵と同じように一曲の中心的な場面を描く。人物は必ず全身像で、ときに俯瞰するような角度からの絵柄もあるが多くは舞台真正面から見ている絵柄である。顔の表情にはほとんど個性がなく、どの曲目にも同じような人物が描かれていることが狂言絵の特色である。これらのほとんどの作品は筆者不詳であるが、「狂言記」挿絵は「狂言記」出版元に近い挿絵師、その他はかなりの程度の狂言に関する知識または狂言絵粉本の蓄積があった工房の絵師というところであろう。能絵の筆者と重なっていることは先にあげた「能狂言絵巻」や能と狂言を交互に同筆で描く作品も多いことから確実であろう。筆者が明らかという点でも他の狂言絵とは異なる英一蝶筆「狂言絵巻」はさすがに絵師の筆力でこれらの作品とは絵柄が違うが、このことについては最後に話題にしたいと思う。

狂言絵の中で「泣く」男

狂言絵の中に「泣く」という形象を拾っていこうとすると、能絵と同じように思いのほか少ないことに気付かされる。これは能絵に「泣く」形象が少なかった理由とは別に、狂言に泣く場面は多くあるが一曲の中心的な場面では必ずしもないという理由によるものと考えられる。たとえば「附子《ぶす》」の終末近くで太郎冠者次郎冠者は嘘泣きに泣くが、おおかたの「附子」の絵には二人が砂糖をむさぼり食う場面が描かれるのである。狂言絵の中で「泣く」型が描かれるもの、それは次のような作例である。「法師《ほうし》が母《はは》」（『狂言集成』挿絵、「狂言画集」所収絵、「山脇流」所収絵）、「靫猿《うつぼざる》」（「狂言記」挿絵、「山脇流」所収絵、「能舞之図」国立能楽堂蔵所収絵）、「二千石《じせんせき》」（「狂言古図」所収絵、「山脇流」所収絵）「鬼瓦」（「狂言画集」所収絵、「山脇流」所収絵）、「鈍太郎《どんたろう》」（「狂言画集」所収絵）、「柑子《こうじ》」（「山脇流」所収絵）、この六曲である。「法師が母」は男が酔いの果てに妻（法師すなわちわが子の母親）を追い出し、酔いが醒めて物狂いとなり妻を捜して歩く場面。右手または左手で狂い笹を担げもう一方の手でシオル形象は右のどの作例の絵柄も同じ。同じ場面ながら男がシオル形象で描かれない「狂言記」のような絵柄もある。「靫猿」は無体な大名に殺されることになった猿が懸命に芸をするのを見て猿引きが泣く場面。右の作例以外ではこののちの場面の大団円が描かれる絵柄もある。「二千石」は不奉公の太郎冠者が手打ちにしようとする主人に、その怒った様子が主人の父である先代にそっくりだと言って嘘泣きをする場面。「狂言古図」では主人まで貰い泣きをして左手を目の高さに上げているが、「山脇流」では太郎冠者がモロジオリ、主人は太刀を振り上げている。「鬼瓦」は因幡堂参詣の大名が屋根の鬼瓦を見て故郷の妻の顔を思い出して泣く場面。右の作例はともに大名が右手でシオル図柄である。「鈍太郎」は二人の妻に裏切られた男が出家して、わが身を嘆いて泣く場面。男が右手でシオリ、妻のひとりはモロジオリである。「鈍太郎」は他の絵では妻たちと和解した男が妻たちの手車に乗って退場する場面の絵柄が多く、「泣く」男として描かれるのは珍しい。「柑子」は太郎冠者が主人の柑子を食べてしまった弁解に流人俊寛の物語を語って泣く場面。「柑子」は主人と太郎冠者ふたりだけの短い狂言で絵になる場面もなくほとんど描かれない曲ではある。

以上の作例のうち観客の同情を誘う場面は「靭猿」のみで他は哄笑やら嘲笑を誘う場面である。「泣く」ことでドラマの他者である観客を笑わせる。狂言において「泣く」ことの本義を狂言絵はうまく捕らえている。「靭猿」の猿引きの悲劇もたかだか猿の命、大名のセリフのように「猿引きは何を吠ゆるか」と江戸時代の観客にとっては笑ってしまう場面だったとよめなくもない。狂言絵はたしかに狂言を追体験させ、「泣く」ことが笑いの種であるしくみを納得させている。

狂言絵は能絵に比べまったく地味で料紙や絵具などの画材においても劣っていることが多いが、狂言愛好の士には鑑賞を援けるべきこれもまたよきハンドブックであったことを思わせるのである。

英一蝶筆狂言絵の中で「泣く」男

最後に英一蝶筆「狂言絵巻」について触れたい。この作品は狂言のみを描いた華麗な絵巻で、全二十二図。この中で「泣く」形象は一図。その「枕物狂《まくらものぐるい》」は、老人がひそかに恋慕する少女の小さい枕を見つめて泣く場面である。老人が枕を持って泣くのが江戸時代の実際の型であったかどうかは現存の台本からは不明だが、現行では枕を手には持たず、恋の思いを語ったのちにシオルことになっている。英一蝶は老人をうつむかせるのみ、ただし写実的に描かれた皺だらけの祖父《おおじ》の面《おもて》がいかにも泣いている。「泣く」老人は観客の嘲笑を前にしてしかしどうしようもなく泣いている。画力優れた絵師のこの絵の中で「泣く」老人は永遠に笑われながら少女への恋の悲しさに泣き続けている。

能狂言絵の中の「泣く」という形象

能をそして狂言を描かなかった東洲斎写楽。描かれなかったことから能狂言の何かが見えてくるということはあろう。能絵における「泣く」形象の数の少なさ。「泣く」ことを描かなかった絵の裏側に無量の涙が潜む。能に無量の涙が潜むことを知りつつ観客はある日は読者として能絵が美麗であることを楽しむ。狂言絵の「泣く」形象が笑いの誘因であることを知りつつ読者はある日は観客として狂言の「泣く」ドラマに涙する。永遠に静止する絵と時間の中を過ぎてゆく演技と。「泣く」男はその両様に在り続ける。

泣く女――能と狂言の女の涙

藤岡道子

1. 熊野《ゆや》の涙

妖艶な「熊野《ゆや》」だった。能の詞章にはきわめて官能的な語がどこかに紛れ込んでいて、よくよく読めば作者の秘めた意図が春の雷鳴のように聞こえることがある。歌舞伎や人形浄瑠璃の詞章の直接的すぎる表現もまたそれなりに見るものの身心を揺さぶるが、能にこそそれにまして体と心に潜入するエロティシズムがある。この日の「熊野」は若い気鋭のシテで、ドラマ性を強調しすぎるとの批判もあった、能はドラマではないことになっているから。たしかにこの日の熊野ときたらもうアメリカ映画そこのけにしなやかでみだらだった。ワキもまた若い当代一の美男役者で、「熊野」の宗盛ならこのワキであっても、いやこのワキであってこそ、と思わせた。平家の御曹司宗盛に囲われて今熊野は都にいる。ふるさと遠江の老母が重病だと知って一刻も早く帰郷したい。宗盛は愛妾の願いを許さない。最期通告のようにふるさとから老母の侍女が手紙を携えて上京してきたが、それでも宗盛の心は変わらない。ふたりは「花見の車同車にて」、京八条の北、高倉の東あたりの宗盛屋敷より東山の清水寺に向かう。

花見の酒宴に心中は病気の老母が気がかりだがそこは「海道一の名人」である。そつなく酌に立ち、座をはなやがせ、所望の舞も舞う。ここは沈んで演じるか、あえて華やいで宗盛の機嫌をとるか、役者の選択にまかされている。舞のうちに村雨が降る。

シテ「あら心なの村雨やな春雨の（と角へ行きて上を見上げ）

地謡「降るは涙か（と面を伏せて左へ廻り）。降るは涙か櫻花。散るを惜しまぬ。人やある（と散る花を扇に受くる形をし、右手にてしをりながら右へ廻り真中に出て下に居り）イロへ

舞を村雨で中断された熊野は『古今集』大伴黒主の歌「春雨の降るは涙か桜花散るを惜しまぬ人しなければ」を詠じ、「散るを惜しまぬ」と謡ってついにおさえきれなくなってシオル、すなわちここで初めて泣く。そして落花を扇で受けイロエ、すなわち気をしずめかねて舞台を一巡する。

次がクライマックスの「短冊の段」である。黒主の歌に誘われてみずからの思いを短冊に走り書きし宗盛に差し出す。そこには次の歌がしたためられている。「いかにせん都の春も惜しけれど馴れし東の花や散るらん」、黒主の歌といいこの熊野の即興歌といい、桜をうたうときどうしてこうも歌が桜に負けてしまうのだろうと思うが、宗盛は熊野の歌に感動して帰郷を許す。熊野は「観音の御利生かな」と正面を向き合掌、すなわち清水観音に礼拝して、宗盛の気が変わらないうちにと屋敷にも戻らずさっさと「東に帰」っていく。

「熊野」という曲の中で宗盛は「人に対する思いやりがなくて我意を通す、しかし情のこもった歌を見ては痛く感動する、我儘なそして風流な平家公達の風格がよく現れて居り」と評され、熊野は「夫命に反抗することの出来ない、老母の事を思って忘れる事の出来ない、弱い優しい性情」と読み取られる。この評は『謡曲大観』（昭和六年刊）のものだが、今日までこの評は揺るがず引き継がれてきている。雑誌「観世」（昭和四四年四月号）「謡い方と鑑賞『熊野』」では「熊野は、病母の上を案じながら、主であり夫である宗盛の意向に従って、花の下に綺羅をよそおわねば

ならない女主人公の、哀れさ・悲しさを、劇的に扱った曲である」と記す。『能・狂言事典』(昭和六二年刊)では「桜花爛漫の花の都を舞台に、故郷にいる病母の無事を祈る熊野の心根を描く」と解説する。「熊野」はそのような曲だと思い込んでいたが、この日の「熊野」はたしかに違っていた。気ままな宗盛、気もそぞろの熊野、そんなふたりにおかまいなしの桜がむせかえるように咲き誇っていた。

「熊野」が『平家物語』巻一〇に典拠をもつことは指摘されてきた通りであるが、他の能と同じく決してそのままを劇化したのではない。『平家物語』をひねり、削り、一転二転させた作者(金春禅竹かとされるが不明)がほんとうに言いたかったのは何だったのだろう。その正解は永遠にわからない。残された譜面から音楽をたちあげることだけが許されている。花の下の遊楽は時代を同じくすることから「熊野」制作の背後に横たわっているだろう。樹下美人図のイメージを舞台化しようとした、というみかたはどうか。樹下美人が鳥毛立女のごとき健康的な美女ではものたりぬ(という時代になっていたのだろう)。そこで西施のごときはかない美女にしたてるべく熊野の心に老衰の病母という憂いを用意したのではないか。詞章に西施に触れた箇所はないが、李夫人と楊貴妃の故事は熊野のたとえとしてではないが間奏曲のように持ち込まれている。憂いに沈むの中国美人は「熊野」の成立に影を落としている。「花見の車同車にて。ともに心を慰まんと」、ワキ宗盛のセリフである。この女はおれを捨てていこうとしている。帰さないつもりだが今日の今日はそうもいかなくなるかもしれぬ。別れの予感を道連れに桜に向かって進む牛車という密室の中でふたりが行儀よく背中あわせにすわっていたとはだれも思うまい。このあたりは『和泉式部日記』の世界が揺曳する。和泉式部もまた能の重要な主人公のひとりなのだから。

熊野は老母にあいたくて帰郷を急いだのか。三島由紀夫『近代能楽集』の「熊野」ではユヤは二二、三歳の美女。五〇歳くらいの大実業家宗盛の愛人である。北海道にいるはずの病気の母は嘘で千歳自衛隊に恋人がいることになっ

ている。『六平太芸談』では、

伝書によると、湯谷《ゆや》の心持に就いて、このシテは「年古りまさる朽木桜今年ばかりの花をだに、待ちもやせじと心弱き、老の鶯逢ふことも涙にむせぶばかりなり」という年老いた母親の文が届けられ、宗盛に御暇を願うのだが、実は、「いかにせん都の春も惜しけれど馴れし東の花や散るらん」という、そのあずまに、すきな男があるので、それに逢いたいためなのだ、その心持が大切だ、というようなことが書いてある。どうも怪しからんことで、湯谷の曲のおもてには、そんなことは全く出ていませんが、然し舞台で湯谷を演じるとなると、寂しい中にこもるシテの花やかな一面、それは病母のいたわりということだけではなかなか現れてこない。帰りたいのにひき留められる、その悲しみ、哀傷だけならば、ただいつもおもてを曇らせて、いく度もシオリをして、下を向いて居れば事は済むようなものですが、そこに忘れ難いおもかげがあって、心ならずも仕えている宗盛の他に、若い愛人が遠くはなれている。「東路とてもひがし山、せめてそなたも懐かしや」この気分を活かすための心得として この伝書の意を解くと、いかにも湯谷の舞台がしんみりした中に花やかになってくる。

とある（喜多流では湯谷と表記する）。熊野はやはり池田の宿の長、海道一の遊君なのだ。熊野がシオルのは「散るを惜しまぬ人やある」であり「（馴れし東の）花や散るらん」である。表層は母親が「散る」、死んでしまうことへの恐れを歌っているが、深層をながれるのはそれとはちがうものへの哀惜ではないか。宗盛に手折られたみずから、花のような時間の主であるわたし自身こそいたわしい。永遠に人手にかかることのない天然の桜のように熊野こそが桜なのだ。

熊野すなわち熊野権現も仏や千手などと同じく聖なる名である。最下層にいて最極の女たちを能「江口」は描いた。現在能である「熊野」において熊野は江口の遊女のように普賢菩薩と顕れて西の空には消えずただ「東へ帰」るだけであるが、女のありようとしては「江口」の構図に重ならないともいえない。熊野の涙ははたして老母を案じての涙だったのか。男の前にもっとも美しい幻として降らせてみせた雨だったのか。この日の「熊野」の涙は役者の戦略、観客の気分、相乗してまことに妖艶な謎となっていた。

2. これはほんとうに女の嘘泣き

狂言「墨塗《すみぬり》」が『古本説話集』や『堤中納言物語』にみえる墨塗りの滑稽譚を種にしていることは夙に指摘されている。「墨塗」は狂言がどのように作られたかを知ることのできる稀な一例といってよいだろう。多くの狂言は何が創作の動機であるのか、何をテーマに描こうとしたのか、実のところ能のように明確にわかっているものは少ないのだ。嘘泣きをするために目を水でぬらす。水と墨を取り違え(させられ)る、その真っ黒な顔の墨跡を見つけられて笑われる。隠している嘘が顕れるぶざまさに誰だって気の毒ながら笑わずにはいられない。これを喜劇ネタに狂言が使ったというわけだ。

嘘泣きは狂言では女の男への背信の物語として設定された。「遠国の大名」が訴訟のために都に長期滞在していたが、めでたく本領安堵して帰国することになった。ついては都で馴染みとなった女のもとに別れの挨拶にいくことにするのだが、その場面を『日本古典文学全集』(現行大蔵流茂山千五郎家本)によって記そう。

大名「さてそれにつき、明日は早々国もとへ下ろうと思ふが、彼の人の方へは暇乞ひに行たものであらうか、ただしまた沙汰なしに下らうか。

太郎冠者「さればそのことでござる。あのお上様は余のお上様と違い、かねがねお恨み深いお方でござるによって、これはやはりお出でなされたがようござりませう。

大名「某もそのやうに思ふほどに、おっつけて行かう。汝伴をせい。

太郎冠者「畏まってござる。

大名「サアサア来い来い。

太郎冠者「参りまする、参りまする。

大名「さて、こちへ呼うで会うてもよけれども、皆暇乞ひに見えた時、宿にゐながら会はぬも近頃気の毒ぢゃによって、やはりあの方へ行てゆるりと暇乞ひをして戻らう。

太郎冠者「それがようござりませう。

大名「さりながら恨み深い人ぢゃによって、明日立つと聞いたならば恨みの数々を言うことであらう。

この部分、大蔵流の最古本『大蔵虎明本《とらあきら》』では女のことを大名が「惣別あれは心のやさしいものの、つつとなみだもろひ者じゃ程に、おいとまが出たといふたらは、さぞきもをつぶさふな」と言っている。時の経過でセリフにも流派や家の小異が生まれていることがわかるが、田舎ざむらいと都の女友達という関係の大筋はどの台本も変わっていない。

ところでここに「墨塗」をとりあげたのは「墨塗」が狂言として創作された時に能「熊野」は意識されなかっただろうか、という疑問からである。狂言は独立して演じられることも早い時代からあったのだが、能とともに能の上演時にその一こまを埋めるべくあったのが狂言だった。狂言の内容が能と無関係にあったはずはない。しかし作品が研究されるとき成立の背景や核となった説話などの探索に多くの力が注がれ、もっとも近くにある能とのかかわりはあまり問題にされることがない。能「熊野」と狂言「墨塗」が背中あわせでは、と思うのは能「巴《ともえ》」と狂言「引括《ひっくくり》」

の関係について『大蔵虎明本』万集類《よろずあつめ》に「ともゑ／ひつくゝりの狂言也」とあるからである。『大蔵虎明本』万集類は江戸初期に大蔵虎明が能の間《あい》狂言を記した本で、能「巴」の間狂言が狂言「引括」だという意である。当時既に「巴」の語間《かたりあい》は成立しており実際「巴」の上演に際して「引括」が曲中で演じられたかどうかは不明だが、演じられたことがあった、または演じる可能性があった、という意には解読できる。能「巴」の間狂言すなわち劇中劇として「引括」が演じられたとすれば、「巴」の悲劇性は著しく損なわれるだろうと今日では想像されるが、当時の能はそうした猥雑な狭雑物を組み込んで成立していたと考えるべきなのかもしれない。ともあれ「引括」が「巴」と密接な関係にあったことはここから読み取れることになる。今日では独立して演じられほとんど「巴」と無縁である「引括」であるのだが。さて「巴」と「引括」の関係について田口和夫氏は次のように考察している。

　現在では考えられない取り合わせだが、おそらく『巴』の中で義仲が巴に『守り小袖』を与えて木曾へ帰らせようとすることを『暇の印』と見たからであろうと考える

（『図説日本の古典一二』所収論文）

また大谷節子氏は次のように言う。

　「引括り」という狂言がある。離縁を持ちかけて「欲しいと思ふものがあらば何なり共取ってゆかしめ」と言い放つ夫の言葉を逆手に取って、夫の頭に袋を被せ、引去るわわしい妻が主人公。大蔵虎明の『万集類』によれば、これが「巴」の間狂言として演じられていたことがあったらしい。義仲が巴を木曾へ帰し守り小袖を与えることを「暇の印」と見立てた取り合わせ、とする田口和夫氏の見解は首肯されるが、更には、春風という信濃第一の強馬を捌き、敵人の頸をねじ切った巴の剛の姿が、夫の「首を取る」妻に矮小化されたおかしさ、最期の供を許されず、涙をのんで主君の命に従う巴と、離縁を持ちかける夫に立腹して強引に夫を拉致する妻との対比が生むおかしさを狙った、絶妙の取り合わせといえよう。

（雑誌「観世」平成三年四月号所収論文）

ここに二種の考察があり、実際に上演されていたのかはともかく、「巴」と「引括」の関係についてはこれで尽くされているであろう。さてそういうことになると「引括」という狂言の解読には絶えず「巴」を考えねばならないことになり、「引括」は単なる夫婦喧嘩の小品から戦乱の世の男と女の別れという深い悲劇の影を引いた作品と読まれねばならないことになる。狂言の背後に能の悲劇的世界を重ねることは狂言の読みに大きく影響する。今一度思い出せば大蔵虎明は『わらんべ草』四八段において「狂言は能のくずし、真と草也。譬へば、能は連歌、狂言は俳諧のごとく、俳言を入るる。されば、狂言の体は能也。体・用・色とたてて、体を用ひて色どる也。その証拠は、能をくずしたる狂言おほし」といっている、ここは狂言の形態論として読まれているが、狂言を能に重ねて読むべきという主張であったと解せられるのかもしれない。すべての狂言の創作の動機が能にあったとは言い切れないだろうが、少なくとも江戸初期の大蔵虎明は狂言を能を離れて読んではならないといっていたのである。

「墨塗」に戻れば、男の帰国に際しての都の商売女の嘘泣きの話はただあさましい滑稽話にすぎない。太郎冠者が秘かに取り替えた水入れの墨を塗らされたことを知って逆上した女が男にも太郎冠者にも墨を塗り付けるところが多いに受けたらしいことは『わらんべ草』四七段の記事から窺える。「駿河にて権現様の御時、墨塗りに、拍子衆、地うたひ、見物まで墨付けたることありしなり」「(家光が)ご上覧なられ、墨塗り予に仰せ付けらるる時に、ご前に、御年寄衆、柳生殿などに墨付け候へと御意にて、喜左衛門女方にて、ご老中につけしなり」、家康や家光の前での上演時に虎明(女役であったかは不明)や大蔵流狂言役者松井喜左衛門(女役)が、舞台に居残っていた(現在は切戸から引っ込んでしまい地謡や囃子方が狂言のときにまで舞台にいることはないが)地謡や囃子の役者に、そして観客である幕府閣僚の面々に墨を付け回ったという。「墨塗」がいかように享受されたかは十二分に理解できる逸話で、ここでの観客、役者に「墨塗」が能の悲劇性を背後に抱えているなどという意識は微塵もなかったであろう。

「墨塗」の女の涙は計略に過ぎず、女にとって田舎ざむらいとの別れなど実に何でもなかったのである。ここに至るとこの話で恥をかいているのは女だったのか、男だったのか、にわかには定め難くなる。「墨塗」の主題はそういうことなのだ。しかしその時「墨塗」は「熊野」への強烈な批評になる。女の涙、あやしいぞ、ということになる。能「熊野」が「墨塗」のような狂言とともにあり続けてきたことは、作品内部に自己の作品への批評を厳然と包含しているということで、文芸としての質の高さを示しているといってよいだろう。能と狂言は一体不離の作品であったのである。狂言が能の極度の抒情性の内側でこのような醒めた批評性を持っていたことは、あらためて見直されるべきだろう。かつ「墨塗」の女の嘘泣きの意味をかかる方程式で解かねばならないことをあらためて思っている。

それならばやはり「花子《はなご》」を持ち出さねばならないだろう。出張中に馴染みになった美濃国の遊女花子と都の男の話である。女が都にやってきて二人はやっとひさびさの逢瀬を持つという話に男の妻がからんできて喜劇が仕立てられている。花子の宿泊している宿でふたりは密会するが、その一部始終は男によって太郎冠者に向かって語られる。花子は舞台に登場しない。話しながら男は昨夜の情事の名残にたかぶって泣いてばかりいる。花子が昨夜泣いていたかは定かでないが、引き入れた男に向かって「唯一度ならでは御返事は御座らぬ。その文をそなたに添ふと思うて。明暮肌を離さぬと云うて。かの文を持ちながら。身は蛤。ふみ見る度に。ぬる、袖かな〳〵。」と言ったと男は太郎冠者に報告している。「身は蛤」以下は謡である。当時の流行歌謡を花子は歌ったのだが、「ぬる、袖」とあるからには花子も泣いていたと解せられよう。さてこの涙は本物か偽物かと問うことは人の情事に立ち入る愚を犯すことになろう。狂言の中でも「花子」は謡が多くもっとも重い扱いの曲である。抒情性にみち、珍しく男と女の「真剣な」恋愛を描いていることになっている。しかしながら狂言「花子」の中には男の妻という強烈な「批評」が持ち込まれている。男が巻き込まれ溺れ込んでいる現実への醒めた批評が作品に内在する。

「花子」はその典拠、創作の動機に能「班女《はんじょ》」を想定されている。(注)状況設定からそれは確実に言えることであり、「花子」を「班女」と重層させてよむことは十分にあってしかるべきであろう。そこにさらに「熊野」を置くことはできないだろうか。熊野は遠江国池田の宿の長、花子は美濃国野上の遊女、男は二作品とも都人である。「花子」の江戸初期の台本「狂言記」では花子は遠い国の遊女ではなく都の遊女となっている。能が狂言に影響して「美濃の国野上の宿」の遊女に改変されていった。狂言を能に重ねようという意識はここにもありありと窺えるのである。「花子」と「熊野」はよく状況が似ているものとなった。さてそこで「墨塗」との関わりであるが、「墨塗」に「熊野」への批評を認めるとすれば、同族ではあるが狂言「花子」への批評もまた認めねばならないだろう。「墨塗」が「花子」「熊野」への批評でもあるとして、「花子」もまた「熊野」への

狂言「花子《はなご》」　シテ野村万作（人間国宝・和泉流）
2008年10月16日　万作を観る会　於・国立能楽堂
たったいま遊女花子と別れてきた男。切なかった別れを思い返して泣いている。男の装束の文様は扇面散らしに蔦。男にからみつく蔦が遊女の愛欲のようでもある。（撮影：政川慎治）

批評であることはもういわずもがなかもしれない。「墨塗」の女の涙の嘘は「花子」の涙も信用ならざることを匂わせ、「墨塗」「花子」ともに「熊野」の涙（に潜むかもしれない嘘）を批評する。能と狂言は女の涙のうらおもてをこうして同じ舞台にかけきたのである。

㊟ 能「班女」。班女は漢の成帝の寵姫であったが、秋になって捨てられる扇に身を喩えた詩を作った。この故事を主相として構想された能。美濃の国野上の宿の遊女花子は都より東へ下る吉田の少将と契って扇を取り交わす。その後他の男を客に取らなくなり追い出されてしまう。都に上った花子は狂乱して賀茂社まで来、そこで吉田の少将とめぐり合うという内容。

3. 幽霊の流す涙

「松風」は室町時代から今日までもっとも愛されてきた能である。春の「熊野」に対し秋の「松風」と併称されている。『源氏物語』須磨の巻に取材したこの能は、海辺の海士乙女という最下層階級を主人公にしながら詞章には極上の和歌の風雅をちりばめ、独自の男と女の物語を創作した。この能がもうひとつ種としたのが田楽能の「汐汲」で、「松風」の前場はその「汐汲」から汐汲みの労働場面を取り込んでいると考察されている。諸国一見の僧が須磨の海辺で松風村雨の旧跡を見つけ逆縁ながら回向する。夕暮れとなり塩屋に宿を借りようと待っていると美しい海士乙女が汐汲み車を引きながら塩屋に戻ってくる。言葉を交わしながら、僧は次第にこのふたりがなにものであるかを知らされてゆく。ふたりはかつてこの須磨に流されてきた在原行平に召し出されつかのま愛された姉妹だった。姉妹は次のように自分たちの正体と身の上を語り出す。
シテ・ツレ「此の上は何をかさのみ包むべき。これは過ぎつる夕暮れに。あの松陰の苔の下。亡き跡弔はれ参らせつる。松風村雨二人の女の幽霊これまで来りたり。さても行平三年が程。御つれづれの御舟遊び。月に心は須磨の浦夜汐を運ぶ海士少女に。おとどい選はれ参らせつつ。折にふれたる名なれやとて。松風村雨と召されしより。月にも馴るる須磨の海士の。
シテ「塩焼き衣。色かへて。
シテ・ツレ「縑の衣の。空焼なり
シテ「かくて三年も過ぎ行けば。行平都に上り給ひ。
ツレ「いく程なくて世を早う。去り給ひぬと聞きしより
ツレ「あら恋しやさるにても。又いつの世の音づれを
地「松風も村雨も袖のみ濡れてよしなやな。身にも及ばぬ恋をさへ。須磨のあまりに、罪深し跡弔ひてたび給へ（とワキに合掌）

ふたりは松風、村雨の幽霊だった。僧に回向されたことで、ながく須磨の浦をさまよっていた亡魂が生前の姿を取り戻してあらわれたのである。恋慕の妄執の跡を弔ってほしいと僧に告げる。

生前、ふたりの海士乙女は流滴の後都に返り咲いた光源氏に明石君が迎え取られたような人生を送ることはできなかった。行平は「世を去」ってしまったのだから。恋に身分の上下はあって、圧倒的な身分差の恋は生前も死後も姉妹を苦しめていたのである。回想の中で姉妹はいくどか涙を流すのであるが、涙を流すのは必ずある状況においてだった。

能「松風」　シテ野村四郎（観世流）
2007年10月20日　於・大槻能楽堂
海士乙女の松風は都の貴公子在原行平の形見の烏帽子と狩衣を身につけ、海辺の松に走り寄って泣く。烏帽子・狩衣という男装の美女は能の中でも異彩を放つもっとも美麗な登場人物である。

姉妹は過去を回想して泣く。幽霊なのだから姉妹自身がすでに回想なのだが。姉妹の涙は回想のさらにむこうの回想によって導かれた特異な涙だ。この世の瑣末な感情は肉身とともに消え失せていて姉妹に残っているのは骨のようなもの、行平への恋慕の感情のみである。ただそれのみがおぼろな骨のようにこの世に残っているのだから泣くという激しい感情をひきおこすのはよほどのきっかけがあってである。

能「松風」でふたりが泣くのは次の箇所（前の引用箇所の直前の箇所）である。

ワキ「この須磨の浦に心あらん人は。わざとも侘びてこそ住むべけれ。わくらはに問ふ人あらば須磨の浦に。藻塩たれつつ侘ぶと答へよと。行平も詠じ給ひしとなり。又あの磯辺に一木の松の候を人に尋ねて候へば。松風村雨二人の旧跡とかや申し候程に。逆縁ながら弔ひてこそ通りつれ。（シテツレしをる）

シテ・ツレ（しをり乍ら）「げにや思ひ内にあれば。色外に現れさむらふぞや。わくらはに問ふ人あらばの御物

語。余りになつかしう候ひて。猶執心の閻浮の涙。二度袖を濡らしさむらふ

姉妹がここで泣いた理由は僧の口から姉妹の墓所で回向をしたと聞いたことと、行平歌「わくらはに」が語られたことからである。回向をしてほしいという願いによってふたりがあらわれたことは先に引用した箇所および一曲の終末でも繰り返されるからあきらかである。そう聞いて二人が泣くのは当然だろう。もう一つのきっかけが「わくらはに」を僧が引いて話をしたからである。別段姉妹のために詠まれたわけではない行平の代表歌「わくらはに問ふ人あらば須磨の浦に藻塩たれつつわぶと答へよ」。それを聞いてふたりは泣いた。また次の箇所を記そう。

地 「あはれ古を。思ひ出づればなつかしや。行平の中納言三年はここに須磨の浦。都へ上り給ひしが。この程の形見とて。御立烏帽子狩衣を。残し置き給へども。これを見る度に（シテ長絹を見）。いや増しの思ひぐさ葉末に結ぶ露の間も。忘られればこそあぢきなや（長絹を下して膝につけ）。形見こそ今はあだなれこれなくは（再び上げ）。忘るる隙もありなんと（見入り）。詠みしも理や猶思ひこそは深けれ（としをる）

「地」は地謡すなわちここはシテ・ツレの心を代わって謡うところ。シテ松風は行平の残していった着衣を手にとって見つめ、『古今集』読人不知の歌「形見こそ今はあだなれこれなくは忘るる時もあらましものを」を借用して思いを述べる。涙を誘発したのは形見か歌か。さて次を見ていこう。

地 「かけても頼む同じ世に（床几を離れ）。住むかひあらばこそ忘れ形見もよしなしと（長絹を下げて前に出で）。捨てても置かれず取れば面影に立ち増さり（長絹を両手に抱き）。起臥わかで枕より（右へ廻り）。あとより恋の責めくれば（橋懸を見渡し）。せん方涙に伏し沈む事ぞ悲しき（と常座に退りて安坐し長絹を戴くやうにしてしをる）

このあたりから松風は常軌を逸した態になり形見と行平との区別がつかなくなってくる。長絹を抱きしめて松風は自

分の狂気を『古今集』読人不知の歌「枕よりあとより恋の責めくればせん方なみぞ床中に居る」を持ち出してうたう。さて涙の誘因は形見か歌か。さらに思い出の磯辺の松を行平と誤認して抱き寄っていく松風にツレ村雨はこう制止しようとする。

ツレ「あさましやその御心故にこそ。執心の罪にも沈み給へ。娑婆にての妄執を猶（二人とも少し退り）。忘れ給はぬぞや。（作物へ向き）あれは松にてこそ候へ。行平は御入りもさむらはぬものを。

シテ「うたての人のいひ事や。あの松こそは行平よ。たとひ暫しは別るるとも。待つとし聞かば帰り来んと。つらね給ひし言の葉はいかに

ツレ「げになう忘れてさむらふぞや。たとひ暫しは別るるとも。待たば来んとの言の葉を

シテ「こなたは忘れず松風の立ち帰り来ん御音づれ

ツレ「つひにも聞かば村雨の。袖暫しこそ濡るるとも

シテ「まつに変らで帰りこば

ツレ「あら頼もしの

シテ「御歌や

地「立ち別れ（とツレはしをりながら笛座前に行きて下に居り、シテは橋懸一の松へ行き）、

〔中舞〕（シテ舞台に入りて舞ひ）

シテ「いなばの山の峰に生ふる。まつとしきかば。今帰りこん。それはいなばの遠山松（と橋懸の方を見）

地「これはなつかし君ここに（と作物へ向き）。須磨の浦わの松の行平（脇正面を見）。立ち帰りこばわれも木陰に（大小前に行き）。いざたちよりて（作物へ行き）。磯馴松の（松に寄り添ひ）。なつかしや（と少し退りてしを

る）

〔破舞〕

制止しようとした村雨も姉松風の狂気に感染していく。この場面が「松風」のクライマックスで、姉妹の恋慕の感情は極度に高揚している。松風は中の舞、破の舞を舞う。舞は精神の高揚の表現で泣くことよりも一段上である。ここで村雨を泣かせ、松風の舞を誘い出したのはあきらかに和歌である。行平歌にして再会を約束した歌「立ち別れいなばの山の峯に生ふる松とし聞かばまた帰りこむ」である。

この場面からいささか強引に逆算して、姉妹を泣かせたきっかけはすべて和歌であったと読み取ることは許されまいか。「松風」が『源氏物語』から構想されながら男が光源氏ではなく行平とされたのはなぜだったのか。それは行平が歌人であったからである。今は土中の骨であるふたりの少女をよみがえらせその心をたかぶらせた電流のようなもの、それが和歌であった。田楽能「汐汲」を母胎に、『源氏物語』に取材し、観阿弥が書き世阿弥が改作したとされる「松風」。和歌の引用の抜群の効果は作者世阿弥の凄腕である。ここに引いた四首の和歌は「松風」所収歌の中でもぬきさしならない重要なもので、四首が詠ぜられるどの場面においてもその和歌を契機としてふたりは泣いている。和歌の力は絶妙に「松風」の中で働いている。

さて、ふたりの涙の質は「熊野」の涙と著しく違っている。まさに能はドラマではないのだ。松風村雨の実人生にほとんど関係のないところで作られた和歌がこの下層の海士乙女の恋を代弁する主旋律となっている。ふたりの涙は人の世のあらゆる感情に連結していない。ただ恋というひとつの感情を除いて。涙はさながら一首の恋歌だ。やがてそれは僧が一夜の夢に見た幻覚であったと明かされる。夢幻能という幾重ものほの暗がりの中にのみある女の涙である。

4．この女の泣かない理由

夢幻能という世阿弥の創作した抽象劇に比肩しうる狂言はない。舞狂言という能をあからさまに模倣した数すくない狂言をのぞけば狂言のすべては現世の悲喜劇である。生と死を自在にあるいはやむなく行き来する登場人物を狂言は持たない。「熊野」の補完として「墨塗」がありえたような位置の狂言を「松風」に見出すのは難しい。しかしあえてここに「因幡堂《いなばどう》」を置いてみようと思う。男と女の別離を扱った、狂言らしい狂言。「因幡堂」のどこにも幽玄なところはなく、女の涙もない。「因幡堂」といいながら行平にはまったく無縁、「立ち別れ」の歌も出てこない。しかし、「因幡堂」である。因幡堂は平等寺という古刹で、「洛中洛外図屏風」にも参詣で賑わう景観が描かれ、他の狂言でも詐欺師と田舎者が金品を受け渡す場所として登場する。庶民の信仰の一大拠点であった。狂言「因幡堂」はやはり男と女の物語で、大酒飲みの妻を離別した男が新生活を始めるべく因幡堂に妻乞いに参籠する。眠りのうちに「西門の一のきざはしに立った」女を妻にせよとのお告げが聞こえた、そこで行ってみると被衣の女が立っている。喜んで家に連れ帰り被衣のままの女と祝言の盃を交わすと、この女も飲むこと飲むこと驚くばかり。被衣をとって対面となりさらに驚いたことにこの女は元の妻だった。一時実家に帰っていた折に離縁状を送り付けられて、憤慨した妻が一芝居うったのだった。ところでこの男が妻乞いに籠るに因幡堂を選んだのはただの偶然であったのか。狂言成立時、因幡堂は清水寺とならぶ京洛の信仰のメッカであったのだが、ただそのことのみの理由であったか。平等寺が因幡堂と呼ばれるのは、本尊薬師如来像が因幡の海中から出現したとされ、史実的にも因幡国から持ち込まれた像であることからである。五来重氏『薬師信仰』によれば因幡国司橘行平が現地の豪族因幡氏を滅亡させ、その鎮魂のためもあって因幡氏の信仰する薬師如来を京都に強奪してきたのでは、と推論がされている。この橘行平が江戸初期の京都地誌類の中で同じく因幡守であったことのある有名人在原行平と混同されていくことがたどれるのだが、要するに因幡堂は江戸初期には在原行平と結びつき、かつ「立ち別れ」の歌とも結びつく寺として認知されるようになっていたのである。「立ち別れ」の歌は帰国、帰宅を主題とする歌だと読まれていたことは、たとえば近松門左衛門「堀河波鼓」（宝永四年一七〇七初演）において、江戸詰めの夫の帰宅を待ちわびる因幡国留守宅の妻の耳に「松風」の謡「立ち別れ」の箇所が聞こえてくる場面からもあきらかにうかがえる。

狂言「因幡堂」はそうした近世初期前後の時代状況の中で読まれるべきなのである。男が参籠したのは新出発祈願のためだったが、いかんせん因幡堂には帰国、帰宅（さらにいえば復縁）の霊験もあったのだ。霊験あらたかに男は女と復縁して（あるいはさせられて）しまうのである。狂言「因幡堂」が「立ち別れ」の行平歌を介してかすかながらも能「松風」の影を踏むとすれば、この女がまったく泣かないことは松風村雨の涙への一種の宣戦布告だといってよいだろう。和歌にも貴族社会にもおよそ無縁に生きるこの女のたくましい現実感。狂言が能に対し絶えず一矢むくいているのはこの現実感をもってである。「熊野」と「墨塗」の方程式からいえば、「松風」は「因幡堂」という「批評」を体内に抱えているということである。狂言とともにあった能の健康な自己批判の力でもあるともいえよう。

この女が泣かない理由は決して松風村雨を尻目においたためではない、ただ泣いてなどいられない気性によってに過ぎない。しかし泣かない女として造型された意味は作者が気付いていようがいまいが、確かにあったのである。狂言「鬼瓦」で因幡堂参詣の男が屋根の鬼瓦を見てさめざめと泣く。長期滞在していた都からやっと帰国できることになった男は鬼瓦を見て国元の妻の顔を思い出したのだ。因幡堂はここでも帰国と結びついている。因幡堂で男が泣いている。狂言「鬼瓦」もまた能「松風」への搦め手の「批評」ということができようか。

以上、泣く女を泣かない女も含めて能と狂言に見てきた。千の死に千の風があるように、千の女に千の涙がある。文芸の中で涙は日常よりももっと凝縮された意味をもつ。能の女、狂言の女は舞台の上で涙の意味を千の観客に問い続けている。

謡曲の詞章・型の引用は『謡曲大観』によった。

［コラム］　戦時下日本映画における「涙」

池川玲子

戦時下映画と「涙」表現の規制

戦時下における映画統制の苛烈さを物語るものとして、度々言及されるのが「涙」の表現の規制である。たとえば、『ハナ子さん』（一九四三年、東宝、マキノ正博）の、夫の出征を迎えた妻が、お多福のお面をつけて狂ったように踊る長いシーンのかなりな部分、とりわけお面を取った頬に涙が流れていた場面が削除されたことや、『陸軍』（一九四四年、松竹、木下惠介）の、虚弱な息子を一人前の軍人に仕立てることを使命としてきた母親が、その息子の出征の行進を、目を潤ませながら延々と追い続けるラストシーンが軍部を激怒させたというようなエピソードが、映画史の書物にしばしば取り上げられてきた。また、当時「軍国の妻」を繰り返し演じた山田五十鈴の、「あのころは、応召のかなしみをあらわしてはいけない。かなしさを堪えて明るく『どうぞりっぱにいってらっしゃい』といって見送る気持ちをあらわさなければいかないのだという制約」があったというような証言も存在する。①

一九六四年に厚生省援護局が作成した資料によれば、一九四五年の敗戦時に現存した兵員（陸海軍の軍人及び軍属）の総計は、約七九〇万人。死没者は八月十五日以降の死亡者も含めて約二一〇万人となっている。② ちなみに、十五年戦争における戦没者として、靖国神社に合祀されている日本人並びに植民地出身者の合計は約二三〇万人である。十五年戦争がまさに総力戦であったことを物語る数字である。

当然ながら、この数字の陰には、膨大な「悲しみ」が存在していたはずだが、平野共余子がいうように、戦時下映画統制は、それら「人間の自然な感情」の表出を許さず、「映画製作会社は政府の命令をそのまま遂行しようとし、映画作家は不満を感じながら会社の意向をそのまま遂行しようとしていた」というのが、一般的な戦時下映画認識であろう。③ しかし、戦時下で制作された映画を眺めれば、そこここに、「涙」を伴う激しい感情の表現があったことに気づかされる。果たして戦時下映画における「涙」表現の実態とはどのようなものであったのだろうか。

① 山田五十鈴『映画とともに』(三一書房、一九五三年)九七―九八頁
② 桑田悦・前原透編『日本の戦争―図解とデータ―』(原書房、一九八二年)二一頁
③ 平野共余子『天皇と接吻　アメリカ占領下の日本映画検閲』(草思社、一九九八年)三七―三八頁

戦時下映画にみる「涙」表現の実態

まず、雑駁に、戦時下日本映画における「涙」描写を浚ってみたい。

『進軍』(松竹、牛原虚彦)は、満洲事変より前の一九三〇年に作られた映画である。ここでは、ある国(映画では言及されていないがあきらかに中国が想定されている)民間航空会社に勤務するパイロットに動員令が下る。パイロットは、そのことを伏せたまま、父母に会いに帰るのだが、母親はそれと気づき、大声を上げて泣く。それを見ていた父親も同様である。

日中戦争開始時期の映画はどうだろうか。国際的にも高い評価を受けた『五人の斥候兵』（一九三八年、松竹、田坂具隆）では、大陸で転戦中の兵士たちが、互いの無事を確認してうめくように泣く。同年の、『チョコレートと兵隊』（東宝、佐藤武）では、夫が出征前夜に見せた何気ない優しさに妻が目頭を押さえ、また、戦死の知らせには、幼い長男が号泣し、ご近所の誰彼までもが意気消沈する。『姉の出征』（一九四〇年、東宝、近藤勝彦）では、日赤看護婦である農家の長女に召集令が下る。それまでぎくしゃくしていた娘と父は、和解と別れの涙を同時に流す。同じく従軍看護婦の中国大陸における活躍を描いた『大地に祈る』（一九四一年、東京発声、村田武雄）では、前線の病院で倒れた看護婦の遺影を前に、満身創痍の軍人が泣き崩れる。「満洲」移民政策に関連して作られた『大日向村』（一九四〇年、東京発声、豊田四郎）では、「満洲」の土をかき抱いた老婆が、日露戦争で戦死した息子を思ってむせび泣く。

太平洋戦争が開始されてからの映画表現はどうなっているだろうか。戦時下映画の代表的な作品といわれる『ハワイ・マレー沖海戦』（一九四二年、東宝、山本薩夫）では、兵士として成長していく息子、自分の手元から離れて「御国のために」死んでいく運命にある息子に対して、母親が抑制的な態度を貫く。表情は穏やかだが、その心の中に覚悟と葛藤を抱え込んでいることが、観客には理解できる。同じく四二年『日本の母』（松竹、原研吉）では、多くの子どもに囲まれた幸福な老後を約束されていた未亡人が、毅然として、子どもたちを、戦地や占領地に送り出していく。一人息子を戦死させ落涙する知人に、彼女は、「死ぬ時に『お母さん』と呼んでもらえたに違いない」「私たちはそれだけでいいのよ」と声をかける。膝の上できつく組み合わされた両手からは、やはり内面の葛藤が浮かび上がる。既述のように四三年の『ハナ子さん』では、検閲により大幅にハサミが入れられ、「涙」のシーンはカットされた。この時期、「涙」の描写には明らかに規制がかかっている。

翌年の『一番美しく』（一九四四年、東宝、黒澤明）では、再び様相が変わる。親元を離れて寮生活をしながら軍需工場で働く女子勤労挺身隊を描いたこの映画では、少女たちが、文字通りわんわん泣き続ける。自らのふがいなさに泣き、病気に倒れた友人を慮って泣き、そして泣くことを通じて、彼女たちは銃後の働き手として成長していく。田中絹代が母親を演じた同年の『陸軍』のラストシーンについては先に述べた。

戦争最末期の四五年、朝鮮人の特攻隊志願兵をテーマにした『愛と誓ひ』（東宝、今井正）では、レコードに残された志願兵の「日本人としての」覚悟の肉声を聞き終わった父親が目を幾度も瞬かせる。赤ん坊を抱いた妻はゆっくりと瞼を落とす。もちろんこの時点で、志願兵は「散華」している。

以上、駆け足で戦時下映画における「涙」表現を見てみた。サンプルとしては極端に少ない数であるが、ここからある流れを浮かび上がらせることは可能である。

まず、日中戦争期とそれ以前の映画においては、人々はおおいに涙を流していたということである。太平洋戦争に突入すると、送り出す母、妻たちの涙が即物的に描かれることはほぼなくなる。しかし、彼女たちは、全身を使った演技によって、強い悲しみや深い喪失感を立ち昇らせている。むしろ、監督たちは、「涙」抜きで、登場人物の内面をいかに観客に伝えるかということに、腕を振るっていたという印象すら受ける。そして戦争の最終局目において、（少なくとも）女子挺身隊に対しては、一種、「涙」の解禁ともとれる現象が生じている。

「涙」表現を考えるポイント

日本映画史研究は、政治、経済、社会に関連する諸問題を視野に含め、学際的なアプローチを通じて深化し続けてきた。④ そこで示されてきたのは、戦時下映画というものは、戦争遂行のために映画を利用しようとする政府や軍部、営利を追求する映画会社、作品に自己表現を求める映画人、映画に楽しみを求める観客といった、多くの要素のせめぎあいによって成立する、極めて政治的な、かつ高度に商品化された芸術でありまた娯楽であるという立体的な認識である。このような認識は、「涙」表現を考える際にも、有益であると思われる。以下いくつかのポイントを指摘しておきたい。

まずそれは、なによりも戦時下における映画統制と当然ながら密接に結びついていた。大衆の娯楽であった映画を、国家の管理のもとにおき、国民動員のためのメディアとして用いるという発想は、一九三〇年代の初頭に芽生え、満洲事変によって顕在化する。日中戦争期には、過当競争の仲介という映画産業側の新たな期待を含みこみつつ具体化し、三九年の映画法公布に結実していく。映画統制は、その後、戦況の激化に伴って、映画新体制、映画臨戦体制と段階を経て展開した。

個々の局面を詳述する余裕はないが、例えば、上記の「涙」の解禁現象は、一九四四年以降の映画行政の展開と連動したものであったと考えられる。「サイパン陥落以降の空襲激化による民心不安の沈静化、治安維持」を図るため、また「敵愾心を昂揚」させるために、行政側は「『皇軍の苦戦』という負の要因」を描くことを、制作現場に要請した。[⑤]当時「文化映画」といわれたドキュメンタリー映画の分野において、唯一の女性脚本家であった厚木たかは、その瞬間を記憶している。「一九四四年七月、サイパン島陥落。新聞のこの報道を読んだ藤沢市辻堂の海軍衣料工廠の女子挺身隊隊員は、『私たちがこんなに働いているのに、なぜサイパン島では日本軍が玉砕してしまったのだろう』といって肩を寄せ合って号泣した。その直後、この話を軸にして挺身隊の活動を映画にして欲しいと海軍省の情報局からの芸術映画社へ言ってきた。はて、なんで今頃、軍からそんな注文映画が、と私たちは首をかしげた。考えてみれば、私たちは、親兄弟が死のうが、長年つれ添った夫が戦死しようが泣くことを許されないのであった[⑥]」。

つまり戦時下の日本映画における「涙」は、反戦、厭戦の感情とは繋がらないと検閲段階で判断されたからこそ、フィルムに止まったものであったし、場合によっては、戦争遂行に利するとしてフィルムに導入されたものであったということである。

第二に、これらの感情表現は、それまでに日本の映画や演劇が育ててきた新派演劇や女性映画あるいは小市民映画といった、娯楽文化の遺産の土壌の上に育ってきたものだということである。晏妮が指摘するように、戦時下の母親を描いた多くの映画には、女性映画、メロドラマの気配が色濃く染みついている。⑦逆にいえば、娯楽が娯楽のままで存在することを許されず、その隅々にまで戦時色が浸透してくる局面こそが、映画にとっての総動員体制そのものであったともいえる。

第三に、これもまた当然のことではあるが、それぞれの映画の「涙」には、これを作る制作スタッフの戦争に対する理念が反映しているということである。これについては、続くケーススタディにおいて再度触れることとする。

④ 戦時下日本映画についての研究の発展史に関しては、拙論「『映像と戦争』についての研究史」(『イメージ&ジェンダー』vol.5、二〇〇五年)一七―二二頁を参照されたい。

⑤ 加藤厚子『総動員と映画』(新曜社、二〇〇三年)二五九頁。この書物は、戦時下映画統制の推移とその背景にあった国家の意図を知るための必読書である。

⑥ 厚木たか『女性ドキュメンタリストの回想』(ドメス出版、一九九一年)一三七頁。この時の軍の要請によって、『わたしたちはこんなに働いている』(一九四五年、朝日映画社、水木荘也)という女子挺身隊映画がまとまった。厚木たかについては、堀ひかりの「からだで書いたシナリオ　戦時期における女性表象と厚木たかの抵抗」(斉藤綾子編、日本映画史叢書6『映画と身体/性』、森話社、二〇〇六年)などを参照されたい。

⑦ 晏妮「母である女、父である母　戦時中の日本映画における母親像」(斉藤綾子編　日本映画史叢書6『映画と身

体／性』、森話社、二〇〇六年）。

『チョコレートと兵隊』における「銃後の涙」

以上を踏まえて、本コラムの最後に、ある一本の映画の「涙」について述べておきたい。その映画とは、先にも触れた、一九三八年に東宝で制作された「銃後実話」の映画化作品『チョコレートと兵隊』である。

日中戦争がはじまってまもなくの夏、渡良瀬川べりの小さな町で、妻、幼い息子・娘とつましいながらも幸福に暮らしていた印刷工・斉木に召集がかかる。大陸に出動した斉木は、戦闘の合間に、息子を喜ばせようとチョコレートの包装紙を集めている。その裏に印刷された点数がたまれば新しいチョコレートと引き換えてもらえるのである。一年後、戦地の父から大量の包装紙が届き、歓喜した斉木の息子は、ことの次第を記した手紙を添えて製菓会社に送る。製菓会社は感動し、通常より多くのチョコレートを贈ることにする。しかし、そのチョコレートが届いたのと同時に、斉木の戦死公報がもたらされる。一家、近隣、そして製菓会社までもが悲しみに包まれる。製菓会社の専務は、斉木家の教育費の援助を申し出る。

この映画においては、登場人物たち、とりわけ、女たち子どもたちの涙がしとどに流される。彼らの涙に説得力をもたせたものが、映画を通じて丹念に描かれた斉木のキャラクターである。優しい夫であり父であるゆえに、家族は強い絆で結ばれていた。それゆえ、彼の出征、不在、死に対する、家族の悲しみの感情は、観客の心に、説得力をもって響き、強く「涙」を喚起する。この映画を観た批評家たちは、口ぐちに「グーッと観客の涙腺をしぼる」強いセンチメンタリズムを指摘している⑧。

だが、フィルムの中で流された涙、そして、観客が流したであろう涙は、戦争の抑止とは遠く隔たったものであった。それを最初に指摘したのが、アメリカで、太平洋戦争時期に戦略事務局を中心に実施された日本研究である。研究メンバーであった文化人類学者ルース・ベネディクトは、戦後に日本文化論〝The Chrysanthemum and the Sword〟(『菊と刀』、一九四六年)を著し、そこで「アメリカ人の目には反戦と映るような、自己犠牲を描いた映画こそが、日本人には、効果的な戦争プロパガンダとなった」と結論づけた。『チョコレートと兵隊』は、この戦時下映画観の根拠の一つであった。

この戦時下映画観は、その後の映画研究に長い波及力を持った。近年の目覚ましい研究成果である日本映画叢書の『日本映画とナショナリズム1931-1945』(森話社、二〇〇四年)の序論「ナショナリズムと国策映画」においても、編者の岩本憲児は、こう述べている。「かつてルース・ベネディクトが『菊と刀』で不思議がった、日本の戦争映画の反戦もしくは厭戦とも見える描写や表現にこそ、日本人の心情に入り込む共感や共鳴があるとしたら、ゆらいで見えるナショナリズムや愛国主義は、その曖昧さゆえに付和雷同的なファシズム、危険な軍国主義へたやすく結びついてしまったのだろうか⑨」。

だが、『チョコレートと兵隊』の「反戦とも厭戦とも見える描写」と「軍国主義」は、「曖昧さゆえに」「たやすく」ではなく、いくつかの要件をはさんで、周到に堅牢に結びついている。これを可視化するためには、先にのべた複眼的な視座からのアプローチが必要とされる。

詳細は、別稿に譲るが、映画統制との連動を問題化する視座からは、この映画が、検閲当局の「日本精神の昂揚を期し特にわが国独特の家族制度の美風を顕揚し、国家社会のためには進んで犠牲となるの国民精神を一層高揚すること」という指導や⑩、「立派な銃後を取り扱った映画」⑪を望むという意向に応えて製作されたという経緯が浮かび上がってくる。

さらにこの映画の背景にあったものとして、製作会社・東宝の特殊な企業戦略が存在したことを検討する必要もある。映画に登場する製菓会社とは、明治製菓、すなわち東宝の創業以来の大株主であったし、さらに、この映画には、東宝がかかわった「教育紙芝居」の普及という目的が、最初から練りこまれていたと推察されるのである。

加えて注目すべきは、この映画脚本が、当時の映画界唯一の女性劇映画シナリオライターであった鈴木紀子によって作られたことである。鈴木は、当時、弟を中国戦線で失ったばかり。その姉としての心情が、『チョコレートと兵隊』の涙には幾重にも重ねられている。戦士の死を浄化し栄光化し、敵愾心を表明し、共同体の絆を創造し、以て、闘争の意志を作品に刻み込む「銃後の涙」。若桑みどりのいうように、おそらく戦争国家は社会心理学的に「泣き女」を必要としている。[12] 家族から引き離されて、遠い戦地で命を落とした男たちの死は、残された者たちの涙によってしか完結しないこと、男たちの死を完結させることによってこそ、戦争の継続が可能となることを、鈴木は身をもって知っていた作家であった。

⑧　奥川静巳「若き人々の熱情―幼き者の旗への期待―」（『東宝映画』、一九三九年六月上旬号、八頁）、上野耕三「作品評　チョコレートと兵隊」（『日本映画』四巻一号、昭和十四年新年号、一一八頁）など

⑨　『日本映画とナショナリズム1931-1945』（森話社、二〇〇四年）二五頁

⑩　一九三八年七月三〇日に開かれた、検閲当局と各社シナリオ作家代表との協議で示された指針。牧野守『日本映画検閲史』（パンドラ、二〇〇三年）四九五頁

⑪　一九三八年七月二二日、『東京朝日新聞』に発表された検閲当局事務官談話

⑫　若桑みどり『戦争がつくる女性像』（筑摩書房、一九九五年）一〇三頁

まとめにかえて

以上、戦時下で制作された日本映画の「涙」表現について検討してきた。今の時点で言えることは、国家が、「涙」表現を、国民感情をコントロールするための弁として調節し、映画を動員装置として使いこなそうとした形跡のあること、さらに、多くの作家たちは、そのコントロールの最中においても、自らの表現を追求し続けていたということ、そして当たり前のことではあるが、自由な表現の追及が、すなわち、強烈な戦争支持である場合も十分にあり得た、というより、多くの場合がそうであったということである。営利企業である映画会社にとってもそれは同様であった。

戦時下に製作された日本映画は膨大な数にのぼるが、現在、視聴できるフィルムは、その一部にしか過ぎない。そして、本コラムで言及することができた映画はそのまたわずかな部分でしかない。今後、より多くの映画作品を検討の対象として、深めていきたい。

・本コラムの執筆に際しては、ジェンダー文化研究所映像ゼミでの討論から大きな示唆を受けています。メンバーのみなさまに深く感謝いたします。

Ⅳ

文学にみる涙の表象

日本神話における「なく（泣・哭・啼）」神の諸相
――スサノヲとナキサハメを中心に

及川智早

はじめに

論を進めるにあたって最初にお断りしておかなければならないことがある。

それは、我々が通常「日本神話」と呼称して受容している数々の物語は、じつは、「神話」といえるものなのかどうか、はなはだあやしいものであるということだ。

というのは、これらの神話物語が載録されている文献の成立事情とその性質にある。

現在我々が「日本神話」と称している物語は、奈良時代初頭、和銅五（712A. D.）年正月二十八日に太安萬侶《おほのやすまろ》によって撰録されたとする『古事記』という書冊と、その八年後養老四（720A. D.）年五月二十一日に修されたとする『日本書紀』とに載せられているものがほとんどなのであるが、これら「記・紀」と総称される書物は、天皇の国土支配の由来と正統性を語るために作成されたものであり、当然、載録された説話が書物の作成目的に沿って改変、増補、削除等がなされていることは想像に難くない。

つまり、現在の我々が手にしている日本神話と総称されるものは、括弧付きの神話であり、ある意図によって操作され改変された二次的なものである。

日本にも、当然『古事記』・『日本書紀』に載録された説話以外に多くの神話や説話が存在していたであろう。しかし、それらは、忘却の彼方にあって、触れることはかなわない。のっけから話の腰を折るようで申し訳ないのだが、これらのことは、残存している日本の神話らしきものを取り扱う上でとても大事なことであるので、心のどこかにとどめておいてもらいたいのだ。

1. 世界のはじまりの涙

『古事記』上巻冒頭部は、

天地《あめつち》はじめて發《ひら》けし時、高天原《たかまのはら》に成れる神の名は、天之御中主神《あめのみなかぬしのかみ》。次に高御産巣日神《たかみむすひのかみ》。次に神御産巣日神《かみむすひのかみ》。この三柱の神は、みな独神《ひとりがみ》と成りまして、身を隠したまひき。

というように、世界のはじまりにおいて高天原というところにアメノミナカヌシノ神、タカミムスヒノ神、カミムスヒノ神という三柱の神が生まれ、その後、次々に神が生まれていき、最終的に伊邪那岐命《いざなきのみこと》と伊邪那美命《いざなみのみこと》という男・女の性別を有する二神が発生すると語る。

そして、そのイザナキ男神とイザナミ女神が「美斗能麻具波比（みとのまぐはひ。男女の交接を表す語）」をして、日本の本州、四国、九州等の島々と多くの神々を生み成していく。そして、その最後に、

次に、火之夜藝速男神《ひのやぎはやをのかみ》を生みき。亦の名は火之炫毘古神《ひのかがびこのかみ》と謂ひ、亦の名は火之迦具土神《ひのかぐつちのかみ》と謂ふ。この子を生みし

によりて、みほと灸《や》かえて病《や》み臥《こ》やせり。…（中略）…故《かれ》、伊邪那美命《いざなみのみこと》は、火の神を生みしによりて、遂に神避《かむさ》りましき。

とイザナミ女神は、火神を生んだことで陰部を焼かれ瀕死の状態になり遂に死んでしまう。

神話はそもそも世界の成り立ちの不思議を説明しようとするものであったから、その主要なテーマは「生」と「死」であり、「生」を発生させる「性」にも注意が払われており、ここで人間を人間たらしめる「火」という要素を獲得する代価として「死」が語られるというのも、世界各地の神話にみられる普遍的なモティーフだろう。

そして、イザナミという妻の死を目にしたイザナキ男神は次のような行動をとる。

故《かれ》、ここに伊邪那岐命《いざなきのみこと》詔《の》りたまひしく、「愛《うつく》しき我が汝妹《なにも》の命《みこと》を、子の一つ木《け》に易《か》へつるかも」と謂《の》りたまひて、すなはち御枕方《みまくらへ》に匍匐《はらば》ひ、御足方《みあとへ》に匍匐《はらば》ひて哭《な》きし時、御涙《みなみだ》に成れる神は、香山《かぐやま》の畝尾《うねを》の木《こ》の本《もと》にまして、泣澤女神《なきさはめのかみ》と名づく。

イザナキ男神はその瀕死の妻の周りを匍匐して「哭《な》いた」のである。そして、その時流した「涙」には、ナキサハメという名前の神が化生したとある。

ここで、「なく」という行為について考えてみる。周知のように、古代日本人は文字をもたなかった。よって、我々の祖先は隣国の中国より文字としての「漢字」を輸入して、我々の言語を表記しようとしたのである。つまり、はじめに「なく」という音の日本語があったわけであり、それに類似する意味の漢字（文字）をあてていったのである。

日本語の「なく」を表記するにあたって使用された漢字は、『古事記』では、「泣」・「哭」・「啼」・「鳴」であり、『日本書紀』では、「泣」・「哭」・「啼」・「鳴」・「涕」であった。

「泣」は「さんずい」という部首があることからわかるように「なみだ」をこぼす意味の漢字であり、これは涙を流してなくことに重点が置かれたものといえるだろう。『日本書紀』のみにみられる「涕」もまた「なみだ」の意味を表す文字である。

つまり、「泣」・「涕」は涙を流すという、目で見て了解される状態を表すものであり、視覚的側面が強調されたものといえる。

一方、「哭」は、口がふたつ描かれているように大声をあげてなげきなくという意味の漢字であるから、当然、口から声を発してなくことに重点が置かれたものであり、「啼」も声をあげて悲しみなくのであり、人・鳥・獣を通じて使用されるが、やはり声を出して「なく」ことに重点がある。

そして、「哭」・「啼」は、「なき」声を耳で聞いて了解される状態を示すものであり、聴覚的側面が前面に現れているといえる。

また、「鳴」は鳥や獣が発する声もしくは無生物のたてる音（「琴が鳴る」など）を意味する語であるが、そもそも日本語の「なく」という語が、人にも鳥獣にも区別なく用いられるということは、「なく」が、本来的には音を立てる、声を出すという聴覚的な行為であったことを示している。

そして、『古事記』は、「涙」というイザナキの体内よりわきでる水分から生まれたことに重点を置いて「ナキサハメ神」の「なく」に「泣」の字が用いられて「泣澤女」と表記されているということだ。

対して、『日本書紀』はどうだろうか。

『古事記』は三巻の書冊であり、『日本書紀』は三十巻というように量的な差異は大きいが、じつは、両書にはかなり重複した説話が多くみられる。

神々の譚を記した部分（『古事記』は上巻、『日本書紀』は巻一・二に相当する）においても『古事記』・『日本書紀』両書共、世界のはじまりから記され、最後は初代天皇になるものの誕生を記すのであり、古代の説話を考察していく上で『古事記』・『日本書紀』二書の比較検討は有効な手段となり得ている。

そして、『日本書紀』本文には、涙からのナキサハメ神化生の説話がどこにもみられない。というのも、『日本書紀』本文においてはイザナミ女神は火神を生まず、よって火神によって焼かれて死亡するということが述べられていないからだ。

しかし、『日本書紀』神代巻（巻一・巻二）はその本文の後に、「一書」という別伝承がいくつも載せられるというきわめて特殊な形式を有しており、そこには『古事記』と同様のイザナミ女神が火神を生んで死ぬ譚や、イザナキ男神が死んだ妻を黄泉の国に求める話が載せられている。その第五段の六番目の一書には、

火神軻遇突智《かぐつち》の生《うま》るるに至りて、其の母伊奘冉尊《いざなみのみこと》焦《や》かれて化去《かむさ》ります。時に伊奘諾尊《いざなきのみこと》恨《うら》みて曰《のたま》はく、「唯一児《ただひとりのこ》を以ちて、我《あ》が愛《うつく》しき妹《なにも》に替《か》へつるかも」とのたまひ、則《すなは》ち頭辺《まくらへ》に匍匐《はらば》ひ、脚辺《あとへ》に匍匐ひて、哭泣《な》き流涕《なみだをなが》したまふ。其の涙《なみだ》堕《お》ちて神に為《な》る。是則《これすなは》ち畝丘《うねを》の樹下《このもと》に居《ま》す神、啼澤女命《なきさはめのみこと》と号《まを》す。遂《つひ》に帯《は》かせる十握劔《とつかつるぎ》を抜き、軻遇《かぐ》突智《つち》を斬《き》りて三段《みきだ》に為《な》したまふ。

とあり、やはりイザナキ男神が瀕死のイザナミ女神のまわりを腹這い、「哭」・「泣」し、「涕（なみだ）」を流す（先述したようにこの「涕」という漢字は『古事記』にはみられず、『日本書紀』のみの用字である）。

説話の内容としてはほぼ『古事記』と同様のものを記しているが、『日本書紀』ではナキサハメを「啼澤女」と表記しており、「なく」に声をあげてなく意の「啼」の字を用いている点が異なっている。

この表記によれば、『日本書紀』はイザナキ男神の流した「涕（なみだ）」が墜ちて、その涙からナキサハメは化生

したとしながらも、『古事記』のように、「涙」という水分から生じたことに重点を置いた「泣」の字が用いられず、それ以前にイザナキ神が「哭」したとあるように、「声をあげて」ないたことの方に重点が置かれて表記されているということになる。

同じナキサハメという神名でも、『古事記』と『日本書紀』の表記に差異がみられるが、『古事記』は、ナキサハメが、涙より化生したということを、つまりは水に由来した神（水神）であることを強調しようとした神名の漢字表記であり、『日本書紀』では、「啼（ナキ）澤女」と声を出してなくという、音（聴覚）を強調した表記であることがわかる。

この「涙」から発生したナキサハメ神については、『古事記』・『日本書紀』共にこの箇所が唯一の用例であり、他の文献にはみられないものである。ただ、八世紀半ばに成立したとされる『萬葉集』巻二の挽歌（二〇二番歌）に、

哭沢《なきさは》の神社《もり》に神酒《みわ》すゑ祈れどもわが大君《おほきみ》は高日《たかひ》知らしぬ

とあり、哭沢の神社に御神酒を捧げて祈ったけれども、その甲斐なく皇子はなくなってしまったという悲しみの歌がある。

これについて武田祐吉著『萬葉集全註釋』は、「この神社は香具山の西麓の小高い処にあり、森林を本体とし、拝殿のみあつて本殿は無く、北方は一段低くなつて、当時の埴安の池の一部をなしていると推定される。この神は埴安の池の水神で、その水源の地に祭られ、涙によつて成つたという伝説を有しているのである」とするが、さらにこれを延喜式内社の畝尾都多本神社の祭神と説明するものもある（池田源太「泣沢の社――神を記述する――」『神道学』64号）。

ナキサハメについては、「ナキサハというのは、水音のする「サハ」の義であろう」（武田前掲書）と、「沢」の字よ

り水のたまっている意とするものや、「ナキサハは「水音のする沢」ではなく、恐らくは「泣き多」の意で、さめざめと泣くのを水に縁のある沢に引つかけたのであらうと推測される」（倉野憲司著『古事記全註釈』）とサハを「多い」と解釈して、泣くことの程度のはげしいことを意味するとみるものもあり、定説がない。

ここで、このナキサハメの「サハ」を「多（さは）」と解釈する説によりかかれば、『古事記』のナキサハメは、涙を大量に流す女神であり、『日本書紀』のナキサハメは、大声をあげてなき叫ぶ女神ということになるだろう。

池田源太は、ギリシア神話のニオベ Niobe のことが想起されるという。アポロとダイアナに自分の子供を殺されたニオベが悲しみのあまり石になり、その涙は涙川となってフリジア山頂の群石の間から今も流れ出ているという譚であるが、この二者は、涙の神話として世界の神話のなかでもあまり多くない古代における東西二つの代表的なものであるという（池田前掲書）。池田は記・紀の伝承を区別していないが、このギリシア神話のニオベの譚は、『古事記』の涙を大量に流す女神としてのナキサハメ女神により近しい存在といえるだろう。

また、『日本書紀』のように大声をあげてなき叫ぶ（「啼」澤女）女神とするならば、そこに連想されるのは、古代葬儀礼において死者を弔い泣く役としてあったという「哭女《なきめ》」であろう。

『日本書紀』巻二第九段本文には、

天稚彦《あめわかひこ》が妻下照姫《めしたでるひめ》、哭泣《な》き悲哀《かなし》び、声天《こゑあめ》に達《いた》る。是《こ》の時に天国玉《あまつくにたま》、其《そ》の哭《な》く声を聞き、則《すなは》ち夫《そ》の天稚彦已《すで》に死《みまか》れるを知り、乃《すなは》ち疾風《はやち》を遣《つかは》し、尸《かばね》を挙《あ》げて天《あめ》に致《いた》さしめ、便《すなは》ち喪屋《もや》を造《つく》りて殯《ひん》す。即《すなは》ち川雁《かはかり》を以《も》ちて持傾頭者《きさりもち》と持帚者《ははきもち》とし、【一《ある》に云《い》はく、鶏《かけ》を以ちて持傾頭者《きさりもち》とし、川雁《かはかり》を以ちて持帚者《ははきもち》とすといふ】又、雀《すずめ》を以ちて舂女《つきめ》とす。【一に云はく、乃ち川雁を以ちて持傾頭者とし、亦《また》持帚者とし、鴗《そに》を以ちて尸者《ものまさ》とし、雀を以ちて舂者《つきめ》とし、鷦鷯《さざき》を以ちて哭者《なきめ》とし、鵄《とび》を以ちて造綿者《わたつくり》とし、烏《からす》を以ちて宍人者《ししひと》とし、凡《すべ》て衆《もろもろ》の鳥を以ちて任事《ことよさ》すといふ】而《しか》して八日八夜《やかやよ》、啼哭《な》き悲《かな》しび歌《うた》ふ。

と、死んだ天稚彦の喪屋において、鳥類が死者儀礼を行うが、その役の中に「哭者《なきめ》」という大声をあげて泣き叫ぶ役割がみられるのであり（『古事記』にも、雉が「哭女」として登場している）、それを考慮するとナキサハメもそれに類する葬儀礼において死者を弔い哭く役の女神ととることができるかも知れない。

2. 啼きいさちる神スサノヲ

『古事記』では、火神カグツチを生んで死んだイザナミ女神の死を悲しみ、「哭」した夫イザナキ男神の涙からナキサハメ神が生じた後、夫イザナキ男神は、子のカグツチを剣で斬殺する。

そしてイザナキ男神は、死んだイザナミ女神を蘇生させようと、死者の国である「黄泉《よみ》の国」に赴くが、結局妻を連れ帰ることはできず、逃げ帰る。その後イザナキ男神は、「吾はいなしこめしこめき穢《きたな》き国に至りてありけり。故《かれ》、吾《あ》は御身《みみ》の禊《みそぎ》せむ」と、汚れた国に行ったので竺紫《つくし》の日向《ひむか》の橘《たちばな》の小門《をど》の阿波岐原《あはきはら》で「禊《みそ》ぎ祓《はら》ひ」をすると、そこに多くの神々が生じた。その最後に、左の目を洗うと天照大御神《あまてらすおほみかみ》、右の目を洗うと月讀命《つくよみのみこと》、鼻を洗うと建速須佐之男命《たけはやすさのをのみこと》が生じたとする。

イザナキ男神は、アマテラス大御神に天上の高天原《たかまのはら》を、ツクヨミ命に夜《よる》の食国《をすくに》を、スサノヲ命に海原《うなばら》を治めよと命令する。そして、

故《かれ》、各《おのおの》依《よ》さしたまひし命《みこと》の随《まにま》に、知らしめす中に、速須佐之男命《はやすさのをのみこと》、命《よ》させし國を治《し》らさずて、八拳須《やつかひげ》心《こころ》の前《さき》に至るまで、啼《な》きいさちき。その泣《な》く状《さま》は、青山《あをやま》は枯山《からやま》の如《ごと》く泣き枯らし、河海は悉《ことごと》に泣き乾《ほ》しき。ここをもちて

悪《あ》しき神の音《おとなひ》は、さ蠅《ばえ》如《な》す皆満《み》ち、萬《よろづ》の物《もの》の妖《わざはひことごと》悉に發《おこ》りき。故《かれ》、伊邪那岐大御神《いざなきのおほみかみ》、速須佐之男命《はやすさのをのみこと》に詔《の》りたまひしく、「何由《なにし》かも汝《いまし》は事依《ことよ》させし國を治《し》らさずて、哭《な》きいさちる」とのりたまひき。ここに答へ白《まを》ししく、「僕《あ》は妣《はは》の國根《くにね》の堅州國《かたすくに》に罷《まか》らむと欲《おも》ふ。故《かれ》、哭《な》くなり」とまをしき。ここに伊邪那岐大御神《いざなきのおほみかみ》、大《いた》く忿怒《いか》りて詔《の》りたまひしく、「然《しか》らば汝《いまし》はこの國に住むべからず」とのりたまひて、すなはち神逐《かむや》らひに逐《や》らひたまひき。故《かれ》、その伊邪那岐大神《いざなきのおほかみ》は、淡海《あふみ》の多賀《たが》に坐《ま》すなり。

と、スサノヲ神は、父イザナキ神に命令された「海原《うなばら》」を統治せず、ヒゲが胸まで達しても「啼きいさちる」ことをやめなかった。その泣く様子は青々と茂った山を枯れ山とし、川や海は乾上がるほどで、それにより悪神の声は騒がしく、よくないことがおこった。イザナキ神が「哭きいさちる」理由を問うと、スサノヲ神は、「妣《はは》の国の根堅州国に行こうと思うので哭くのだ」と答えた。それにより父イザナキ神は非常に怒って、「それならおまえはこの国に住むべきではない」としてスサノヲ神を追放してしまう。

『日本書紀』巻一第五段本文には、

（イザナミ女神が）次に素戔嗚尊《すさのをのみこと》を生み給ふ。【一書《あるふみ》に云《い》はく、神素戔嗚尊《かむすさのをのみこと》、速素戔嗚尊《はやすさのをのみこと》といふ】此《こ》の神勇悍《ようかん》にして忍《にん》に安《やす》みすること有り。且常《またつね》に哭泣《な》くを以《も》ちて行《わざ》と為《な》す。故《かれ》、国内《くぬち》の人民《ひとくさ》を多《さは》に以ちて夭折《わかじに》せしめ、復青山《またあをやま》を枯《からやま》に変《か》へしむ。故《かれ》、其の父母《ちちはは》二神、素戔嗚尊に勅《みことのり》したまはく、「汝甚《なれはなは》だ無道《あづきな》し。以ちて宇宙《あめのした》に君臨《きみ》たるべからず。固当遠《もとよりとほ》く根国《ねのくに》に適《まか》れ」とのりたまひ、遂《つひ》に逐《やら》ひたまふ。

とあり、スサノヲ神は勇ましく、残忍なことを平気でする性質であり、常に「哭泣」することを仕事としていた。ゆえに国内の人民を多く若死にさせ、青々と木々の茂った山を枯れ山に変えた。その父母二神はスサノヲ神に、「おまえはひどい乱暴者だ。それでこの天下に君臨してはならない。必ず遠く根国に行け」と言って、遂に追放してしまったとする。

同一書第二には、

（イザナミ女神が）次に素戔嗚尊《すさのをのみこと》を生み給ふ。此《こ》の神性悪《さがあ》しく、常《つね》に哭《な》き恚《ふつく》むことを好む。国民多《くにたみさは》に死に、青山《あをやま》を枯《からやま》に為《な》す。故《かれ》、其の父母勅《ちちはみことのり》して曰《のたま》はく、「仮使汝《たとひなれ》此の国を治《し》らさば、必ず残傷《そこなひやぶ》る所《ところ》多けむ。故、汝《な》は以《も》ちて極《きは》めて遠き根国を馭《し》らすべし」とのたまふ。

と、スサノヲ神は性質が悪く常に哭き怒ることを好んだ。国民が多く死に、青々と木々の茂った山を枯れ山にした。ゆえに、その父母はスサノヲ神に、「もしおまえがこの国を治めたならば、必ずむごたらしく傷つけることが多いだろう。ゆえに、おまえは遠い根国を治めよ」と言ったとする。

この『日本書紀』第五段本文と一書第二では、『古事記』とは異なり、イザナミ女神は死亡せず、イザナキ男神とイザナミ女神によってスサノヲ神が生みなされる型になっている。

また、同一書第一には、

伊奘諾尊《いざなきのみこと》の曰《のたま》はく、「吾御寓《われあめのしたしら》す珍《うづ》の子《みこ》を生《う》まむと欲《おも》ふ」とのたまひ、乃《すなは》ち左《ひだり》の手《みて》を以ちて白銅鏡《ますみのかがみ》を持《も》ちたまふときに、則《すなは》ち化出《なりい》づる神有《あ》り。是《こ》を大日霊尊《おほひるめのみこと》と謂《まを》す。右《みぎ》の手《みて》に白銅鏡《ますみのかがみ》を持ちたまふときに、則ち化出《なりい》づる神有り。是を月弓尊《つくゆみのみこと》と謂す。又首《またかしら》を廻《めぐら》して顧眄之間《みるまさかり》に、則ち化《な》れる神あり。是を素戔嗚尊《すさのをのみこと》と謂す。即《すなは》ち大日霊尊《おほひるめのみこと》と月弓尊《つくゆみのみこと》とは、並《なら》びに是質性明麗《これひととなりてりうるは》し。故《かれ》、天地《あめつち》に照臨《のぞ》ましめたまふ。素戔嗚尊《すさのをのみこと》は是性残害《これさがそこなひやぶ》ることを好む。故《かれ》、下《くだ》して根国《ねのくに》を治《し》らしめたまふ。

と、イザナキ男神が白銅鏡を持ったとき、三神が生ずるが、スサノヲ神だけは損い害することを好む性質であったので、根国を治めさせたとする。

さらに、同一書第六には、

是《こ》の時に素戔嗚尊《すさのをのみこと》、年已《としすで》に長《た》けたり。復八握鬚髯《またやつかひげ》生《お》ひたり。然《しか》りと雖《いへど》も、天下《あめのした》を治《し》らさず、常《つね》に以ちて啼泣《な》き恚恨《ふつく》みたまふ。故《かれ》、伊奘諾尊《いざなきのみこと》問《と》ひて曰《のたま》はく、「汝《なれ》、何《なに》の故《ゆえ》にか恒《つね》に如此《かく》啼《な》く」とのたまふ。対《こた》へて曰《まを》したまはく、「吾《あ》は母《はは》に根國《ねのくに》に従《したが》はむと欲《おも》ひ、只《ただ》に泣《な》くのみ」とまをしたまふ。伊奘諾尊《いざなきのみこと》悪《にく》みて曰《のたま》はく、「情《こころ》の任《まにま》に行《い》ね」とのたまひ、乃《すなは》ち逐《やら》ひたまひき。

と、スサノヲ神は年をとっていて、長いヒゲが生えていた。けれども天下を治めないで常に「啼泣」し、怒っていた。ゆえにイザナキ神は、「おまえはどうして常に啼いているのか」と問うとスサノヲ神は、「私は母の根国に行きたいと思い、ただ泣いているのだ」と答えた。イザナキ神はそれを憎んで、「心のままに行け」と言って追放した、と述べる。

この一書第六は、『古事記』と同様にイザナミ女神が火神を生んで死亡して「黄泉」に行き、それを夫イザナキ男神が追うが、妻イザナミ女神をよみがえらせることに失敗し、穢い国に行ったとして竺紫の日向の小戸の橘の檍原で祓除（みそぎはらへ）を行い、左の眼を洗ったときに天照大神、右の眼を洗ったときに月讀尊、鼻を洗ったときに素盞嗚尊が生じたとする説話に続けられている。

このように、『古事記』と『日本書紀』におけるスサノヲ神の記述には多くのヴァリエーションがみられるのである。

* *

さて、スサノヲ（『古事記』）の「八拳須《やつかひげ》」の「拳」は一握りの単位で、「八拳」は長いことを表す。「須」は本居宣《もとおりのり》長《なが》の『古事記傳《こじきでん》』に、「須は鬚の本字にて、説文に面毛也と注せり、【漢書註には、在《ルヲ》レ頤《ニ》曰《ヒ》レ須《ト》、在《ルヲ》レ頬《ニ》曰《フ》レ髯《ト》などあり、】和名抄に、髭《ハ》口《ノ》上《ノ》鬚也、加美豆比介《カミツヒゲ》、鬚髯《ハ》頤《ノ》下《ノ》毛也、之毛豆比介《シモツヒゲ》と見えたり、或人比介《ヒゲ》は鰭毛《ヒレゲ》の意と云り、然《サモ》有むか、又秀毛《ヒデゲ》にてもあるべし」などと指摘するように、髭は口上のヒゲ、髯は頬のヒゲで、須（鬚）は「あごひげ」を指す。『日本書紀』一書第六にも「八握鬚髯」とあり、これだと顎のヒゲと頬のヒゲということになる。

『古事記』のスサノヲ神は「あごひげ」をはやしているのだが、そのアゴヒゲが「胸先に至る」、胸まで達するというのは成人することを述べている。つまり大人になっても「哭きいさちる」行為を続けていたというのである。「いさちる」は、「相手の言葉に対して「知らない」と拒否するイサの派生語であり、他人が押しとどめようと思っても、それを拒否して泣き叫ぶ意」（岩波日本古典文学大系『日本書紀』頭注）のことで、なくことのはげしいことだという。

その泣く様子は、『古事記』に、「その泣く状は青山は枯山の如く泣き枯らし、河海は悉に泣き乾しき」とあるように、青々と茂った山を枯れ山にし、川や海が乾上がるほどであったとする。『日本書紀』巻一第五段本文にも、「復青山《またあをやま》を枯《からやま》に変《か》へしむ」とあり、同一書第二にも、「青山《あをやま》を枯《からやま》に為《な》す」とあるが、『日本書紀』の方には、河海が乾上がることは述べられない。

このように、スサノヲ神は「なく」ことによって大量の草木を枯れ死にさせたとあるが、それにはどのような手段が用いられたのだろう。

ないたからといって草木は枯れたりはしない。力ある神の大声（振動・音波）が伝わって木々の葉や花が散り落ちたというのであろうか。

しかし、『古事記』の説話では、そうではなく、スサノヲ神の「涙（水分）」を流して泣く行為が原因とされているようだ。

というのも、『古事記』のスサノヲ譚には、「なく」行為に対して、「速須佐之男命《はやすさのをのみこと》、命《よ》させし國を治《し》らさずて、八拳須心《やつかひげこころ》の前《さき》に至るまで、啼《な》きいさちき」、「その泣《な》く状《さま》は、青山《あをやま》は枯山《からやま》の如《ごと》く泣き枯らし河海は悉《ことごと》に泣き乾《ほ》しき。」、「何由《なにし》かも汝《いまし》は事依させし國を治らさずて、哭《な》きいさちる」、「僕《あ》は妣《はは》の國根《くにね》の堅州國《かたすくに》に罷《まか》らむと欲《おも》ふ。故《かれ》、哭《な》くなり」と「啼」、「泣」、「哭」と様々な「なく」が使い分けられて表記されているが、該部分には、声を挙げて泣く「啼」・「哭」という用字ではなく、「その泣く状《さま》は青山は枯山の如く泣き枯らし」というように、涙を流すということに重点が置かれた「泣」という字が使用されているからだ。

つまり、スサノヲ神は、「八拳須心《やつかひげこころ》の前《さき》に至るまで、啼《な》きいさちき」と大声をあげてないていた（啼）とされ、父イザナキ男神は、どうして大声を上げてないているのか（哭きいさちる）と尋ね、スサノヲ神は死んだ妣の国である根の堅州国に行こうと思って「大声をあげてないているのだ（哭）」と答えているように、他の部分ではスサノヲ神は「声をあげて哭（啼）く神」と捉えられているのに対して、青山を枯らし、河海を乾上がらせるところにだけ、涙を流す意味の「泣」の字が用いられているのだ。

またそれは、スサノヲ神が『古事記』において、父イザナキ男神から統治を命令された国が「海原」（水）であったこととも関連する（スサノヲ神がはじめに統治を命令される場所は、『日本書紀』第五段本文が「宇宙《あめのした》」、同一書第一と一書第二が「根国《ねのくに》」、同一書第六は「天下《あめのした》」、同一書第十一に「滄海之原《あをうなはら》」とある。ちなみに同一書第六においては月讀尊が「滄海原《あをうなはら》の潮《しほ》の八百重《やほへ》」を統治しろとの命令がなされる）。

『古事記』の該条のスサノヲ神は、海原の統治を命令されたように「水（水分）」を司る神として設定されており、青山を枯山にするのも、河海を乾上がらせてしまうのも、そもそも水（水分）を左右できるということのあらわれとして読むべきものだろう。
これは、スサノヲ神の本来の性質がそうだといっているのではない。あくまで、『古事記』の該部分においてスサノヲ神はそう設定されているということだ。

3．乾上がる河海

しかし、『古事記』にだけ載る、スサノヲ神が泣くことによって河海までもが乾上がるというのはどうしてだろう。スサノヲ神が泣けば大量の涙が眼からあふれて、その涙（水）が流れ込み、かえって河海は増水するのではないかと私などは短絡的に考えてしまうのである。

これについて、本居宣長《もとおりのりなが》の『古事記傳《こじきでん》』は、「抑《そもそも》此神の啼《なき》給ふに因て、山海河の枯乾《かる》るは、如何《いか》なる理《ことはり》にかあらむ、【泣《な》けば、涙《なみだ》の出る故に、其涙《そのなみだ》のかたへ吸《すひ》取られて、山海河の潤澤《うるほひ》は、涸《かる》るにやあらむ、さて潤澤《うるほひ》の涸《か》るれば、萬物は枯傷《かれそこな》はる、なり】」と述べる。スサノヲ神が涙を流すために山海河の水分はことごとく吸い取られ、木々は枯れてしまうというのである。

スサノヲ神の涙の源が、なぜ、青山や河海の水なのか、うまく了解できない気もするが、先述したようにこれはスサノヲ神が『古事記』の該条において、「水を司る神」としての機能を有すると設定されたからこそ導き出された説話要素といえるだろう。

そして、その涙を流して泣く行為は、「ここをもちて悪しき神の音は、さ蠅如す皆満ち、萬の物の妖悉に發りき」というように、世の中に大いなる災いをひきおこすものであると認識されていたというのである。

その後スサノヲ神は追放されるにあたって、姉アマテラス大御神に会いに天に昇る。アマテラスは弟が自分の国を奪いにきたと思い男装して武装し対峙する。スサノヲ神は、自分の心の清明であることを証明するためにウケヒをし、その正しさを証明する。そして、その高天原《たかまのはら》で田の畦を壊し溝を埋め、祭殿に屎《くそ》（糞）をする。さらに、神聖な「忌服屋《いみはたや》」の棟《むね》に穴をあけて、そこから皮を剥《は》いだ「天《あめ》の斑馬《ふちこま》」を投げ入れ、それにおどろいた「天の服織女《はたおりめ》」が梭《ひ》（機の横糸を通す道具）で陰部を衝《つ》いて死亡するという事態を引き起こす。それにより、姉アマテラス大御神は天の石《いは》屋戸《やと》に籠もり、世界は暗黒に閉ざされる。スサノヲ神はその責任を負わされて、

> ここに、八百萬の神共に議《はか》りて、速須佐之男命《はやすさのをのみこと》に千位《ちくら》の置戸《おきど》（多くの品物）を負《おほ》せ、また鬚《ひげ》を切り、手足の爪も抜かしめて、神やらひやらひき。

と、高天原からも追放される。

『古事記』中巻仲哀《ちゅうあい》天皇条には、「逆剥《さかはぎ》（獣の皮を逆に剥ぐ行為か）」「阿離《あはなち》（田の畦を壊すことか。農耕の妨害）」「溝埋《みぞうめ》（田の溝を埋めることか）」「屎戸《くそへ》（糞で神聖な場所を汚す行為か）」などを「罪」の類と規定しているように、スサノヲ神はそれらの罪によって高天原を追放（神やらひやらひき）される。

同様に、スサノヲ神の泣く条も、「泣く」ことという、世の中に大いなる災いをひきおこす罪を犯して追放されるという（やはり、「神やらひにやらひき」という同様のフレーズが語られる）同様の構造であり、スサノヲ神の追放というモティーフは、周到に繰り返し語られるべき重要なものであることがわかる。

また『古事記』は、追放される理由としてスサノヲ神自身が「妣国根堅州国《ははのくにねのかたすくに》」に行きたい故に泣く、ということを述べる。この「妣」の字は「死んだ母」を意味する漢字である。ゆえに、この「妣」を父イザナキ男神の妻で火神を生んで死亡したイザナミ女神のことを指すということがこれまで通説となってきた。

しかし、スサノヲ神はイザナキ男神のみそぎ条で、鼻を洗ったことから生じた神であり、その時イザナミ女神は既に死亡して黄泉国におり、文脈上スサノヲ神とは何らの関係も有しないことは明白だ。ではなぜ『古事記』はわざわざここで「妣」字を使用したのだろうか。

これについても、イザナミ女神がスサノヲ神の死んだ母（妣）であることを表明するために記されたのではなく、スサノヲ神を海と結びつけるため、水を司る神とするためにわざわざ記されたと考えるべきだろう。

『古事記』においてこの「妣」字の用例は三例あり、二例は該条とスサノヲ神が天の高天原に昇るとき姉に自分の行為を説明するところに、「僕《あ》は妣国《ははのくに》に往《ゆ》かむと欲《おも》ひて哭く」と述べているものである。

残りの一例は、上巻の最終部分に、

この天津日高日子《あまつひこひこ》波限《なぎさ》建《たけ》鵜葺草葺不合命《うがやふきあへずのみこと》、その姨玉依毘売命《をばたまよりびめのみこと》を娶《めと》して、生みませる御子《みこ》の名は、五瀬命《いつせのみこと》。次に稲氷命《いなひのみこと》。次に御毛沼命《みけぬのみこと》。次に若御毛沼命《わかみけぬのみこと》、亦の名は豊御毛沼命《とよみけぬのみこと》、亦の名は神倭伊波禮毘古命《かむやまといはれびこのみこと》。故《かれ》、御毛沼命《みけぬのみこと》は波の穂を跳《ふ》みて常世国《とこよのくに》に渡りまし、稲氷命《いなひのみこと》は、妣国《ははのくに》として海原《うなばら》に入りましき。

と、アマテラス大御神の子孫アマツヒコヒコナギサタケウガヤフキアヘズ命と海神の娘トヨタマビメとの間に初代の神武《じんむ》天皇として即位するカムヤマトイハレビコが生まれる条にみられる。ここでは、その兄であるイナヒ命について、「稲氷命は、妣国《ははのくに》として海原《うなばら》に入りましき」と述べられ、「妣国《ははのくに》」は海に関連を有した国として使用されているのである。

つまり、『古事記』において「妣国《ははのくに》」は海と結びつけられて使用されていることがわかるのであり、これは、西條勉のいうように、ある時期「根堅州国《ねのかたすくに》」が海上他界と、海の彼方にある国と考えられてきたことと関連するだろう（「スサノヲの追放と大祓」――『国文学研究』第七十五集）。

そもそもスサノヲ神は泣（以下、「泣」に「哭・啼」を含んで代表させる）いたのであろうか。泣く神としてあったのだろうか。

我々はこれまでスサノヲ神の泣くことをスサノヲ神の本来の性格として自明のものとしすぎていなかっただろうか。

これは、イザナキ神のスサノヲ神追放の後に語られる、アマテラス大神とスサノヲ神がいずれが正しいかを判断するために行った儀式（ウケヒ）の条に、「僕《あ》は妣国《ははのくに》に往《ゆ》かむと欲《おも》ひて哭く」と再度スサノヲ神が「哭く」ことが説明され、強調されているという『古事記』編纂者の用意周到さにもよるであろう。

4．泣かぬスサノヲ

かつて高木敏雄は該条の要素よりスサノヲ神を暴風神と位置づけ（『比較神話学』）、寺田寅彦は、「速須佐之男命に関する記事の中には、火山現象を如実に連想させるものが甚だ多い。例へば『その泣きたまふ状は、青山を枯山なす泣き枯らし、河海は悉に泣き乾しき』といふのは、何より適切に噴火の為に草木が枯死し河海が降灰の為に埋められることを連想させる。噴火を地神の慟哭とみる」（「神話と地球物理学」—『寺田寅彦全集』第四巻）と述べた。また、倉野憲司はスサノヲ神のヤツカヒゲが生えるということが雷神の形容であるとする（『古事記全註釈』）。

しかし、該条のスサノヲ神の泣きいさちるという表現がすぐそうしたことの表現とは必ずしも言いきれないのは、同じ表現で形容された『出雲国風土記』のアヂスキタカヒコ神にも『古事記』のホムチワケにも、暴風雨神的の直接的表現が見られないという守屋俊彦の指摘にあるとおりであり（『記紀神話論考』）、火山神的、雷神的の特徴も同様にみられないとすべきだろう。

スサノヲ神は本来、出雲地方で信仰されていた神であり、出雲地方が大和朝廷に征服され併合される過程で中央の神話に組み込まれていったと考えられているが、『古事記』・『日本書紀』にそれほど遠くない時点〈天平五〈七三三〉年〉で成立したとされる『出雲国風土記《いづものくにふどき》』仁多郡《にた》三澤郷《みさは》条には、

大神大穴持命《おほなもちのみこと》の御子《みこ》、阿遅須枳高日子命《あぢすきたかひこのみこと》、御須髪八握《みひげやつか》に生《お》ふるまで夜晝哭《よるひるな》きまして、み辭通《ことかよ》はざりき。その時、御祖《みおや》の命《みこと》、御子《みこ》を舟に乗せて、八十嶋《やそしま》率て巡《めぐ》りてうらがし給へども、猶哭《なほな》き止《や》まざりき。大神、夢《いめ》に願《ね》ぎ給ひしく、「御子《みこ》の哭《な》く由《よし》を告《の》らせ」と夢《いめ》に願《ね》ぎませば、その夜、御子《みこ》み辭通《ことかよ》ふと夢見《いめみ》ましき。則《すなは》ち、寤《さ》めて問《と》ひ給へば、その時「御澤《みさは》」と申し給ひき。その時「何處《いづく》を然《しか》いふ」と問ひ給へば、即《やが》て、御祖《みおや》の前《まへ》を立ち去り出でまして、石川《いしかは》を度《わた》り、坂の上《へ》に至り留まり、「是処《ここ》ぞ」と申し給ひき。その時、其の澤《さは》の水活《なが》れ出でて御身《みみ》沐浴《かはあ》みましき。

と、アヂスキタカヒコという神は長いヒゲが生えるまで夜も昼も哭いていて、言葉を話すことができなかった。親であるオホナモチは、その子を舟に乗せて慰めたけれども、哭きやまなかった。大神オホナモチは、「子の哭く理由を話してくれ」と夢の中で願うと、その夜の夢に御子がしゃべる夢を見た。目覚めてから御子に問うと、「御澤《みさは》」という言葉をしゃべった。それは何処かと問うと、親の前を立ち去り出かけて石川を渡り、坂の上に至って、「此処だ」と言った。その時そこから沢の水が流れ出たので水を浴びて身を清めた、とある。また、アヂスキタカヒコ神は同じく『出雲国風土記』神門郡《かむど》高岸郷《たかきし》条に、

天《あめ》の下造《したつく》らしし大神の御子《みこ》、阿遅須枳高日子命《あぢすきたかひこのみこと》、甚《いた》く夜晝哭《よるひるな》きましき。仍《よ》りて其処《そこ》に高屋《たかきや》を造りて、坐《ま》せて、即《すなは》ち、高橋《たかはし》を建《た》てて、登《のぼ》り降《くだ》らせて、養《ひた》し奉《まつ》りき。故《かれ》、高岸《たかきし》といふ。

と、やはり昼夜甚だしく哭いていたので高いハシゴを建てて登り下らせて養育したとあり、哭くのはアヂスキタカヒコ神であってスサノヲ神ではなかった。

スサノヲ神の説話は、『出雲国風土記』において三例が見られるが（カムスサノヲノミコトという名称も含む）、その「泣く」行為はどこにも語られていない。また、スサノヲ神の御子神の記述も八例見られるが、同様に「泣く」行為に関連する譚はみられない。

出雲神話において、「哭く」神はアヂスキタカヒコであったが、アヂスキタカヒコの子神タギツヒコについては同風土記楯縫《たてぬひ》郡条に、

阿遅須枳高日子命《あぢすきたかひこのみこと》の后《きさき》、天御梶日女命《あめのみかぢひめのみこと》、多久《たく》の村に來まして、多伎都比古命《たぎつひこのみこと》を産み給ひき。その時、教《さと》し、詔《の》りたまひしく、「汝《な》が命《みこと》の御祖《みおや》の向壮《むくさか》に生《う》まむと欲《おも》ほすに、此処《ここ》ぞ宜《え》き」とのりたまひき。謂《い》はゆる石神《いしがみ》は、即《すなは》ち、是《これ》多伎都比古命《たぎつひこのみこと》の御託《みよさし》なり。旱《ひでり》に當《あた》りて雨を乞《こ》ふ時は、必《かなら》ず零《あめふ》らしめたまふ。

と、旱魃にあたって祈ると必ず雨を降らせてくれる水の神としてあり、やはり「哭く」とか「涙」などの「水」と関連がありそうな神である。

逆に『古事記』においては、アヂスキタカヒコネという神が天若日子の葬儀において、死人に間違われ怒って喪屋を切り伏せ、飛び去っている。これを同神とするならば、『古事記』においてアヂスキタカヒコネは出雲神話とは逆に「怒る」神としてあり、泣く神として設定されてはいないということだ。

かわりに『古事記』において「なく（泣く・哭く・啼く）」行為はアヂスキタカヒコネ神から剥奪され、スサノヲ神に附与されたといえる。

つまり、アマテラス大神の正統性・優秀性を際立たせるために、『古事記』・『日本書紀』のスサノヲ神は泣かねば

ならなかったのではないか。加えて、『古事記』・『日本書紀』においては、スサノヲ神を悪神として根国に追放する理由を作成するために、スサノヲ神が泣くことになったのではないか。

というのも、ここでの「泣くこと」は、「ここをもちて悪しき神の音は、さ蠅如す皆満ち、萬の物の妖悉に發りき」とあるように、世の中を乱す非常に悪質な行為という意味づけがなされているからだ。

そのスサノヲ神の「なく」という悪質な行為を強調するために『古事記』では該説話部分に「泣」・「哭」・「啼」と人（神）がなく意味のすべての漢字をちりばめているのではないか。

スサノヲ神が泣くことは、『古事記』と『日本書紀』第五段本文（「哭泣」）、同一書第二（「哭恚」）、同一書第六（「哭泣流涕」）にあるが、『日本書紀』第五段一書第一には、「素盞鳴尊は是性残害ることを好む。故、下して根国を治らしめたまふ」とあり、ここでのスサノヲ神は、損ない害することを好む性質により根国に追放される神としてある。ここではスサノヲ神は泣かず、残虐な性質の悪神として根国に追放されたとある。

『日本書紀』においては、泣かないスサノヲ神という伝承もあるということが注意されるが、さらに言えば、他の『日本書紀』第五段本文、一書第二においても、スサノヲ神の追放される理由は、泣くことよりもその性質の残虐さに求められることが多いようにみえる。

5. 樹木を繁茂させるスサノヲ

さらに、先述したようにスサノヲ神の泣く様子は、「その泣く状は青山は枯山の如く泣き枯らし」（『古事記』）とあり、『日本書紀』神代第五段本文にも、「復青山を枯に変へしむ」とあり、同一書第二にも、「青山を枯に為す」とあって、青々と樹木が繁茂した山を枯らしてしまうとある。

しかし、『日本書紀』第八段一書第五には、

素戔嗚尊《すさのをのみこと》の曰《のたま》はく、「韓郷《からくに》の島《しま》は、是《これ》、金《くがね》銀《しろがね》有《あ》り。若使《たとひ》吾《わ》が児《こ》の御《し》らす国に、浮宝《うくたから》有らずは、是《これ》佳《よ》からじ」とのたまふ。乃《すなは》ち鬚髯《ひげ》を抜き散《あか》ちたまへば、杉《すぎ》に成《な》る。又胸毛《またむなげ》を抜き散《あか》ちたまへば、是檜《ひ》に成る。尻毛《しりげ》は是柀《まき》に成る。眉毛《まよげ》は是櫲樟《くす》に成る。已《すで》にして其《そ》の用《もち》ゐるべきを定《さだ》めたまひて、乃《すなは》ち称《たた》へて曰《のたま》はく、「杉と櫲樟《くす》と、此《こ》の両樹《ふたつのき》は、以《も》ちて浮宝《うくたから》にすべし。檜《ひ》は、以ちて瑞宮《みづみや》の材《き》にすべし。柀《まき》は、以ちて顕見蒼生《うつしきあをひとくさ》の奥津棄戸《おきつすたへ》に将《も》ち臥《ふ》さむ具《そなへ》にすべし。夫《そ》れ噉《くら》ふべき八十木種《やそこだね》は、皆能《みなよ》く播《ま》き生《おほ》しつ」とのたまふ。時に素戔嗚尊《すさのをのみこと》の子《みこ》、号《なづ》けて五十猛命《いたけるのみこと》と曰《まを》す。妹《おと》は大屋津姫命《おほやつひめのみこと》。次に枛津姫命《つまつひめのみこと》。凡《すべ》て此の三神も能《よ》く木種《こだね》を分布《まきほどこ》す。

と、スサノヲ神が鬚髯《ひげ》を抜き、まき散らすとそれが樹木（杉《すぎ》・檜《ひのき》・柀《まき》・櫲樟《くす》）となることが語られ、スサノヲ神の子である五十猛命《いたけるのみこと》と大屋津姫命《おほやつひめのみこと》、枛津姫命《つまつひめのみこと》が木種を分けて蒔いたとあり、これはスサノヲ神と樹木の発生との並々ならぬ関係を示している。

ここでのスサノヲ神は泣くことによる青山を枯らす行為とは逆の、つまりは日本の国土に樹木を繁茂させる行為の主体としてある。

さらに、『日本書紀』第八段一書第四でも、

初め五十猛神《いたけるのかみ》天降《あまくだ》りし時に、多《さは》に樹種《こだね》を将《も》ちて降《くだ》りき。然《しか》れども韓地《からくに》に殖《う》ゑず、尽《ことごとく》に持ち帰り、遂《つひ》に筑紫《つくし》より始めて、凡《すべ》て大八州国《おほやしまくに》の内《うち》に、播種《まきおほ》して青山《あをやま》に成《な》さずといふこと莫《な》し。

と、スサノヲ神の子の五十猛神が樹種を持って降り、筑紫から始めてすっかり大八州国の中に種を蒔き生えさせて、全国を悉く「青山」にしたというのである。

これは、スサノヲ神のことではなく、その子神五十猛命の行為であるが（子神とあるからには何らかの関連があるとみられるだろう）、やはりスサノヲ神に関連して、種を蒔いて「青山」にしている伝承がみられる。

6.「泣く」性質の附与

『古事記』・『日本書紀』編纂者においてのスサノヲ神の取り扱い方が、本来のスサノヲ神の神格とかけ離れた、かなり恣意的な改変であることは、『古事記』におけるオホゲツヒメ神話と『日本書紀』の保食神《うけもちのかみ》神話の比較からも推察することができる。

『古事記』のオホゲツヒメ神話は、スサノヲ神の高天原昇天、アマテラスとのウケヒ、アマテラスの天岩屋戸隠れによるスサノヲ神の高天原追放の後（スサノヲ神の出雲におけるヤマタノヲロチ退治譚の前）に位置させられている。その内容は、食物女神オホゲツヒメをスサノヲ神が殺害すると、その屍体から人間の食用となる植物、稲、粟、小豆、麦、大豆と蚕が生じたという説話であるが、『日本書紀』第五段一書十一には、食物神保食神を月夜見神が殺害し、その屍体から粟・稗・稲・麦・大豆・小豆と牛馬、繭が生じたという、ほぼ同様の説話がみられる。殺害主体は『古事記』のスサノヲ神に対して『日本書紀』は月夜見神であり、載録位置も、第五段本文（イザナキ男神、イザナミ女神による神生みとスサノヲ神の根国追放が述べられる）に附加された一書として載録されているのであり（この一書第十一に続いて、第六段本文はスサノヲ神の高天原昇天、アマテラスとのウケヒが語られる）、『古事記』とは載録位置が完全に異なっている。

『日本書紀』の説話においては、食物、栽培植物と月が密接な関連が予想されるのに対して、スサノヲ神と食物神の関連が必然的ではないことから、現在、『日本書紀』の月夜見神が保食神を殺害する譚が本来的なものであり、『古事記』の説話は、主人公をスサノヲ神に置き換えて改めて作成されたとする説が主流となっている。

また、記紀共に載録されている出雲国に降ったスサノヲ神のヤマタノヲロチ退治神話に関しても、出雲地方で作成された地誌である『出雲国風土記』にはみられないことから、これも記・紀編纂者による作成によるものであるという意見がみられる。

このように、三貴子誕生譚におけるスサノヲ神の「泣くこと」も、単純に出雲に伝承されたスサノヲ神の本来的な性格であるとするよりも、記・紀作成上の、もしくは記・紀が参照し載録した大和朝廷の資料の段階において、スサノヲ神の「泣く」性格が附与されたと考えるべきだろう。

*　　　*

『古事記』・『日本書紀』においては、スサノヲ神を悪神として根国に追放する理由を作成するために、スサノヲ神が「泣く」ことになったのだ。

ここでの「泣くこと」は、「ここをもちて悪しき神の音は、さ蠅如す皆満ち、萬の物の妖悉に發りき」とあるように、世の中を乱す非常に悪質な行為という意味づけがなされている。

「泣く」という行為は、言語を使用する文化とは対極的なところに位置する野蛮な（文化以前の）ものであり、スサノヲ神はそれを体現するものとしてアマテラスに対峙させられているともいえる。

つまり、天皇家の祖神たるアマテラス大神の絶対的な正統性・優位性を際立たせるために、『古事記』・『日本書紀』のスサノヲ神は泣かねばならなかったのだ。

そしてスサノヲ神にとって「泣く」行為が本来的ではない、二次的なものであり、それは『古事記』・『日本書紀』に結実するところの中央の説話作成者の要請に基づくものであり、出雲におけるスサノヲ神本来の機能・性格とは別のものであるということができるだろう。

王朝人の涙――泣く男・泣く女の文学表象

今関敏子

1. 和歌の力と涙――『伊勢物語』

I 恋に泣く

《月やあらぬ春やむかしの春ならぬ》

恋を失った男は激しく泣いた。

『伊勢物語』（九世紀末成立・歌物語にジャンル分けされる）第二～六段に書かれているのは、実在した在原業平と藤原高子（後の清和天皇后）がモデルとして有名な、恋と別離の物語である。第四段ではすべてが過去になっている。

むかし、ひむがしの五條に、大后《おほきさい》の宮おはしましける、西の対に住む人ありけり。それを、本意《ほい》にはあらでこころざし深かりける人、ゆきとぶらひけるを、正月《むつき》の十日ばかりのほどに、ほかにかくれにけり。ありどころは聞けど、人のいき通ふべき所にもあらざりければ、なほ憂しと思ひつつなむありける。又の年の正月に梅の花ざかりに、去年を恋ひていきて、立ちて見、居て見、見れど、去年に似るべくもあらず。**うち泣きて、**あばらなる板敷に、月のかたぶくまでふせりて、去年を思ひいでてよめる。

　月やあらぬ春やむかしの春ならぬ　わが身ひとつはもとの身にして

とよみて、夜のほのぼのと明くるに、泣く泣くかへりにけり。[1]

「月やあらぬ……」歌は、泣き焦がれる男が詠んだ、という設定である。同歌は在原業平作としてほぼ同時代に成立した『古今集』恋歌五[2]に載る。

　五条の后の宮の西の対に住みける人に本意《ほい》にはあらでものいひわたりけるを、正月の十日あまりになむ、ほかへかくれにける、あり所はききけれどえ物もいはで、又の年の春梅の花ざかりに月のおもしろかりける夜、去年《こぞ》を恋ひてかの西の対にいきて月のかたぶくまであばらなる板敷にふせりてよめる

在原業平朝臣

七四七　月やあらぬ春やむかしの春ならぬわが身ひとつはもとの身にして

『伊勢物語』『古今集』詞書各々にのみある表現を……を付して相違を示し（以下同様の方法をとる）、比較してみよう。

五条の后の宮の西の対に住んでいた女のもとに通っていたが、正月の十日頃、姿を消してしまった。居場所はわかっていてももはや会うことは叶わない（入内したからである）。翌年の梅の花盛りに往事を恋しく思って同じ場所に行き、月が傾くまで「あばらなる板敷」に臥せって歌を詠んだ――という大筋は重なる。が、表現は全く同じではない。男の心情に立ち入っている歌物語は、勅撰集の詞書よりもはるかに劇的である。

何よりも、恋に破れた男が、取り戻せぬ時間を懐旧して「泣く」という場面が、『古今集』にはない。この箇所のみならず、『古今集』詞書に「泣く」「泣く泣く」は皆無である。和歌は、説明が少なければ少ないほど、自由に鑑賞

出来る。『伊勢物語』に比して詞書の簡潔な『古今集』は、様々な解釈を許容する。「月やあらぬ……」歌は、詞書中の「月のおもしろかりける夜」と相俟って涙とは無縁の内省的で静かな懐旧の情の表出にも捉え得る。一方、男のすすり泣く声までが聞えそうな『伊勢物語』の場面設定は、歌が詠まれた状況、歌の醸し出す情趣を規定する。往事を偲んで男が泣くほどの恋とはどのようなものだったのか。恋の様相は、続く第五段、六段に叙述される。それは障害の多い禁断の恋であった。男は築地の崩れからしのび込み（第五段）、女を盗み出したりもした（第六段）が、后がね（后候補）との仲は引き裂かれ、抗うことは出来なかった。

そして第四段はそれから一年の後という設定である。すべてが変ってしまった。男がいる空間は言わば廃墟に等しい、すでに喪われた場である。時間も空間も取り戻せはしない。しかし、男の情熱だけは消えていない。発露を失ってもまだ心の中で燻り続けている。男は泣きながら喪われた時空を懐旧する。往事の恋の喪失の深さが、和歌と涙という舞台装置によって歌物語では効果的に表出されるのである。

《夢うつつとはこよひ定めよ》

第四段のみならず、『伊勢物語』と勅撰集、とりわけほぼ同時代に編纂された『古今集』に重なる歌は多い。歌集の詞書と物語本文には大筋の類似がみられるが、全く同質ではない。歌物語に付加される「泣く」「涙」は相違を齎す重要なキーワードである。

禁断の恋に果敢に挑む色好みの男は、第六十九段では、伊勢の斎宮③に懸想するのである。狩の使いとして伊勢に赴いた男は、斎宮に丁重にもてなされる。二日目の夜、人目をしのんで、斎宮が男の部屋に訪ねてくる。

男、いとうれしくて、我が寝《ぬ》る所に率《ゐ》ていりて、子《ね》一つより丑《うし》三つまであるに、まだ何ごとも語らはぬに、かへりにけり。男、いとかなしくて、寝ずなりにけり。つとめて、いぶかしけれど、わが人をやるべきにしあらねば、いと心もとなくて待ちをれば、明けはなれてしばしあるに、女のもとより、言葉はなくて、

君や来し我や行きけむおもほえず　夢かうつつか寝てかさめてか

男、いといたう泣きてよめる。

かきくらす心の闇にまどひにき　夢うつつとはこよひ定めよ

とよみてやりて、狩に出でぬ。

同じ贈答は『古今集』恋歌三に次のように載る。

業平朝臣の伊勢の国にまかりたりける時、斎宮なりける人にいとみそかにあひて、又の朝に人やるすべなくて、思ひをりける間に、女のもとよりおこせたりける

詠み人知らず

六四五　君や来し我や行きけむおもほえず夢かうつつか寝てかさめてか

返し

業平の朝臣

六四六　かきくらす心の闇にまどひにき夢うつつとは世人定めよ

簡潔な詞書によれば、『古今集』二首の歌は秘密の恋を成就させた（いとみそかにあひて）後朝の贈答ということになる。従って「あなたがいらしたのかしら、それとも私がお訪ねしたのだったかしら、夢だったのか現実だったのか、寝ていたのか起きていたのか、覚えていないけれど」という意の「君や来し……」歌は、夢か現かわからなくなってしまう程の情熱的な逢瀬をも暗示していよう。業平は「私も悲しみにくれ、分別がつかなくなり迷っています、夢だったのか現実だったのか、それは世の人よ、判断して下さい」と返した。「世人定めよ」は、禁断の恋の真偽が他者

に委ねられ放置されている。

しかし、『伊勢物語』は、異なる物語展開になっている。斎宮が訪ねては来るが、思いを尽くさぬうちに（まだ何ごとも語らはぬに）帰ってしまう。心惹かれる相手は容易に連絡もとれぬ立場にある。物思いに眠れぬ夜が明けると、斎宮の歌が届いた。このような状況で詠まれた「君や来し……」歌の物語における役割は、恋の成就した『古今集』と同じではない。斎宮という身分で、男の部屋を訪問するなど、大胆な我が行為そのものが信じがたい、あれは夢だったのかしら、現実だったのかしら、という意味合いになろう。男は感涙にむせんで返歌するのである、「それは今夜はっきりさせてください（こよひ定めよ）」と。

『伊勢物語』六十九段はここで終わらない。「こよひ定めよ」と返歌した男は野に出ても今夜こその逢瀬を期待して、落ち着かず過ごした。

野に歩《あり》けど心はそらにて、こよひだに人しづめて、いととく逢はむと思ふに、国の守、斎宮の守かけたる、狩の使ありときさて、夜ひと夜酒飲みしければ、もはらあひごともえせで、明けば尾張《をはり》の国へたちなむとすれば、男も人知れず**血の涙を流せど**、え逢はず。夜やうやう明けなむとするほどに、女がたより出《いだ》す杯《さかづき》の皿に、歌を書きて出だしたり。

しかし、またしても邪魔が入ったのであった。国守と斎宮寮長官を兼任する人物の、一晩中続く酒の接待となり、逢うことはついに出来なかった。斎宮の差し出した杯の皿には「かち人の渡れどぬれぬえにしあれば（歩いて渡っても濡れない浅い江のようなご縁ですから）」という上の句が書かれている。男は「また逢坂の関は越えなむ（再び逢坂の関を越えてお訪ねしましょう——次の機会に）」と下の句をしたためて尾張に発った。この段は、「斎宮は水尾の御時、文徳天皇の御むすめ、惟喬の親王の妹。」と結ばれている。

史実はともかく、「こよひ定めよ」が果たせなかった『伊勢物語』では、神に奉仕する斎宮の聖性は守られた、と読めるのではあるまいか。男は人知れぬ「血の涙」を流した。涙が涸れ果てて血を流すほどの激しい悲哀の情の表出である。④ それは思いを遂げられなかった恋、果たせぬ恋への痛恨の極みであった。

① 引用は新潮日本古典集成『伊勢物語』（渡辺実校注）に拠る。
② 新編国歌大観（角川書店）に拠る。表記は私に変えた。
③ 伊勢神宮に天皇の名代で奉仕した未婚の皇女。
④ 『伊勢物語』第四十段にも女を留められぬ男が「血の涙」を流す叙述がある。

Ⅱ逸脱と流浪

第七段から、男の旅が始まる。いわゆる「東下り」である。旅の途上で泣く場面も実に印象的である。まず、第九段の八橋。

むかし、男ありけり。その男、身を要なきものに思ひなして、京にはあらじ、東《あづま》のかたに住むべき国求めに、とてゆきけり。もとより友とする人、ひとりふたりしていきけり。道知れる人もなくてまどひいきけり。三河の国、八橋《やつはし》といふところにいたりぬ。そこを八橋といひけるは、水ゆく河のくもでなれば、橋を八《や》つわたせるによりてなむ、八橋といひける。その沢のほとりの木のかげに下《お》り居て、かれいひ食ひけり。その沢にかきつばたいとおもしろく咲きたり。それを見て、ある人のいはく、「かきつばたといふ五文字《いつもじ》を句のかみにすゑて、旅の心をよめ」といひければ、よめる。

唐衣《からころも》きつつなれにしつましあればはるばるきぬる旅をしぞ思ふ

とよめりければ、みな人かれいひの上に涙落してほとびにけり。

「唐衣……」歌は『古今集』羇旅には、次のように載る。

東《あづま》のかたへ友とする人ひとりふたりいざなひていきけり。三河の国八橋といふところにいたれりけるに、その河のほとりにかきつばたいとおもしろく咲けりけるを見て、木のかげにおりゐて、かきつばたといふ五文字を句のかしらにすゑて旅の心をよまむとてよめる　在原業平朝臣

四一〇　唐衣きつつなれにしつましあればはるばるきぬる旅をしぞ思ふ

『古今集』詞書には、八橋の地名の由来は書かれず、風流な杜若に注目している。杜若の折句に巧みに望郷の念の織り込まれた道中の歌の説明である。

しかし、『伊勢物語』に描かれているのは、単なる旅ではない。旅ならば、都が出発点であり帰着点である。男は、自身が身を置くべき場所がないという悲劇的状況で、都を後にする。京に己の価値を見出せず、居場所を東国に求めたのである。目的とコースの定まった当時の一般的な旅ではないからこそ、道を知る人もなく、迷いつつ行ったのである。「東下り」は、居場所捜しの流離であり、逸脱の悲劇である。『古今集』詞書にはない『伊勢物語』の重要な要素は、「流浪性」である。⑤

さらに、川辺の木陰で乾飯を食べたという、ものを食べる行為⑥も詞書にはないのが注目される。しかも乾飯が涙でふやけた。涙を導き出したのは男の詠んだ一首の歌である。歌の影響・効果を物語はこのように虚構したのである。

歌の力は角田川でも発揮される。

なほゆきゆきて、武蔵《むさし》の国と下総《しもつふさ》の国との中に、いとおほきなる河あり。それを角田河《すみだがは》といふ。その河のほとりにむれゐて、「思ひやれば、かぎりなく、遠くも来にけるかな」と、わびあへるに、渡守、「はや舟に乗れ。日

も暮れぬ」といふに、乗りて渡らむとするに、みな人ものわびしくて、京に思ふ人なきにしもあらず。さる折しも、しろき鳥の嘴《はし》と脚とあかき、鴫《しぎ》のおほきさなる、水のうへに遊びつつ魚《いを》をくふ。京には見えぬ鳥なれば、みな人見知らず。渡守に問ひければ、「これなむ都鳥《みやこどり》」といふを聞きて、

名にしおはばいざこと問はむ都鳥わが思ふ人は在《あ》りやなしやと

とよめりければ、**舟こぞりて泣きにけり**。

『古今集』羈旅と比較してみよう。

武蔵《むさし》の国と下総《しもつふさ》の国との中にある角田河《すみだがは》のほとりにいたりて都のいと恋ひしうおぼえければ、しばし河のほとりにおりゐて、思ひやればかぎりなく遠くも来にけるかなと思ひわびてながめをるに、渡守、はや舟にのれ、日暮れぬといひければ舟に乗りて渡らむとするに、みな人ものわびしくて、京に思ふ人なくしもあらず。さるをりにしろき鳥の嘴と足とあかき河のほとりに遊びけり。京には見えぬ鳥なりければみな人見知らず。渡守にこれは何鳥ぞと問ひければ、これなむ都鳥といひけるを聞きてよめる

四一一　名にしおはばいざこと問はむ都鳥わが思ふ人は在りやなしやと

「なほゆきゆきて」という長い行程を経た状況、角田河の地形的説明「いとおほきなる河なり」が『古今集』詞書にはないが、内容はほとんど一致する。

「都のいと恋ひしうおぼえければ」という詞書の説明は、物語にはない。ない方が効果的である。流浪する人々の強い望郷の念は男の詠んだ歌に凝縮される。歌の影響で、「舟こぞりて泣きにけり」という状況を生み出すのである。

人々が涙を落して乾飯がふやけたり、舟中の人がこぞって泣いてしまうという叙述は、現代人にとっては大げさで滑稽に映るかも知れない。しかし、歌にはそれほどの力があった、ということである。人々が共有している同じ思い

を、歌が呼び覚ましたのである。二度と都に戻れぬ流浪の切実さは、単なる望郷にとどまらない。人々を衝き動かし、涙を誘う歌は、流浪者・昔男の詠歌でなければならなかった。

⑤ 今関敏子『旅する女たち——超越と逸脱の王朝文学』（第三章旅の造型——『伊勢物語』東下りと勅撰集）笠間書院 二〇〇四年

⑥ ものを食べる場面が、和歌、物語、仮名日記に表出されることは稀である。『伊勢物語』には酒宴が多く書かれるが、ものを食べる場面は第九段だけである。

Ⅲ 喪失・疎外の物語

「東下り」は第二～六段に綴られる高子との恋と破綻の物語の直後に位置するので、昔男が流浪する原因は恰も高子との失恋の痛手のように読める。⑦

ただし、昔男には、もとより、疎外された皇統の側面があった。主人公のモデル・在原業平の父は阿保親王、第八十四段に「身はいやしながら、母なむ宮なりける」と書かれる母は、伊登内親王。皇統の血をひきながら、官位の低い男は、都で宮仕えに忙しく、長岡に住む母にはめったに会えない状況にある。そこへ母から「老いぬればさらぬ別れのありといへばいよいよ見まくほしき君かな」という歌が届く。男は泣いて返歌するのである。

かの子、いたううち泣きてよめる

世の中にさらぬ別れのなくもがな千代もといのる人の子のため

王朝の「色好み」に欠かせぬ条件は、皇統の血を引いていること、歌詠みであること、禁断の恋に果敢に挑むことであり、さらに悲劇的要素が加わる。まさしく業平・光源氏に共通する特性である。⑧

業平が仕えていたのは疎外された親王・惟喬親王であった。『伊勢物語』第八十二・八十三段には、水無瀬の離宮にお供をした馬頭（業平）と親王の親しい交流が描かれ、八十三段は出家された親王に触れて終わっている。

かくしつつまうで仕うまつりけるを、思ひのほかに、御髪《みぐし》おろし給うてけり。正月《むつき》に拝みたてまつらむとて、小野にまうでたるに、比叡《ひえ》の山のふもとなれば、雪いとたかし。しひて御室《みむろ》にまうでて拝みたてまつるに、つれづれと、いとものがなしくておはしましければ、やや久しくさぶらひて、いにしへのことなど思ひ出で聞えけり。さてもさぶらひてしがなと思へど、公事どもありければ、えさぶらはで、夕暮れにかへるとて、

忘れては夢かとぞ思ふ思ひきや　雪ふみわけて君を見むとは

とてなむ泣く泣く来にける。

「忘れては…」歌は『古今集』雑歌下には次のように載る。

惟喬の親王のもとにまかり通ひけるを、かしら下ろして小野といふ所に侍りけるに、正月にとぶらはむとてまかりたりけるに、比叡の山のふもとなりければ、雪いと深かりけり。強ひてかの室にいたりて拝みけるに、つれづれとして、いと物悲しくて、帰りまうできて詠みて、おくりける

業平朝臣

九七〇　忘れては夢かとぞ思ふ思ひきや雪ふみわけて君を見むとは

詞書に「泣く泣く」はない。惟喬親王は文徳天皇皇子、母は紀静子、第六十九段の恋の対象・斎宮恬子内親王の兄である。皇位逸脱した惟喬親王は出家をされ、正月に雪深いその隠棲先を訪ねた。物語の主人公は取り戻せぬ往事を懐旧して泣くのである。

史実とは別に伝説的人物として、業平は様々に文学形象されてきた。その出発点とも言うべきところに『伊勢物

語』はある。失った恋・実らぬ恋・流浪・望郷・失意の親王と廷臣の関係――「昔」になってしまった喪われた時空の叙述される、逸脱と喪失の物語に、和歌と涙は不可欠であった。

⑦『古事談』『無名抄』には、高子との秘密の恋が発覚して業平は髻を切られ、都にいられなくなったとする説話がある。

⑧今関敏子『色好みの系譜』「序章〈色好み〉とは何か」世界思想社 一九九六年

2.「泣く」「涙」の修辞・詩的表現

Ⅰ伊勢物語における「泣く」「涙」

『伊勢物語』は実に泣く場面・涙の場面の多い作品である。言うまでもなく「泣く」ことに「涙」が伴うのであるが、作品に「涙を流して泣いた」と表現されることはない。「泣く」と「涙」は書き分けられている。表現上「泣く」と「涙」にはいささかの距離がありそうである。また、和歌をめぐって物語が構成されている『伊勢物語』では、散文と和歌にも語の選択に相違がありそうである。

散文と和歌に分け、「泣く」「涙」と関連する用例の男女比、場面を表にする。

ここから次のことが確認できる。

i「泣く」主体、「涙」を流す主体は女性よりも男性の方が多い。

ii「泣く」も「涙」も恋の場面に語例が多い。「泣く」13例中10例、「涙」7例中4例は恋の場面の用例である。⑨

iii「泣く」は散文に圧倒的に多い。13例中12例が散文に見出せる。

iv　「泣く泣く」4例は散文にのみみられる。
v　「涙」は散文（4例）にも和歌（3例）にもみられる。

		泣く	泣く泣く	涙
散文		**12**	**4**	**4**
	男	6	3	3
	女	6	1	1
場面	恋	9	3	3
	その他	3		1
和歌		**1**	**0**	**3**
	男性詠	0	0	3
	女性詠	1	0	0
場面	恋	1	0	1
	その他			2
全体		**13**	**4**	**7**

⑨恋の場面以外の「泣く」（3例）「涙」（3例）は次の通りである。
「泣く」の用例は、すでにみた第九段の望郷、第八十四段の母への情愛の他、第四十一段で、貧しく身分の低い男の妻が、夫の衣類の洗い張りが首尾よく行かず、ひたすら泣く場面――せむかたもなくてただ泣きに泣きけり――にみられる。

「涙」はすでにみた第九段の他、第十六段に友情に感謝する喜びの涙の表出――秋やくる露やまがふと思ふまであるは涙の降るにぞありける――、第八十七段に滝を流れる涙に譬えた例――わが世をば今日かあすかと待つかひの涙の滝と何れたかけむ――が見出せる。

Ⅱ涙の詩的表現

全体で「泣く」13例、「涙」7例、数の上からは「泣く」が「涙」の約2倍、ほとんどが散文に使用される。「涙」

は、語例だけをみれば、散文と和歌に相違はないようにみえる。しかし、注意しなければならないのは、「涙」には、修辞表現が豊富なことである。

まず、「涙」は「露」に譬えられる。

秋やくる露やまがふと思ふまであるは涙の降るにぞありける　（第十六段）

袖が「涙」で濡れるという表現は3例。

涙にぞぬれつつしぼる世の人のつらき心は袖のしづくか　（第七十五段）

つれづれのながめにまさる涙川袖のみひぢて逢ふよしもなし

浅みこそ袖はひづらめ涙川身さへながると聞かばたのまむ　（第百七段）

「涙川」は流れる涙を川に見立てた歌語であり、引用二首は男女の贈答である。

以上は「涙」という語に伴う修辞であるが、「涙」という語が直接表出されなくとも、「涙」を示す修辞のあることを看過できない。『伊勢物語』には5例見出せる。

秋の野にささわけしあさの袖よりも逢はで寝《ぬ》る夜ぞひぢまさりける　（第二十五段）

思ほえず袖にみなとの騒ぐかな唐土舟《もろこしぶね》のよりしばかりに　（第二十六段）

行きやらぬ夢路をたのむ袂《たもと》には天《あま》つ空なる露やおくらむ　（第五十四段）⑩

わが袖は草の庵《いほり》にあらねども暮るれば露の宿りなりけり　（第五十六段）

ぬき乱る人こそあるらし白玉のまなくもちるか袖のせばきに　（第八十七段）

「袖」（5例）「袂」（3例）は、涙のために「濡る」「しぼる」「そぼつ」「ひづ」という状態になる。涙は「露」「雫」「川」「白玉」に象徴される。これは和歌表現の常套である。これらを加えると「涙」の表出は全体で12例、「泣く」

13例とほぼ同数になる。「泣く」が散文的であるのに対して、「涙」は和歌的であると言い得よう。勅撰集、私撰集、私家集を通じて「涙」の用例数は膨大であり、枚挙に遑がない。[11] また、「涙」の語を用いずに「涙」を表象する修辞も駆使される。「涙」は詩的世界に異化されるのである。

そして、「涙」の語もその修辞表現も恋歌に集中するのである。恋歌と「涙」は切り離せない。『伊勢物語』の泣く場面、涙の表象が恋の場面に圧倒的に多いのも頷ける。恋の様々なパターンが織り込まれる『伊勢物語』であるが、ハッピーエンドはきわめて少ない。うまくいかない恋の方が多く、幸せな時を得ても長くは続かず、やがて別れがくる。男も女も、関係性の齟齬に苦しみ、相手を引き留められぬ切なさに涙を流し、泣いたのである。「涙」は、異化され、美化され、劇化される。

⑩『後撰集』には異同がある。「五五九行きやらぬ夢路にまどふ袂には天つ空なる露ぞおきける」

⑪ ツベタナ・クリステワが、異文化からの視点で「袖の涙」に注目した『涙の詩学』(名古屋大学出版会　二〇〇一年)は、八代集の詩的表現・修辞表現を精緻に分析した労作である。

Ⅱ音に泣く・音を泣く・音をたててなく

「涙」とその修辞が和歌表現に生かされる『伊勢物語』だが、「泣く」が、和歌に詠みこまれているのは第六十五段にある次の1例のみである。

海人の刈る藻にすむ虫のわれからと音をこそなかめ世をばうらみじ

この歌は『古今集』恋五・八〇七番歌と同歌であり、後代にしばしば引用される。文中に「藻にすむ虫のわれから」と書くだけで声をあげて激しく泣く様、泣きたいほどの悲しさを表象する。「泣く」は「音をこそなかめ」と修辞的に表現されている。和歌では、人が「泣く」ことを修辞なしに詠む例は稀であり、『古今集』には次の1例のみである。

八一四　怨みても泣きてもいはむ方ぞなき鏡に見ゆる影ならずして　（巻第十五　恋歌五）

和歌表現にしばしば詠み込まれるのは、動物の鳴き声である。⑫『古今集』を例にみよう。

まず、「鳴き声」は、季節を告げるものとして待たれ、鑑賞されてきた。

一四　鶯の谷より出づる声なくは春来ることを誰か知らまし　（巻第一　春歌上）

一三五　我が宿の池の藤波咲きにけり山郭公いつか来鳴かむ　（巻第三　夏歌）

二一五　奥山に紅葉踏み分け鳴く鹿の声聞く時ぞ秋は悲しき　（巻第四　秋歌上）

そして、「鳴き声」に人は己が心情を投影する。

五一四　忘らるる時しなければ葦田鶴の思ひみだれてねをのみぞなく　（巻第十一　恋歌一）

五三六　逢坂のゆふつけどりもわがごとく人や恋しきねのみなくらむ　（巻第十一　恋歌一）

五八五　人を思ふ心は雁にあらねども雲居にのみもなきわたるかな　（巻第十二　恋歌二）

六四〇　しののめの別れを惜しみわれぞまづ鳥より先になきはじめつる　（巻第十三　恋歌三）

七七六　植ゑていにし秋田刈るまで見えこねばけさ初雁のねにぞなきぬる　（巻第十五　恋歌五）

七七九　住之江のまつほど久になりぬれば葦田鶴のねになかぬ日はなし　（巻第十五　恋歌五）

八五五　なき人の宿に通はば郭公かけてねにのみなくと告げなむ　（巻第十六　哀傷歌）

「鳴く」声を示す「音」が伴い、「鳴く」を「泣く」に重ね、恋の辛さ、亡き人への哀傷が表現されているのである。

また、

六七一風吹けば波打つ岸の松なれやねにあらはれてなきぬべらなり　（巻第十二　恋歌二）

のように、波の寄せる岸辺の松の根にかけて詠む例もある。

『古今集』で、人が泣く歌には

五七七　ねに泣きてひちにしかども春雨に濡れにし袖ととはばこたへん　（巻第十二　恋歌二）

七七一　今こむと言ひてわかれし朝より思ひくらしのねをのみぞなく　（巻第十五　恋歌五）

などの例がある。

「鳴（泣）く」には声が伴う。和歌においては人が声をあげて泣くという直接的な表現は避けられ、詩的言語に置き換えられる。動物の鳴き声に転化・同化させ、「ねを（に）泣く」「ねをたてて泣く」と表現されるのである。

このような詩的表現とは対照的に、「泣く」様相を如実に綴った作品を次にみよう。

⑫数は少ないが、動物の涙の例もある。『古今集』には鳥の涙の例が見出せる。コラム参照。

四　雪の内に春は来にけり鶯のこほれる涙今やとくらむ（巻第一　春歌上）

二二一　鳴き渡る雁の涙や落ちつらむ物思ふ宿の萩の上の露（巻第四　秋歌上）

二五八　秋の夜の露をば露と置きながら雁の涙や野辺を染むらむ（巻第五　秋歌下）

三〇六　山田もる秋のかりいほに置く露はいなおほせ鳥の涙なりけり（巻第五　秋歌下）

3．宮廷女房達の号泣――『讃岐典侍日記』上巻

I 看病から崩御へ

堀河天皇が、重い病を得て危篤状態に陥ったとき、周囲は動転して泣いた。

「あな、いみじ」と泣きあひて、内の大臣、関白殿参り、つとさぶらはせたまふ。（三九四頁）⑬

あいにく女房たちはそれぞれの都合で参内出来ず人手がなかった。天皇は「今日明日にも死のうとしている私に誰も目をかけない、こんなことでいいのか」とおききなる。作者は涙にむせ返って答えることが出来ない（「聞く心地、ただむせかへりて、御いらへもせられず。」三九六頁）。

『讃岐典侍日記』（一一一〇年頃成立。日記文学にジャンル分けされる）⑭の作者は讃岐典侍⑮・藤原長子。作品は上下二巻。上巻には、執筆意図を述べた短い序があり、堀河天皇御病気から、崩御までを綴る。下巻は、堀河帝の御子である幼帝、鳥羽天皇に仕えつつ先帝を偲ぶ回想記である。

堀河帝の看取りは長子にとってまさに涙の日々であった。泣く場面は、「乳母などのやうに添ひ臥しまゐらせて泣く。（三九七頁）」「寝入らせたまへる御顔をまもらへまゐらせて、泣くよりほかのことぞなき。（三九七頁）」「あはれに思ひ知られて涙浮くを、（四〇一頁）」「かなしさ、せきかねておぼゆ。（四〇二頁）」「御手もはれにたればえささせたまはぬ見る心地ぞ、目もくれて、はかばかしう見えぬ。（四一一頁）」「夢かなとまであさましければ、涙もせきあへず。（四一五頁）」と記述される。長子は帝の御容態の変化に神経を集中させ、誠意と愛情をもって看病しつつ、涙をこらえることが出来ない。

やがて、ひそかに覚悟をしていた崩御は現実になる。生きて眠っているのと変らぬ静かな美しい死に顔であった。

> 日のたくるままに、御色の日ごろよりも白くはれさせたまへる御顔の清らかにて、御鬢《びん》のあたりなど、御けづりぐししたらんやうに見えて、ただ、大殿ごもりたるやうにたがふことなし。（四一八〜四一九頁）

と、その直後、作者とともにずっと寄り添ってきた大弐の三位が嘆き、泣き出すと、堰を切ったように泣き声が広がった。

> 大弐の三位、「あな、かなしや。いかにしなし出でさせたまひぬるぞ。助けさせたまへ」と、声も惜しまず泣きたまふを聞きて、さながら泣きとよみあひたり。（四一九頁）

それは尋常ではない、怖くなるくらいの泣きようである。

> 御障子をなゐなどのやうにかはかはと引き鳴らして泣きあひたるおびたたしさ、ものおぢせん人は聞くべくもなし。（四一九頁）

大弐の三位はさらに、長年仕えてきて出会った最大の悲しみを掻き口説き、亡き天皇の手をとらえて大声で泣く。その勢いに、祈祷していた僧たちも静まり返ってしまう。

> 御手をとらへてをめきさけびたまふを聞くぞ、堪へがたき。この声を聞きて、そこらののしりつる久住者ども、ひしとやみぬ。（中略）三位、「山の座主をも今は何にせんずるぞ」といひつづけて、泣きたまふ。（四二〇頁）

あまりの取り乱しように、三位は帝の御遺体のそばから引き離されてしまうのだが、局に下がっても泣き続け、その声は隣の局の讃岐典侍に筒抜けで、居たたまれない。

> 大弐の三位の局、壁をひとつへだてたる、泣くけはひどもして、昼の声どものやうに泣きあひたるなかに、三位の御声にて「（中略）をひ、をひ」と、くどき立てて泣かるる音す。聞くぞいとど堪へがたき。（四二六頁）

さらに、藤三位の嘆きようも大変なものであった。御病気の間伺候していなかった彼女は、訃報をきいてかけつけた途端、最期に立ち合えなかった嘆きを「いひつづけて、泣きたまふ。」(四二二頁)「声も惜しまず泣きたまふ。」(四二二頁)」有様で、早口に掻き口説きながら遺体にすがって泣き続けた。もっともではあるものの、度が過ぎている(「泣きたまふさま、ことわりと見ゆれど、過ぎ入られぬるにやと見ゆれば、」四二三頁)ので引き離そうとしても叶わぬほど取り乱す。力づくで局に下げられるが、果ては気を失って宮中を退出するという一幕もあった。

「泣く」には声が伴うことを如実に示す叙述である。崩御の後の宮中は、泣き声に満ちた場になる。ところが、声を張上げて泣く人々を冷静に観察し、具《つぶさ》に書き留めた作者自身は泣いてはいないのである。

われは、御汗のごひまゐらせつる陸奥紙を顔に押しあててぞ、添ひゐられたる。あの人たちの思ひまゐらせらるらんにも劣らず思ひまゐらすと、年ごろは思ひつれど、なほ、劣りけるにや、あれらのやうに声たてられぬはとぞ、思ひしらるる。(四二一頁)

あの人たちに劣らぬくらい天皇をお慕い申上げているとずっと思ってきたが、この期に及んで声を立てて泣くことが出来ないのはそれほどでもなかったということかと思い知った——この述懐を鵜呑みにすることは出来ないであろう。

泣いている人に作者が共感を示し、自らも引き込まれそうだと述べている箇所もある(「何ごとにかと聞くほどに、御前より、おなじ局にわがかたざまにてさぶらひつる人、うち来て、いみじうものもいはず泣く。見るに、いとど、そのことと聞かぬに泣き伏さるる心地ぞする。」四一六〜四一七頁)が、「ものおぢせん人は聞くべくもなし」(四一九頁)、「堪へがたし」の頻出には、声の大きさのすさまじさに対する非難も感じ取れる。

典侍としてその役割を果たしてきた。お仕えした天皇をひとりの男性として深く愛した。その人を最期まで看取って、今がある。御遺体の腕をさぐると、みるみる硬直してしまう（「ただすくみにすくみはてさせたまひぬ」四二四頁）。天皇の御遺体を描写し、触れた感触まで綴る、という点でも『讃岐典侍日記』は稀有な作品である。作者は静かに御世の終わりを体感したのである。泣けないことに毅然とした誇りが窺える。

以上にみてきた看取りと崩御の記述に「泣く」の語例は19例。看取りの過程に3例（2例は作者が泣いた例）、崩御の叙述に16例（作者は泣けなかった）。男性が泣く箇所もある。内大臣・源雅実が崩御を確認した後、泣いている（「持ちたまへる扇の骨を、たたみながらはらはらとうちすりて、泣きて出でたまひぬ」四二二頁）。

一方、「涙」の語例は看病の過程で3例（2例は作者の涙である）、崩御を嘆く記述には、皆無である。崩御に臨んで激しく狂おしく身体中で声を絞って女房たちは「泣いた」のである。

⑬　引用は新編日本古典文学全集26（小学館）所収『讃岐典侍日記』（石井文夫校注・訳）に拠る。

⑭　平安期から南北朝期にいたるまでの女性仮名日記文学というジャンルに『蜻蛉日記』『紫式部日記』『和泉式部日記』『更級日記』『讃岐典侍日記』『たまきはる』『建礼門院右京大夫集』『弁内侍日記』『うたたね』『十六夜日記』『中務内侍日記』『とはずがたり』『竹むきが記』がある。「泣く」「涙」の表象は、作者の資質、執筆意図によって異なってくるが、女房達の号泣する様を書きとめた『讃岐典侍日記』は稀有な作品である。

⑮　天皇付の女房である。内侍司には、尚侍・典侍・掌侍が置かれる。

Ⅱ中宮御産―紫式部日記

女房たちが「泣く」場面は、『讃岐典侍日記』より約百年前に成立した『紫式部日記』（一〇〇八年頃）にも見出せる。

道長の娘、中宮彰子は御産を控えて土御門邸（藤原道長邸）に下っていた。御産が近づくと、僧侶たち、陰陽師たちが集まり、祈り、物の怪を払う。邸内は混雑し騒がしくなる。女房たちも集まってくるが、すでに人々は興奮状態で、伺候する場も得られぬ年輩の女房たちは「しのびて泣きまどふ。（一九頁）[16]」有様である。縁起が悪いと思っても涙が止らない。

（上略）いみじう悲しきに、みな人涙をえほしあへず、「ゆゆしう」「かうな」など、かたみにいひながらぞ、えせきあへざりける。（一九〜二〇頁）

泣きはらして腫れた目をみられるのも、気にならなくなっている。

（上略）例はけどほき人々さへ、御几帳の上《かみ》より、ともすればのぞきつつ、はれたる目どもを見ゆるも、よろづの恥わすれたり。（二一頁）

普段はきちんと化粧している女房も泣きに泣いて人相が変ってしまっている。

化粧《けさう》などのたゆみなく、なまめかしき人にて、暁に顔づくりしたりけるを、泣きはれ、涙にところどころ濡れそこなはれて、あさましう、その人となむ見えざりし。宰相の君の、顔がはりしたまへるさまなどこそ、いとめづらかにはべりしか。ましていかなりけむ。（二二頁）

手強い物の怪ゆえ、心配は大きかったが無事男御子（後の後一条天皇）が誕生した。

『紫式部日記』には、「泣きまどふ」「泣き脹る」「泣き騒ぐ」などの複合語を含めて「泣く」の用例は4例、「うれへ泣き」1例、男性の「酔い泣き」2例（道長四六頁・内大臣藤原君公季五二頁）が見出せる。一方「涙」の語例は、わずか2例（いずれもを右に引用した御産の記事の用例）である。

⑯引用は新潮日本古典集成『紫式部日記・紫式部集』（山本利達校注）に拠る。

Ⅲ泣く声

『紫式部日記』御産と『讃岐典侍日記』崩御の記事は、次の点で共通している。

ⅰ素材が緊迫した非日常であり、それが、冷徹な観察眼をもって恰も実況中継のように綴られる。

ⅱ「泣く」の用例が「涙」よりはるかに多い。『讃岐典侍日記』崩御の記事に「涙」は皆無。

ⅲ散文のみで表現される。（和歌は一首もない）

緊迫した非常事態を臨場感を持って描写するのにふさわしいのは散文であろう。そして、そこには、「涙」よりも「泣く」の用例が圧倒的に多い。既にみたように、『伊勢物語』にも「泣く」は、九〇パーセント散文に使用されている。

『紫式部日記』からは『讃岐典侍日記』ほどの狂おしい泣き声は聞えない。女房たちの泣きはらした顔の描写が視覚に訴える印象を残すが、これは泣いている最中ではなく、泣いた後の記述である。また、『紫式部日記』には、誕生した若宮の泣き声が「御声いとわかし」（四四頁）と記され、大晦日の宮中に引剥（ひきはぎ・追剥のこと）が入った折のことが「人の泣きさわぐ音の聞こゆるに、いとゆゆしく、ものもおぼえず。（七二頁）」と書き留められている。

「泣く」は、視覚よりもむしろ聴覚に強く訴える感情表出である。和歌表現に修辞抜きの「泣く」が少ないことを考え合わせても、人が声をあげて泣く極致が詩的に美しいとは言い難い。しかし、宮廷女房の日記の、専ら散文で記される箇所には、現実に人が「泣く」極限の、醜態とも言い得るすさまじさが容赦なく表出されているのである。

4．「泣く」から「涙」へ――『讃岐典侍日記』下巻

Ⅰ表現の変容

『讃岐典侍日記』下巻は、堀河帝崩御より三ヶ月後の十月に筆が起こされる。悲しみも癒えぬうちに、長子は不本意な再出仕を要請される。先帝の忘れ形見鳥羽天皇は、未だ数え年六歳の幼帝であった。

散文表現に徹した『讃岐典侍日記』上巻であったが、下巻は和歌と散文が融合し、修辞表現が頻出するのが特徴的である。下巻では「泣く」が3例、「涙」が5例。数の上からは上巻と逆転している。はじめに「泣く」の用例を見よう。

まず、帳あげをつとめた鳥羽天皇即位式の後、人に、顔むきが変っているのはなぜかと問われ、先帝崩御の悲しみから未だ立ち直っていないことを自覚して泣けてしまった、という場面がある。

（上略）まだなほらぬにこそと、しほしほと泣かれぬる。（四三九頁）

他2例は、堀河天皇の一周忌に女房たちと語らう場面にみられる。

（上略）たれもたれもいひあひて、泣くことかぎりなし。泣きあふことはてぬれば、三位殿、立ちて出でぬ。（四五二頁）

上巻に比して声のすさまじさはない。また、声に出して泣くことが

（上略）藻に住む虫のわれからとのみ、世にありてかかるめもみること、かなしけれど、（四三四頁）

五月雨に軒のあやめもつくづくと袂に音のみかかる空かな（四四九頁）

と修辞的に表出されるのも上巻にはない現象である。
これ以降、「泣く」の語例は作品から消え、「涙」の用例が5例見出せる。
ｉかなしくて袖を顔におしあつるを、あやしげに御覧ずれば、心得させまゐらせじとて、さりげなくもてなしつつ、「あくびをせられて、かく目に涙の浮きたる」と申せば　（四六一頁）
ⅱほかのよりは色ふかく見ゆれば、
いにしへを恋ふる涙のそむればや紅葉《もみぢ》の色もことに見ゆらん
（中略）おほかた涙せきかねて、かひなき御跡ばかりだに、霧りふたがりて見えさせたまはず。
花薄まねくにとまる人ぞなき煙《けぶり》となりし跡ばかりして
尋ね入る心のうちを知り顔にまねく尾花を見るぞかなしき
花薄聞くだにあはれつきせぬによそに涙を思ひこそやれ
これを、ある人、いひおこせたり。
いかでかく書きとどめけん見る人の涙にむせてせきもやらぬに　（四七六〜四七七頁）
ｉは、亡き先帝が壁に貼られた笛の譜の跡をみて思わず涙する作者を、幼帝が不思議そうに御覧になるので「あくびが出て涙が浮いたのです」とまぎらわす場面。ⅱは、堀河天皇の眠る香隆寺の紅葉の美しさを詠んだ後、墓前の薄が招く様をみて涙が止らなくなり、歌を詠み交す場面である。
『紫式部日記』に和歌が登場するのも御産が迫る以前と安産の後の余裕が出てからであるが、『讃岐典侍日記』上巻に皆無だった和歌は、下巻に23首詠み込まれている。右に引用した「涙」5例中、3例が和歌に含まれることを看過できない。和歌数も諒闇が明けて以降増える（23首中19首）のである。

Ⅱ詩的表現へ

さらに下巻では先に引用した「袖を顔におしあつる」「霧りふたがりて」（波線部）のように、直接「涙」を表記せず、涙を示す修辞表現が頻出する。

・（上略）袖のひまなくぬるれば、
　乾くまもなき墨染めの袂かなあはれ昔のかたみと思ふに　（四三一頁）

・またの日も、空はさみだれたるに、軒のあやめ、しづくもひまなく見ゆるに、
　五月雨の軒のあやめもつくづくと袂に音《ね》のみかかる空かな　（四四九頁）

・　今はとて別るる秋の夕暮れは尾花がすゑもつゆけかりけり　（四五二頁）

・　みな人は花の袂になりぬなり苔の衣よかはきだにせよ
とよみけん。　（四五四頁）

・昔をしのぶいづれの時にか露かわく時あらんとおぼえて、かたしきの袖もぬれまさり、枕のしたに釣りしつばかり、よろづのことに目のみ立ちて、たがふことなくおぼゆるに、ただひと所の姿の見えさせたまはぬと思ふぞ、かなしき。　（四五七頁）

・　萩の戸におもがはりせぬ花見ても昔をしのぶ袖ぞつゆけき　（四五九頁）

・　思ひやる豊のあかりのくまなきによそなる人の袖ぞそぼつる　（四七四頁）

袖・袂・雫・露が涙を表象する。和歌表現を踏襲した修辞が駆使されている。

このような下巻の特徴は、作品の執筆動機を記す序とも言うべき短い冒頭部にも通じる。

軒のあやめのしづくもことならず。山ほととぎすももろともに音《ね》をうち語らひて、はかなく明くる夏の夜な夜

な過ぎもていそのかみ古りにし昔のことを思ひ出でられて、涙とどまらず。　（三九一頁）

（上略）思ひ出づることども書きつづくれば、筆のたちども見えず霧《き》りふたがりて、硯《すずり》の水に涙落ち添ひて、水くきの跡も流れあふ心地して、涙ぞいとどまさるやうに、書きなどせんにまぎれなどやするとて書きたることなれど、姨捨山《をばすてやま》になぐさめかねられて、堪へがたくぞ。　（三九二頁）

序にも「泣く」という語例はなく、「山ほととぎすもろともに音をうち語らひて」が声に出して泣くことを暗示している。「涙」は3例。下巻にも用例のある「軒のあやめのしづく」は滂沱と流れる涙の表象であり、「霧りふたがりて」は涙が溢れて眼前が曇っている状態である。

下巻は、堀河帝と過ごし愛情を育んだ幸福な時間が情趣豊かに誇りを持って綴られる回想記である。序も下巻に同様、回想して執筆する時点で書かれているので、文体が近い。作者にとっての堀河帝の存在意義が、回想の過程で熟成していく。幼い鳥羽帝は、亡き帝を想起させ、悲しみを募らせる媒体であったが、その愛らしさ、利発さに次第に癒されていく。喪失の悲しみが消えることはないが、時間の経過とともに、その質が変っていく。それを作品という異次元に構築する作業で、「泣く」の用例が後退し「涙」に代わり、修辞表現と和歌が頻出することになるのである。臨場感溢れる緊迫した状況を散文に徹して叙述した上巻に比して、序と下巻の文体は韻文化の傾向を見せている、と言えよう。

5. 涙の表象――むすびにかえて

平安朝の文学表象をみる限り、人々の喜怒哀楽とその表現は実に豊かであったことが知られる。泣くこと、涙を流すことに対しても禁忌はなく、その文学表現は共感をもって享受されてきた。本論でとりあげた『伊勢物語』『紫式部日記』『讃岐典侍日記』の間にはそれぞれ約百年の隔たりがあるのだが、状況に大きな相違はないように思われる。『伊勢物語』における色好みの主人公は「泣く男」でもあった。『紫式部日記』『讃岐典侍日記』にも男性の泣きが書きとめられている。王朝人は悲しみや喜びに際して、男性も女性も涙を流し、泣いたのである。

文学作品に、泣くことが写実的に表現されることは少ない。『讃岐典侍日記』上巻は、帝の崩御という非常事態に直面して女房達の号泣する様を具さに観察し、散文で容赦なく描写した稀有な作品である。

また、「泣く」は「涙」とイコールではない。「泣く」は散文表現に、「涙」は和歌表現に多いことを『伊勢物語』『紫式部日記』『讃岐典侍日記』にみてきた。表現上「泣く」と「涙」には互換性が稀薄である。言葉は必然性をもって選ばれている。「泣く」には声が伴う。『伊勢物語』の泣く場面・涙を流す場面は、歌物語独自の造型であるが、「泣く」と表現されている場面では、作中人物はひそかに涙したのではなく、声をたてて泣いた、と捉え得る。和歌においては、「泣く」も「涙」も詩的次元特有の修辞的表象となる。とりわけ「涙」は数が多いだけではなく修辞表現が駆使され、異化・美化・劇化に多様性をもつのである。

王朝人は、豊かな涙の文化を育んだと言い得るだろう。

源氏物語の涙——表現の種々相

岩佐 美代子

はじめに

源氏物語に「泣く」場面、従って「涙」の描写が多いであろう事は、常識的に想像のつく所である。そこで、「涙」にかかわる表現を全編から拾い出してみた。単に「泣く」とのみある場合は、「いといたく泣く」のような状況説明があってもとらず、一方、涙する状況を擬音語・形容・暗示であらわした場合は、「涙」の語がなくとも拾う、という方針で、新編日本古典文学全集（小学館）の本文により検索した結果、七三語、三八六例を得た。認定の基準如何にもよる事ではあるが、ほぼこれにより網羅し得たと考える。作者、紫式部の語彙の豊富さを知る一端ともなろう。次にこれを出現数の多い順に表示し、各語の用いられ方の面から、源氏物語の「涙」の表現を考えて行くこととする。なお参考までに、狭衣物語の同様検索結果、三六語、一一八例の表をも添える。

作品総量も大きく異なり、この結果をもって両者を比較論評するつもりは全くないが、対比して源氏物語における表現の自在さは見てとれるであろう。以下、特色ある表現の幾つかを考察して行く。

源氏物語「涙」関係語彙表

涙ぐむ	39	むせかへる	6	知らぬ涙	2	つぶつぶ	1
落つ、落す	36	いやめ	4	涙がち	2	とどこほらず	1
濡る、濡らす	35	干る	4	まぎらはす	2	涙の雨	1
こぼる、こぼす	28	よよと	4	海人も釣す	1	涙の滝	1
のごふ	28	出づ	3	あらそふ	1	涙の澪	1
しほたる	22	おぼほる	3	去ぬ	1	残り多し	1
露、露けし	22	霧る	3	うるふ	1	残りなし	1
ほろほろ	14	先立つ	3	老の涙	1	ひつ	1
浮く	10	涙の玉	3	朽たす	1	人わろし	1
涙もろ	10	ひま	3	曇る	1	渕	1
ひそむ	10	まろがれたる	3	恋ふる涙	1	まつはる	1
堰く	9	もよほす	3	時雨る	1	みかさ	1
とどむ	9	もろし	3	進み出づ	1	目をする	1
流す、流る	8	赤く、赤み	2	そそく	1	漏らす	1
昏る	7	いとまなし	2	そそのかす	1	喜びの涙	1
雫	7	かひをつくる	2	そぼつ	1	惜しまず	1
降る	7	紅の涙	2	絶えず	1		
とまらず	6	沈む	2	ただならず	1	計　73語	
涙川	6	しのぶ	2	尽くす	1	386例	

狭衣物語「涙」関係語彙表

こぼす、こぼる	22	曇る	3	もろし	2	涙川	1
流る、流す	10	堰く	3	よよと	2	涙の跡	1
浮く	9	漏る	3	出づ	1	涙の露	1
濡る、濡らす	9	海人も釣す	2	しほしほ	1	涙の渕	1
落つ、落す	7	かわかぬ	2	しほたる	1	涙の澪	1
のごふ	6	昏る	2	しほどけ	1	払ふ	1
涙ぐむ	6	涙の海	2	知られぬ涙	1	降る	1
しづく	4	ほろほろ	2	滝	1	干す	1
しぼる	4	むせかへる	2	とどまらず	1	乱りがはし	1
						計　36語	
						118例	

1. 涙ぐむ

数量的に見ると、「涙」の表現として一般的な「落つ」「濡る」を押えて、「涙ぐむ」が三九例と首位を占めている。貴人のたしなみとして、泣くにも「さまよき程に」泣く事がよしとされた時代を反映すると言えようか。しかも、「涙ぐむ」とは自分の意思と関係なく、自然に涙がにじみ出て来る状態で、悲しい場合だけでなく、嬉しい場合、また種々の意味で感動した場合に起る現象であるから、非常に含みのある文学表現として活用し得る。最多用例を見る所以であろう。

雨夜の品定め、話の興に乗って、頭中将が思わず夕顔とのはかない交渉を語る。

「……幼き者などもありしに思ひわづらひて、撫子の花を折りておこせたりし」とて涙ぐみたり。（帚木巻）

「小さい子供なんかもあったので、いろいろ心配したと見えて、撫子の花に添えてあわれな手紙をよこしましたよ」と言って、涙ぐんだ。

平生強気な頭中将の思わずも見せたこの表情は、源氏とともに読者をも、「さて、その文《ふみ》の言葉は」と一膝乗出させるに十分であり、遠く玉鬘並びの十帖にまで続く夕顔物語の序奏をなすにふさわしい。頭中将正妻の嫉妬におびえて身をかくした夕顔は、たまたま相識った源氏に廃院に伴われ、物の怪によって落命。撫子にたとえられた「幼き者」——遺児玉鬘は肥後国に十八年を過し、ようやく上京して、母の侍女で今は源氏の女房となっている右近に発見される。右近から報告を受けた源氏は、実父頭中将に知らせず自らの子として引取る事を提案、賛成した右近が「それでこそ母君夕顔を非業に死なせた罪も軽くなることでしょう」と痛い所をついたのに対し、

「いたうもかこちなすかな」とほほ笑みながら、涙ぐみたまへり。（玉鬘巻）

「えらく因縁をつけるもんだね」と微笑しながら、涙ぐまれた。

そして対面、その母親似の面ざしを、母葵上に似ぬ我が子夕霧とくらべ合せて、

「……さしも似ぬものと思ふに、かかる人ものしたまうけるよ」とて涙ぐみたまへり。

「親子といってもそう似るものでもないと思っていたが、こんなにそっくりな人もいるんだね」と、涙ぐまれた。

年月経てもなお新たな回想を軸としての、悲喜こもごもの複雑な感情を表現すべく、「涙ぐむ」が巧みに用いられている。

主人公の悲喜の感情を直叙せず、傍観者である女房を通して表現する場合には、「あいなく」（他人事なのに、わけもなく）を伴って活用される。すなわち賢木の巻、娘の斎宮と共に伊勢に下ろうとする六条御息所を、源氏が野宮に訪れる場面、女房達が、

「いかばかりの道にてか、かかる御ありさまを見棄てては、別れきこえん」と、あいなく涙ぐみあへり。

「いくらよんどころない御事情でも、こんなおやさしい美しい方を見棄てて、お別れするなんて……私ならそんな事できやしないわ」と、我が事でもないのにそれぞれに涙ぐんだ。

同巻、藤壷が出家した翌年新春、年賀客もない淋しい住まいを源氏のみ昔に変らず訪問するのを、同じく女房達が

千人《ちひと》にもかへつべき御さまにて、深う尋ね参りたまへるを見るに、あいなく涙ぐまる。

千人のお年賀客も太刀《たち》打ちしかねる程の魅力的なお姿で、わざわざ心深く訪ねて来て下さったのを見ると、わけもなく涙ぐまれる。

ともに源氏の真情を、「涙ぐむ」女房達の姿によって表現する筆づかいである。御息所にせよ藤壷にせよ、源氏に深い感謝の念を抱いている事は当然であるが、それをあからさまに言ってはヒロインの人物を小さくする。ゆえに傍観者の口を借りて、女房らでさえこの通り、まして……と、読者の想像力を刺激する手法である。

「涙ぐむ」のは嬉し涙の場合によくある事でもある。若菜下の巻で女性達の華やかな音楽の遊びののち、源氏が一しきり音楽論を開陳、自己の後継者を求めて孫、すなわち明石中宮所生の当帝皇子達の楽才にふれ、

「……二の宮、今より気色ありて見えたまふを」などのたまへば、明石の君、いと面だたしく、涙ぐみて聞きゐたり。

「二番目の皇子は、今からもう才能がありそうにお見えになるね」などとおっしゃるので、祖母の明石の君は大層晴れがましく嬉しく、涙ぐんで聞いていた。

と、中宮を紫上の養女に譲って卑下している、皇子の実の祖母、明石の君のつつましい姿として、その嬉しさの程が語られている。

しかし勿論「涙ぐむ」大多数例は悲しみの涙である。表立って泣くのとは異なり、意識的または無意識的に感情を押えているにもかかわらず、思わず涙がにじみ出る、という状態は、あからさまに泣くよりも深刻な、内にこもった悲傷の表現として、格別に効果的であろう。しかも紫式部は、これを悲傷とは対照的な「笑い」と併叙する事によって、更に人間心理の深部に迫っている。

若菜上の巻、女三宮との新婚第三夜、宮方に出で立とうとする源氏の身支度を、悲しみを押えてさりげなく整える紫上に対し、婚儀を受諾した自らのあだあだしさ、心弱さを、

我ながらつらく思しつづけらるるに、涙ぐまれて、「今宵ばかりはことわりとゆるしたまひてんな。……」

我ながら弁解のしようもない済まない事だとつくづく思われるにつけても自然に涙ぐんで来て、「今夜だけはあなたを置いてあちらに出向くのを無理もないとお許し下さるでしょうね」

と詫びる源氏に、

すこしほほ笑みて、「みづからの御心ながらだに、え定めたまふまじかなるを、ましてことわりも何も。……」

少しほほ笑んで、「御自分のお心でさえ、はっきりとは決められずにいらっしゃるようですのに、まして私には、無理とも道理とも……」

と「言ふかひなげに取りな」す紫上。この涙と笑いにより、二人の地位は逆転し、源氏は紫上に負い目を感じ、これまで源氏に依存する中で「我より上の人やはあるべき」と思っていた紫上は、源氏への愛は変らぬながら、「我は我」の思いを深くして独立の人間としての第一歩を踏み出そうとしている。

紫上にもいささか心置かれる羽目になった源氏は、もとより女三宮では満足できず、かつて須磨流謫の因となった朧月夜に癒やしを求めようとする。女も一往は拒否の姿勢を示したもののさすがに心弱く、一夜を共にしての朝帰り。「さばかりならむと心得たまへれど、おぼめかしくもてなして」（およそそんな事だろうと承知しながら、わざと何も気のつかぬふりをして）いる紫上に、「などかくしも見放ちたまひつらむ」（何でこうまで愛想をつかされてしまったんだろう）と心臆する源氏が、「まほにはあらねど」（正直に全部ではないが）告白するのに対し、

うち笑ひて、「いまめかしくもなり返る御ありさまかな。昔を今に改め加へたまふほど、中空なる身のため苦しく」とて、さすがに涙ぐみたまへるまみのいとらうたげに見ゆるに、

あっさりと笑って、「まあ今更お若返りになった御様子ですこと。昔のようなお振舞いを今改めて拝見するにつけて、中途半端な私はどうしていいやら」と、さすがに涙ぐまれた目もとが、いかにもいじらしく見えるの

で、「うち笑ひ」「涙ぐむ」二つの感情の交錯の中に、これまでの源氏依存から悲しみを通して自立して行く紫上の内心の葛藤が、激情を表面化させせぬ貴人の誇り、自省と、そこから思わずもこぼれ出る表情の美しさとをもって、号泣するより以上に切実に描き出されている。

一般的に考えれば、「涙ぐむ」とは涙をこぼして泣くにも至らない心弱い態度で、インパクトに欠けるとも考えられよう。しかし源氏物語においては、「涙ぐむ」は悲喜こもごも、更には懐旧、アイロニーとさまざまの感情をこめて、縦横に使いこなされ、直説法を避けて文学としての気品と深みを保つ重要な要素として位置づけられている。使用例第一位たる所以であろう。

2. 流る

「涙」と言えば「流る」「流す」という措辞は直ちに思い浮ぶ所であるが、本作では八例にとどまり、うち三例は「水茎に流れそふ」(梅枝・幻巻)、「水の音に流れそふ」(総角巻) と縁語による修辞をなす。他は須磨における頭中将の源氏訪問の別宴での「御供の人も涙をながす」、朝顔の巻で藤壷を夢に見た源氏の「涙も流れ出でにけり」、病床についた柏木の煩悶「人やりならず流し添へつつ」(柏木巻)、手習の巻で失神からわずかに覚醒した浮舟の「涙の尽きせず流るるを」。後三者はかなり切迫した状況であるが、直説法であるだけに「涙ぐむ」のような含みは感じられない。

直説法を用いて最も成功しているのは、冒頭桐壷の巻、「涙」の初出例でもある、次の一節である。更衣死去により、三歳の源氏を内裏から退出させようとする場面。

何ごとかあらむとも思したらず、さぶらふ人々の泣きまどひ、上も御涙の隙《ひま》なく流れおはしますを、あやしと見たてまつりたまへるを、よろしきことにだに、かかる別れの悲しからぬはなきわざなるを、ましてあはれに言ふかひなし。

皇子は何事が起ったともおわかりにならず、女房達が泣き惑い、帝も御涙が隙もなくお顔を伝って流れ落ちていらっしゃるのを、おかしい、何だろうと思って見ていらっしゃる様子は、我々普通一般の場合でも、こういう別れの悲しいのは当然の事なのに、ましてこんな高貴の方の場合には、あわれとも何とも言いようもない事である。

貴人のたしなみどころか、最高貴の人、帝が、いい年をして手放しで泣いている。顔面を流れ落ちる涙を、ふしぎそうに見ている、三歳（満二歳）の幼な子。母の死も知らず、唯一の庇護者、父帝からも引き離されようとしていながら、それすら理解の外である。光源氏の一生を支配する運命の初発の姿を、かくも簡明率直に、目に見るように描き出す。一見稚拙のようにも見えながら、これ以上秀抜な描写はあるまい。

そもそも、帝と更衣の悲恋、周囲の非難圧迫にはじまる物語である。更衣の死に至るまでの間にも、「涙」「泣く」の描写はいくらもありそうにも思える所であるが、これ以前の用例は、更衣重病退出にかかわる、「母君泣く泣く奏して、まかでさせたてまつりたまふ」（母君が泣く泣くお願い申して、退出おさせなさる）と、帝の「よろづのことを、泣く泣く契りのたまはすれど」（さまざまの事を、泣く泣くお約束なさるけれど）の二例のみ。ヒロインの更衣については、「いたう面痩せて、いとあはれとものを思ひしみながら」（大変痩せ細って、本当に悲しいと思い入った様子ながら）「息も絶えつつ、聞えまほしげなることはありげなれど」（息も絶え絶えで、帝に申上げたそうな事はありそうだけれど）とその容体を細叙しながら、「涙」の関係の描写はない。そしてここに、満を持して、至尊の顔面を滂沱と流れる涙が描かれ、これを珍しげに直視する無心の幼児が描かれるのである。

とかく、持ってまわった婉曲な表現が特色でもあり、また繙読を敬遠させる所以とも思われている源氏物語であるが、そのような先入観を捨てて原文に直接当れば、このような率直この上ない、簡潔にして核心をついた描写が多々存在する事を認識、原文の妙を体得できるはずである。その、最も手近にある好例として、この「帝の顔面を絶え間なく流れる涙」をあげる事ができよう。

3. ほろほろ

涙の流れる状態を擬音語としてあらわした、「ほろほろ」は、一四例と愛用されている。優しく、しかも臨場感ある表現で、それぞれに効果をあげているが、その用法を見るに、「忍ぶれど、涙ほろほろとこぼれたまひぬ」(賢木巻)等「涙」を伴うもの三例、「宮はいとどほろほろと泣きたまひて」(少女巻)等「泣く」を伴うもの七例、「涙」「泣く」を伴わず、単に「ほろほろとこぼれ出づれば」(須磨巻)の如く、「こぼる」をもって涙を暗示するもの四例である。この最後の四例には特に味わい深いものがある。

朱雀帝の后がねと期待されていた右大臣の六の君、朧月夜は、図らず源氏と愛しあい、それが発覚して源氏は失脚、須磨に逃れる。朧月夜もこの事件のために、侍寝専門でやがて中宮の地位も期待される「女御」として入内する事はできず、しかし朱雀帝の執心もあり、次善の立場として、内廷女性公務員の長として有夫の女性でも就任可能、しかも帝の日常身辺奉仕の最高責任者ゆえにたまたま帝寵を受ける事も公認、という、「尚侍《ないしのかみ》」の職に就く。心優しい朱雀帝は、源氏を強力な政敵と目する母弘徽殿大后に反対できず、さりとて源氏庇護を言い置いた父桐壷院の遺言にも気がとがめ、しかも万事において自分よりすぐれているのみならず、朧月夜の心もそちらに傾いている源氏に、嫉妬の念も押えられない、という、複雑な心情の中に、尚侍の初参入を迎え、涙ぐみつつ恨み口説く。これを受ける朧月夜は、身も世もない思いである。

「院の思しのたまはせし御心を違へつるかな。罪得らむかし」とて、涙ぐませたまふに、え念じたまはず。

(須磨巻)

「お父様の御遺言なさったお心にそむいてしまったなあ。罰が当るだろうよ」とおっしゃって、涙ぐまれるので、朧月夜の君も到底がまんおできにならない。

涙をこらえ切れない気持ながら、ここでは彼女はまだ泣くには至らない。

「……久しく世にあらむものとなむさらに思はぬ。さもなりなむに、いかが思さるべき。近きほどの別れに、思ひおとされんこそねたけれ。……」と、いとなつかしき御さまにて、ものをまことにあはれと思し入りてのたまはするにつけて、ほろほろとこぼれ出づれば、「さりや、いづれに落つるにか」とのたまはす。

「私だって、いつまで生きていられるなんて思っていないよ。そうしたらあなた、どう思う？　今度の須磨の別れほどじゃないっていうんだろう。ほんとにくやしいねえ」と、本当に離れ難いようなやさしい御様子で、今の事態を心から辛いものと思し召しておっしゃるにつけて、女君の目からほろほろと涙がこぼれ落ちると、「ほうら、それ、どっちに落ちる涙？」とおっしゃる。

いかにも朱雀帝らしい、気弱な、しかし強烈な嫉妬である。このユニークな場面のハイライトをなすのが、美女の頬を伝ってほろほろとこぼれ落ちる、大粒の涙。きわめて独自な、印象的な場面である。

須磨から明石にさすらい、明石の君に親しんだ源氏が召還されて上京する場面。源氏の別れの歌に対する、明石の思い屈した返歌、

年へつる苫屋も荒れてうき波のかへるかたにや身をたぐへまし

とうち思ひけるままなるを見たまふに、忍びたまへど、ほろほろとこぼれぬ。（明石巻）

「あなたが御出発の後は、長年住まった貧しい家は荒れはて、私も昔の淋しい生活に返ってしまうでしょう。その寄せ返る波に、いっそ身を投げてしまいたい気持です」と、思ったままの率直な返歌をごらんになると、がまんしてはおられたが、ほろほろと落涙なさった。

事情を知らぬ供人らは、この土地への名残の涙と思うが、かねて明石の君を知り、内心思いをかけていた近臣良清は、「おろかならず思すなむめりかしと、憎く思ふ」（ひどくお気に入っているらしい、本当はおれの女のはずだったのに、と憎らしく思う）。愛人の前ならぬ侍者の前での落涙ゆえの、やや滑稽味を含んでの「ほろほろ」である。

真木柱の巻では、玉鬘に思い移った夫、鬚黒大将に見切りをつけ、実家に帰る北の方に伴われる姫君が残した、「真木の柱は我を忘るな」の歌を見、立去る時の有様を聞いて、物語中ただ一人、武張った人物である鬚黒が、

男々しく念じたまへど、ほろほろとこぼるる御気色、いとあはれなり。

男らしくこらえておられるけれど、ついほろほろと涙のこぼれる御様子は、いかにもお気の毒である。と、これもあわれさに一抹のおかしみを交えて描いている。

残る一例は宇治十帖宿木の巻に見られる。愛する大君《おおいぎみ》に死なれた薫は、匂宮の妻となり、京の宮邸に引取られた中君《なかのきみ》に故人の面影を見出だして、思わずその袖をとらえる。自省して事なく終ったものの、その特有の移り香は袖に残り、匂宮に関係を疑われて言い解くすべもない中君は、

みなれぬる中の衣とたのみしをかばかりにてやかけはなれなんとてうち泣きたまへる気色の、限りなくあはれなるを見るにも、かかればぞかしといと心やましくて、我もほろほろとこぼしたまふぞ、色めかしき御心なるや。

「あなたと私の仲は、見馴れ、愛しあった水も漏らさない仲だと思っていたのに、斯《か》ばかり（香ばかり）の事で離れ離れになるなんて……」とお泣きになる様子の、何とも言えずいじらしいのを見るにつけても、こんなに愛らしいから薫も心をかけるのだと気持がいら立って、自分でもほろほろと涙をこぼされるというのも、何ともまあ色っぽいお心だ。

結局匂宮は、罪もない中君を恨み切ることができず、かえって機嫌を取るような形で仲直りとなる。最初にあげた須磨の巻の例に次ぐ、面白い「ほろほろ」の効果である。

以上、「泣く」「涙」を伴わぬ、「ほろほろ」の落涙表現四例、あわれの中にどこかユーモラスな味も含んだ、独特の修辞法として興味深いところである。

4. こぼる

「こぼる・こぼす」も二八例と多く、「ほろほろ」と伴った効果の程はさきに見た所であるが、この一語のみで深い印象を残すのが、真木柱の巻、養女と言いつつ特殊な愛情を抱いた玉鬘を思う源氏と、思わずも鬚黒大将の妻となった今、改めて源氏をなつかしむ玉鬘との、ひそかな思いをこめた贈答である。

「かきたれてのどけきころの春雨にふるさと人をいかに忍ぶや」……

「ながめする軒のしづくに袖ぬれてうたかた人をしのばざらめや」……
ひきひろげて、玉水のこぼるるやうに思さるるを……
「降り続く、閑静な春雨のこの頃、ふるさとに取り残された私を、どのように思い出していますか」（源氏）
「静かに眺める軒端から落ち続く雫とともに、涙にも袖はぬれて、ああ、どうしてあなたをおしのびせずに居られましょうか」（玉鬘）
この返事を開き見て、涙が玉水のようにこぼれるほどにお感じになるのを……
頭中将の涙ぐんでの打ちあけ話から二十年、母子二代にわたる数奇な恋物語をしめくくるにふさわしく、しとしとと降る春雨の中に、複雑委曲を極め、不倫とも言われかねないこの愛情関係を閉じめるべく、「玉水のこぼるるやうに」——透明な涙をもって、しかも涙を涙と言わずして飾る。使用数第四位の「こぼる・こぼす」の中でも出色の、美しくも秀抜な描写として印象に残るものである。

5. 浮く

「浮く」は一〇例であるが、自動詞四、他動詞六に分れる。
四段活用自動詞の「浮く」は、須磨流離を象徴する名場面、
独り目をさまして、枕をそばだてて四方の嵐を聞きたまふに、波ただここもとに立ちくる心地して、涙落つとも
おぼえぬに枕浮くばかりになりにけり。（須磨巻）
源氏の君は一人醒めて、枕から頭をもたげて四方を吹き荒れる風音を聞いておられると、波が今にもここに打

寄せて来るように思われて、涙が落ちるとも自覚しないのに、枕が浮き上りでもしそうな程に泣き濡れてしまわれるのだった。

をはじめ、「枕も浮くばかり」（柏木巻）「枕の浮きぬべき心地」（宿木巻）「枕のやうやう浮きぬるを」（浮舟巻）と、夜床に一人流す涙の量を強調する定番の表現として用いられるもののみである。

下二段活用他動詞は、重態からようやく回復した紫上に源氏の語りかける場面、

「……わが身さへ限りとおぼゆるをりをりのありしはや」と、涙を浮けてのたまへば、（若菜下巻）

「あなたの容態が悪くて、私まで一しょに死んでしまうと思った事も、何遍もあったよねえ」と、涙を浮かべておっしゃると、

のように、「涙を浮けて」の形で用いられるが、この語が飛びぬけて生彩を放つのは次の場面である。

須磨退隠を決意した源氏の許に、弟兵部卿宮・頭中将らが訪れる。「位なき人は」とことさら質素なやつれ姿に、髪を調えようと、

鏡台に寄りたまへるに、面痩せたまへる影の、我ながらいとあてにきよらなれば、「こよなうこそおとろへにけれ。この影のやうにや痩せてはべる。あはれなるわざかな」とのたまへば、女君、涙を一目《ひとめ》浮けて見おこせたまへる、いと忍びがたし。（須磨巻）

鏡台をのぞき込まれると、面やつれしたその映像が我ながら気品高く美しいので、「まあ、ひどく衰えたものだね。ほんとにこんなに痩せていますか。我ながらあわれなことだなあ」とおっしゃると、女君が涙を目に一ぱいに浮かべて見返される、その様子は、全く耐えられないほど悲しい。

同じ表現は、宇治十帖宿木の巻で、八宮も大君も没し、中君は京に去って主を失った宇治の宮を久々に訪れた薫が、

弁の尼と対面、

「いかにながめたまふらん、と思ひやるに、同じ心なる人もなき物語も聞こえんとてなん。はかなくもつもる年月かな」とて、涙をひと目浮けておはするに、老人はいとどさらにせきあへず。

「あなたがどんなにか淋しかろうと思って、私もほかに同感してくれる人もない昔話をしようと思ってやって来ましたよ。思えばわけもなく過ぎてしまう年月ですね」とおっしゃって、涙を目に一ぱいためていらっしゃる御様子を見て、老いた尼はまして全く涙をこらえ切れない。

とあり、他作品では管見の限り狭衣物語巻四、狭衣大将が斎院に言い寄る場面で、自動詞ではあるが「少しほほ笑みたまへるものから、涙は一目浮きたり」（少し微笑しながら、涙は目に一ぱいたまっている）を見る程度で、両者とも前引須磨のそれにくらべて、インパクトにおいて到底足下にも及ばない。

失意にありながらこれまでさりげなくもてなしていた源氏が、来客を迎える身支度に鏡を見て、はじめて自嘲的にその衰えを嘆く。それを聞く十八歳の紫上の心中、いかばかりか。答えるにも言葉なく、見返す両眼に大きな涙の玉が、長い睫毛《まつげ》に支えられて、落ちんとしてわずかに落ちず、かすかにふるえ、光っている。天にも地にもただ一人の庇護者である最愛の夫を、今見す見す失おうとする幼な妻の極限の悲しみが、「ひとめうけて」というただ六音に凝縮されて、これ以上、どのような悲嘆表現も不要の迫力であり、効果である。そして歌の唱和ののちも「柱隠れにゐ隠れて、涙を紛らはし」すのであって、号泣しないいじらしさの中にこそ深甚の悲しみが切実に表現されているのである。

他の文学作品にはほとんどあらわれないとしても、事もなげにここに用いているという事は、当時の口語的表現として誰にも親しいものであったという事であろう。雅俗にかかわらず、最もふさわしい表現を、最も適切な場にピタりと用いる。紫式部の卓抜な言語感覚、表現の幅広さ、作家としての力量の程を如実に見せつける好例、それがこの、「涙を一目浮けて」であろう。

6. まろがれたる髪

女性の涙の特殊な表現として、髪が涙で「まろがれたる」が三例ある。いずれも甚だしく泣き濡れた情景である。源氏はかねて心をかけた朝顔の斎院が、父の喪により斎院を退下したのをきっかけに、再び言い寄る。斎院は応じないが、夜離《よが》れがちとなった紫上は、「忍びたまへど、いかがうちこぼるるをりもなからむ」（それとはお見せにならぬものの、どうして涙のこぼれ出ない折があろうか）。心とがめる源氏は、「藤壷も太政大臣も亡くなって冷泉帝の補佐者が自分以外になくなったための繁忙だ」と言いわけし、

「……おとなびたまひためれど、まだいと思ひやりもなく、人の心も見知らぬさまにものしたまふこそらうたけれ」など、まろがれたる御額髪《ひたひがみ》ひきつくろひたまへど、いよいよ背《そむ》きてものも聞こえたまはず。（朝顔巻）

「大人になられたようだけれど、まだ世間の義理への思いやりもなく、私の辛い心の内も見知らないようなねんねでいらっしゃるのが、また一入かわいいことですよ」などと、涙に濡れて乱れもつれた額髪を撫でつくろっておあげになるけれど、ますます背を向けて、ものもおっしゃらない。

紫上の個性の一つに数えられる、愛らしい嫉妬の情景である。彼女もすでに二十四歳、もとより真相は推察しているから、源氏の甘言には乗らない。弱りはてた源氏が、何とか顔をのぞきこもうと、涙で丸まり額にはりついている髪をかき分け撫でつけるのを、いよいよ拒否してそっぽを向く。

相似た描写は、十年以前葵の巻の、十四歳の新枕の場面にも見える。「男君はとく起きたまひて、女君はさらに起きたまはぬあした」、すなわち彼女にとり青天の霹靂《へきれき》にも等しい初夜の翌朝、「御衣《おんぞ》ひき被《かづ》きて臥し」たままの初心さに扱いあぐねた源氏が、夜着を引きめくってのぞき込むと、「汗におし浸して、額髪もいたう濡れたまへり」。「まろがれたる」とこそないが、汗だけでなく涙も加わっての事に違いない。年たけても変らぬ、紫上の純な感情表出、つつましいがはっきりと自尊の念を持ち、なまなかの甘言では動かされない勁《つよ》い性格が、涙に濡れまろがれた額髪という生々しい具体的描写によって、くっきりと印象づけられる。

これに対し、真木柱の巻、玉鬘に心奪われた鬚黒大将の北の方は、

いとささやかなる人の、常の御悩みに痩せおとろへ、ひはづにて、髪いとけうらに長かりけるが、分けたるやうに落ち細りて、梳《けづ》ることもをさをさしたまはず、涙にまろがれたるは、いとあはれなり。

ごく小柄な方が、ふだんからの病身でやせ衰え、弱々しく、髪は大変美しく長かったのに、分け取ったように抜けてしまった上、櫛を入れる事もほとんどなさらないままに、涙でくしゃくしゃになっているのは、まことにあわれである。

逆境に打ちひしがれ、嫉妬の気力もない姿で、「まろがれたる」髪も笑止でこそあれ、美しいとは義理にも言えない。そのあわれさをここで存分に見せておけばこそ、後段、そわそわと出て行こうとする夫に、突然立ち上って火取を投げつけ、灰まみれにさせる逆上ぶりが、劇的シーンとして印象づけられるのである。

夕霧の巻、夫柏木に先立たれた落葉宮は、母御息所の病を養うため、ともに小野の山庄にこもる。見舞に訪れた夫の親友、夕霧が、思いもよらぬ懸想を言いかけ、拒否しても立去らず、結局事ありげな朝帰りの姿を目撃した祈祷僧から、すでに実事があったかのごとく母御息所に伝わってしまう。母君は「いとうく口惜しと思すに、涙ほろほろと

こぼれたまひぬ」。そしてともかくも娘に様子を聞こう、病で身動きもできないので、随分久しく逢わないような気がする、と「涙を浮けてのたまふ」。一方前夜からの不本意きわまる事態に、夕霧の後朝《きぬぎぬ》の文めかしい書状も見るどころではなく、思い臥していた落葉宮は、

渡りたまはむとて、御額髪の濡れまろがれたるひきつくろひ、単衣《ひとへ》の御衣《おんぞ》ほころびたる着かへなどしたまても、とみにもえ動いたまはず。

御息所の病室にいらっしゃろうとして、御額髪の涙で濡れてへばりついているのを解き直し、前夜夕霧に袖を引かれてほころびたお召物を着替えなどなさっても、早々に動かれるような状態ではいらっしゃらない。

女房から母の心労の様子を聞き、

されぱよ、といとわびしくて、ものものたまはぬ御枕より雫《しづく》ぞ落つる。

ああやっぱり、何かあったと誤解していらっしゃるのだ、と、全く情なくて、物も言わず突っ伏していらっしゃる枕から、涙の雫が落ちる。

以上、宮の描写には「涙」の一語もないにもかかわらず、男の身勝手と周囲の無責任な推測に追い込まれ、窮地に立った貴女の、申し開き一つできかねる口惜しさ、悲しさが、惻々として伝わって来る。

以上三例、身分・年齢・境遇を異にし、泣くに至る状況も心情もそれぞれの三女性の、それぞれの痛切な悲しみを、「まろがれたる」髪で象徴し、そこに各自の個性をも如実に描き出している。これもまた、紫式部ならではの見事さである。

7. よよと

多量の涙を流して号泣するさまの擬音語、「よよと」は四例にとどまる。「涙ぐむ」の対極にある泣き方ゆえに、慎重に用いられたものであろう。

急死した夕顔を抱く源氏の許に駆けつけた近臣惟光、意外な事態と主君の悲歎のさまに、

見たてまつる人も、いと悲しくて、おのれもよよと泣きぬ。（夕顔巻）

お見上げする者も大変悲しくなって、自分もおいおいと泣いた。

主を補佐して善処すべき立場も忘れ、途方にくれた若者の、無理もない姿である。

須磨の秋、十五夜の月を眺める源氏。

入道の宮の、「霧やへだつる」とのたまはせしほどいはむ方なく恋しく、をりをりの事思ひ出でたまふに、よよと泣かれたまふ。（須磨巻）

桐壺院崩後、宮中を退出した藤壺が、「内裏を霧が隔てているのでしょうか、明るいはずの月もはるかに思いやるばかりです」と歌をお詠みになった時のことが何とも言えず恋しく、さまざまの折の事をお思い出しになるにつけ、声をあげて泣けてしまわれる。

耐えていた流離の悲しみが、名月に触発されて、源氏としてほとんど唯一の号泣となっている。

宇治十帖に入って、大君の病重しと聞いて急行した薫は、大君の手を取る。

「……日ごろ、訪れたまはざりつれば、おぼつかなくて過ぎはべりぬべきにや、と口惜しくこそはべりつれ」

と、息の下にのたまふ。「かく、待たれたてまつるほどまで、参り来ざりけること」とて、さくりもよよと泣きたまふ。（総角巻）

「この頃おいでがなかったので、このまま死んでしまうことかと残念に存じておりました」と、苦しい息の下におっしゃる。「そんなにお待ちいただくまで、お見舞にも上らなかったなんて……」と、しゃくりあげ、声を立ててお泣きになる。

「さくりもよよ」は常套表現で、狭衣物語の二例は共にこの形であるが、それよりはるかに長大な源氏物語ではこの一例のみである。薫の性格と状況からして、きわめて適切な用い方である。

浮舟をめぐる薫と匂宮の三角関係が破局に至る直前、双方の文を同時に受取って心乱れる浮舟の、宮への返歌、

「かきくらし晴れせぬ峰の雨雲に浮きて世をふる身をもなさばや――まじりなば」と聞こえたるを宮はよよと泣かれたまふ。（浮舟巻）

「どっちつかず、生きているだけの私の身を、いっそまっ暗で晴れる時のない山の雨雲にしてしまいたいものです――あれにまじったらどんなに気が楽でしょう」と申上げたのをごらんになって、宮は声を出して泣けてしまわれた。

前引須磨とこの例では、「泣かれたまふ」と自発の形を取っている。自然に泣けてしまって止めようがない、という形で、夕顔・総角とは異なる状況を巧みに描出している。周到な筆づかいと言うべきであろう。

8. 俗語的表現

「涙を一目浮けて」に見たごとく、紫式部は描写すべき人物と状況に応じ、実に多面的に「涙」の表現を使い分けている。もとより歌語およびこれに準ずる雅びな表現は、「しほたる」「露けし」「涙川」「涙の玉」「紅《くれなゐ》の涙」「海人《あま》も釣すばかり」「涙の雨」「涙の滝」「涙の澪《みを》」と、枚挙にいとまないが、同時に他の文学作品にはあまり見当らない、俗語的と思われる言葉も自在に使いこなし、それぞれに効果をあげている。

（1）いやめ

辞書類では「否眼」「嫌眼」「厭眼」などの字が宛てられ、いわゆる「べそをかく」事、あるいはその目つきである。栄花物語、あさみどりの巻に、父粟田口道兼の死によって入内の本意を遂げず、道長女威子の後一条天皇入内に女房としての出仕を求められた姫君の母北の方が、「いやめなる子供のやうにうちひそまり給ふ」（べそっかきの子供のようにしかめ面をなさる）とあるのが、他作品の僅かな用例であるが、源氏物語では四例、いずれも宇治十帖に集中している。

早蕨の巻、大君の死によって、薫は、

尽きせず思ひほれたまひて、新しき年とも言はず、いやめになむなりたまへる。

いつまでも物思いにふけっておられて、新年というのに、涙ぐんでばかりいらっしゃる。

しかし種々の経緯の果てに、東屋の巻で大君によく似た異母妹浮舟を得、宇治に伴う。同行する弁の尼が大君の事を思って泣き顔をするのに対し、事情を知らぬ浮舟の女房、侍従は、いと憎く、もののはじめに、かたち異《こと》にて乗り添ひたるをだに思ふに、なぞかくいやめなると、憎くをこに思ふ。

ほんとにいまいましく、おめでたい事の始めに、縁起でもない尼姿で同車するのさえ嫌だのに、なんでこんなにべそをかくの、と、憎らしくもばかばかしくも思う。

その後、薫と匂宮との秘密の三角関係に思い余った浮舟は、宇治川に投身しようとして横川の僧都とその妹尼に助けられ、小野の里にかくまわれる。薫と匂宮は浮舟が死んだものと思ってそれぞれに悲しむ。匂宮は、

人には、ただ、御病の重きさまをのみ見せて、かくすずろなるいやめのけしき知らせじと、かしこくもて隠すと思しけれど、おのづからいとしるかりければ、（蜻蛉巻）

他人にはただ、重病のように見せかけて、こんな理由もない涙顔の様子は知らせまいと、上手に隠しているとはお思いだけれど、自然にそんな様子ははっきりわかってしまうものだから、

薫もそれとさとり、面白くない気持ながら、見舞に訪れてそれとなく浮舟の事を語り出し、互いに本心は明かさぬま、複雑な気持で別れる。

小野の尼は、浮舟を亡くなった娘の再来とも思いかしずくうち、娘婿であった中将の来訪を得、娘の生前を思い出すようなもてなしをするにつけて、

いとどいや目に、尼君はものしたまふ。（手習巻）

いよいよ涙目に、尼君はなっていらっしゃる。

いずれも優雅ではないが簡明で実感のこもった表現で、尼二例は栄花物語の例とも共通する年輩女性の愚痴な涙だが、同じ語を薫・匂宮という主・副主人公にも用いているあたり、光源氏の物語本編とはやや違った現実性をも感じ

させる。

（2）かひをつくる

「貝を作る」で、口をへの字にして、貝の輪郭のような形を作る、すなわちこれも「べそをかく」意である。他作品では、時代を降って宇治拾遺物語巻第五の九、「御室戸僧正事、一乗寺僧正事」に、一乗寺僧正増誉が、愛童の呪《じゅ》師《し》、小院《こゐん》を、寵のあまり出家させ、近侍の法師にしてしまったが、徒然の紛れに呪師芸能を見たいと、もとの装束・鳥兜をつけさせたところ、「露昔に変らず、僧正うち見て、かひを作られける」（全く出家以前の姿に変らず、僧正はこれを見て、泣きべそをかかれた）とある。「いやめ」より一層滑稽味を増した表現であるが、これは二例、いずれも明石入道の表現として用いられている。

長い流離から帰京のため、いよいよ源氏は出発する。見送る明石の君の父入道は、

「今はと世を離れはべりにし身なれども、今日の御送りに仕うまつらぬこと」など申して、かひをつくるもいとほしながら、若き人は笑ひぬべし。（明石巻）

「もはや俗世を棄てた身で、執着を持つべきではありませんが、今日のお出ましのお見送りにお供できませんのが残り惜しく……」などと言って、べそをかくのも気の毒ながら、その顔の滑稽さに若い人達は笑ってしまいそうだ。

やがて明石の君は姫君を出産、源氏はその将来を期待して、自ら乳母を選定派遣し、五十日《いか》の祝をも手厚く配慮するので、

入道、例の、喜び泣きしてゐたり。かかるをりは、生けるかひもつくり出でたる、ことわりなりと見ゆ。（澪標巻）

入道は例によって嬉し泣きしていた。こんな時には、同じ「かひを作る」――べそをかくにしても、それこそ生きている甲斐を作り出したというもので、まことに泣くのももっともだと見える。

頑固一徹の老人の泣顔と、これを見る周囲の反応が、海辺の物である「貝」をも掛言葉としつつ、滑稽に、しかしあわれ深く描き出されている。

（3）つぶつぶ

五節末にあげた夕霧巻の続きに当る部分、種々の行違いの末、これまでの落葉宮の不運をくどくどと繰返す母御息所の長台詞《ぜりふ》の終りを、「つぶつぶと泣きたまふ」としめくくっている。涙が粒になってぽたぽた落ちるさまで、うつほ物語、楼の上上にも、年老いた兼雅が旧宅の庭を見まわって昔をしのび、「涙のつぶつぶと落ちたまふを」と用いられており、「ほろほろ」よりも多量に、前後の見境いなく流す涙の形容として適切である。蜻蛉日記中巻、石山詣の船中でも、男共の歌を聞いて「つぶつぶと涙ぞ落つる」と用いられているが、ここでは「涙」を表に出さず、「つぶつぶと泣きたまふ」とのみしている事で、老人のくどくどしい愚痴のあげくにこぼす大粒の涙、というイメージが言わずしてくっきり浮び、非常に効果的である。

以上、僅かの例であるが、優雅でない俗語を時に用いる事で、人物を生き生きと描き出すのも紫式部の文章の特色で、「涙」のあり方にその場その場の具体性を与え、単調に陥らせない巧みな手法である。

おわりに

以上、源氏物語における「涙」の種々相を検討して来た。紫式部の生きた時代、生きた社会においては、後代のように男性の涙が忌まれる事はない。しかし、貴人は男女ともに「さまよく」泣く事があるべき姿とされ、夜の床で「枕も浮くばかり」泣きぬれ、女性は「額髪がまろがれる」ほどであっても、人前では「涙ぐみ」、「おし拭《のご》ふ」程度にとどめるのがたしなみであった。そのような制約の中でこそ、「ほろほろとこぼれる涙」、「顔面を隙なく流れる涙」、更には「よよと泣かれる涙」という例外的な泣き方が生彩を放ち、涙の主の心情を活写するのである。

一方、老人ともなれば身分にかかわりなく「涙もろ」な特性が容認され、「いや目」をつくり、「目を拭ひただらし」、「鼻の色づくまでしほたれ」、「かひをつくる」姿が描かれると共に、これを見る若い者の「いとほしながら笑ひぬべく」、「憎くをこに思ふ」心情を対比する事によって、世代差による悲哀と滑稽が非情なまでに浮び上り、時代を超えた人間社会の真実相を表現するに至る。

このように「涙」を通じて平安朝社会文化の一端を描き出した紫式部は、更に進んで時代・社会にかかわらぬ人間性の真実そのものに迫っている。それが、「涙ぐむ」の項に指摘した、「涙」と「ほほ笑み」の両立、共存――「悲しみの極にあって笑う」という、一見矛盾した、しかし人情の機微を衝いた警抜な描写である。「涙ぐむ」と「ほほ笑み」とが直接相連なっていないために同項ではふれなかったが、引用した若菜上と相似た場面として、宿木の巻、匂宮が宇治中君を妻として京の自邸に引取りながら、一方夕霧の六の君に婿取られた初夜、朝帰りの描写がある。

いみじく念ずべかめれど、え忍びあへぬにや、今日は泣きたまひぬ。……こぼれそめてはとみにもえためらはぬを、いと恥づかしくわびしと思ひて、いたく背きたまへば、強ひてひき向けたまひつつ、「聞こゆるままに、あはれなる御ありさまと見つるを、なほ隔てたる御心こそありけれな。さらずは夜のほどに思し変りにたるか」とて、わが御袖して涙を拭ひたまへば、「夜の間の心変りこそ、のたまふにつけて、推しはかられはべりぬれ」とて、すこしほほ笑みぬ。

中君は、それまでの経緯については懸命にこらえておられたが、耐えきれなくてか、今日は泣いてしまわれた。……涙がこぼれはじめてはすぐにも止められないのを、大変はずかしく辛いと思って、無理にも顔をそむけておられるので、宮は強いて自分に引き向けるようにされながら、「私の言葉を信じて、いとしい御様子と思っていたのに、やっぱり隔て心がおありだったのですね。それとも、夜の間に心変りなさったのですか」とおっしゃって、御自分の袖で涙をぬぐっておあげになると、「夜の間の心変りという事こそ、おっしゃるにつけて、お察しできますわ」とおっしゃって、少しほほ笑まれた。

泣き、そして微笑する中君。見事な切り返しに意表を衝かれた宮は、「げに、あが君や、幼《をさな》の御もの言ひやな」（まあ、あなた、何て赤ちゃんみたいな事を）と言いつつ、以前にまさる愛情を感じてしまう。窮地に立って自恃を失わず、巧まずして男の心を引き戻す、涙と笑い。紫上のそれとはまた異なる、見事な対応である。

紫式部は、涙を涙としてのみは描かなかった。貴賤老若、悲喜こもごもの人間性の表出として、七三通りにも及ぶ多様な語彙をもって自在に描写し、劇的な場面を目に見るごとく演出している。しかも表現は簡潔的確、極限まで切りつめた短文をもって百の現代語訳にまさる効果をあげていること、「涙を一目浮けて」に指摘したごとくであり、同様の例は、最愛の更衣を失い、「ただ涙にひちて」（涙にひたって）明かし暮らす桐壺帝を「見たてまつる人さへ露けき秋なり」（お見上げする近侍者まで涙がちな秋である）、また朝顔斎院への久しい恋心を再燃させた源氏の贈歌、「見しをりのつゆ忘られぬ朝顔の花のさかりは過ぎやしぬらん」（見た時の事が少しも忘れられない朝顔――あなたの盛りのお美しさは過ぎ去ってしまったのでしょうか、まさかそんな事はないでしょうね）に対する斎院の返歌、「秋はてて霧のまがきにむすぼほれあるかなきかにうつる朝顔――似つかはしき御よそへにつけても、露けく」（秋が過ぎて、霧の立つ垣根に辛うじて残り、あるかなきかに衰えた朝顔――今の私に似合いの御たとえにつけても、涙がにじみます）における、「露けし」

一語の含意の深さにも明らかである。

ただ「涙」一つを素材に、かくも豊かな人間世界を描き出し、万古変らぬ人情の自然を深くえぐって、はるか後代の読者にまで深甚の感動を呼び起す紫式部の筆、そしてこの名作を成立せしめた当代社会の文化に、心からの敬意を払わずには居られない。

［コラム］義経の〈涙〉――『平家物語』から『義経記』へ

源　健一郎

『平家物語』（延慶本）の義経は、二度、〈涙〉を流している。一度目は、黄瀬川で兄頼朝と対面を果たした時のこと、兄弟はともに、「終夜、昔今ノ事共ヲ語テ、互ニ涙ヲ流ス」のであった。二度目は、頼朝の命で義仲一行を討滅し、戦後処理を終えた時のことである。かつての師、東光坊に再会するため、義経は、鞍馬に当山した。その様子を物語は、次のように伝えている。①

夜ニ入レバ御堂ニ入堂シテ、終夜昔申シ本意遂タル由ヲ被申テ、チトマドロミ給タルニ、御宝殿ノ内ヨリ八十有余老僧出給テ、「汝ニ是ヲトラセムトテ置タルゾ」トテ、白サヤマキヲ給ワルト見テ、打驚テ傍ヲ見給ヘバ、夢ニ示シ給タル鞘巻也。弥《いよい》ヨタノモシク思テ感涙ヲ流ツヽ、師ノ坊ニ返テ、「カクナム」ト被申ケリ。東光坊是ヲ見テ、「誠ニ毘沙門ノ放チ思食《おぼし》メサヾリケルニヤ」トゾ被申ケル。義経シバラク候テ、「心閑《しずか》ニ可申事候ヘドモ、京都モオボツカナシ。又コソ候ハメ」トテ被下向ケリ。　（延慶本『平家物語』第五本・十三「義経鞍馬へ参ル事」）

御堂に参詣した義経は、宝殿から現れた老僧から鞘巻（鍔のない短刀）を与えられる夢想を得た。目覚めた義経は、自らの傍らに、その鞘巻が実際にあることに気づいて感涙にむせぶ。義経から経緯を聞いた東光坊は、これを毘沙門の霊験であると説いた。この後、貴船に詣でた義経は、神主から白羽の鏑矢を賜ったともいう。仏敵から仏を守護する武神、毘沙門と、これを祀る聖地、鞍馬の地主神、貴船明神から加護を得た義経は、〈法悦の涙〉によってそれに応えているのである。

東光坊とは、鞍馬寺十院九坊の一つで、幼少の義経がここに住する阿闍梨のもとに身を寄せたことが、『平治物語』や『義経記』に語られている。②　両本での義経が、その修行の過程で〈法悦の涙〉を流すことはない。しかしながら、『平家物語』では、鞍馬を再訪した義経に、〈法悦の涙〉を流す姿が描かれるのである。義経の〈法悦の涙〉は、『平家物語』の本筋とは特に関わらない。にもかかわらず、物語が〈法悦の涙〉を語る意図は何であろうか。

①　義経鞍馬参詣は、『平家物語』諸本のうち、延慶本・長門本に記事が載せられる。なお、覚一本等の語り本系諸本には、いわゆる「腰越状」の文面として、「紅涙」に咽ぶ義経の様子が伝えられている。

②　一類本『平治物語』下「牛若奥州下りの事」、『義経記』巻第一「牛若鞍馬入の事」

引き続き義経は、西国・四国に拠点を回復した平家一門を討つべくいくさを続けるのだが、その過程において、彼には〈情け〉ある武士としての側面が描かれていく。③

たとえば、一ノ谷合戦で生け捕りになった重衡に対して、義経は、「内へ入セ給、御休息有レ」と清潔に整えられた一室を準備し、その心中を察して労っている（第五末・六「重衡卿ヲ実平ガ許ヨリ義経ノ許へ渡ス事」）。重衡は『平家物語』でもっとも〈涙〉に彩られる貴公子の一人であるが、義経はその〈涙〉に寄り添う〈情け〉ある武士として描かれるのである。④

壇ノ浦合戦での生け捕りを都に連行する際にも、義経には同様の姿が描かれる。明石浦に着いた一行、特に女房たちは風雅の地であるだけになおさら悲哀が増し、「指ツドヒテ、忍音ニテ泣ツヽ、鼻打カミナンドシケル」とか、「甲斐無キ御涙ノミ、ツキセザリケリ」という様子であった（第六本・「安徳天皇事　付生虜共京上事」）。義経は、「東夷ナレドモ、優ニ艶アル心シテ、物メデシケル人ナレバ、身ニシミテ哀レトゾ被思ケル」と、彼女たちの〈涙〉に寄り添う〈情け〉を見せるのである。

都に入った一行の中でも、特に哀れを誘ったのは、平家の当時の棟梁、宗盛である。「物ノ心ナキ、アヤシノシヅノ男シヅノ女ニ至マデ、涙ヲ流シ袖ヲ絞ラヌハ無リケリ」と、平家の栄華を知る人々は、生け捕りになった宗盛と平家一行を見て〈涙〉を流した（第六本・「平氏生虜共入洛事」）。その宗盛の車の牛童を務めていたのは、かつて宗盛に仕えた牛童の弟であった。牛童の弟の願いは、義経に「泣々」申し入れられたものであり、義経は「判官サル人ニテ哀ガリテ「ナニカハ苦カルベキ」」と〈情け〉をかけて許したのだという。念願叶った牛童には、平家ゆかりの諸所で〈涙〉を流しつつ、宗盛の車を遣る様子が描かれている。また、宗盛父子を鎌倉へと連行する際にも、「情深人」義経は、命乞いをする宗盛に、自らの勲功の賞としてその命を申し受ける旨、約束している（第六本・「大臣殿父子関東へ下給事」）。実現すべくもないことだったのだが、ここに一縷の望みを見いだした宗盛は、〈涙〉を浮かべて義経に感謝するのであった。

他にも、自らの立場を保つため、〈涙〉ながらに義経に娘を嫁がせることを決めた平時忠に対して、義経は「情アル者」として振る舞っている（第六本・「時忠卿判官ヲ婿ニ取事」）し、都に連れ戻されて間もない建礼門院に対しても、義経は「アヤシノ人マデモ情ヲ当ケル人ナレバ、マシテ女院ノ御事ヲバ、ナノメナラズ心苦事ニ思奉リテ」、様々な援助を施している（第六本・「判官女院ニ能当奉事」）。建礼門院は、壇ノ浦で入水した安徳帝の面影を求めて、「忍モアヘサセ給ハズ、ヲメキ叫セ給ヒケル」と〈涙〉に咽ぶばかりであった。

敗者である平家一門の〈涙〉に寄り添う〈情け〉ある武士、義経の人物像は何を物語るのであろうか。既に指摘のあるように、義経が物語の享受者と一体となって〈情け〉を施すことは、平家一門の亡魂は鎮められねばならないという感性を醸成することになるであろう。『平家物語』を、平家一門に対する鎮魂の物語として享受者に理解させるために、その推進役の一人としての役割が義経に担わされたと言えよう。平家を滅びに追いやった当事者、源氏の武士が〈情け〉をかける以上、悪行故の因果応報という因果律による拘束から放たれ、物語中の人々も、物語の享受者も、滅びゆく平家一門に心おきなく〈情け〉をかけ、〈鎮魂の涙〉を手向けることが可能になるのである。

それではなぜ、〈情け〉ある源氏の武士は、義経でなければならなかったのか。物語に登場する源氏の武士のうち、たとえば頼朝にはその資格もありえたのではないか。ところが、物語は頼朝を「魔王像頼朝」とも評すべき苛烈な姿として描く。⑤新たな時代を支配する権力者に、敗者への〈情け〉は似つかわしくないのである。

一方で、『平家物語』の視界には、来るべき義経の滅びが見通されていたのであろう。滅びゆく者に〈情け〉をかけた義経は、『平家物語』の扱う時間枠の次の段階では自身が逆に滅びゆく者となり、人々から〈情け〉を受け、〈鎮魂の涙〉が手向けられることになる。そこで重要な意味を持つのが、先の義経の〈法悦の涙〉である。鎮魂の対象となる者には、仏道に対する真摯な帰依があるべきであった。『平家物語』は、その将来の滅びを見据えながら、義経に〈法悦の涙〉を流す機会を与えたのではないか。そうした義経の姿は、平家一門に〈情け〉を施す人物像として、そぐわしいものでもあったはずである。

しかしながら、『平家物語』において、義経の滅びの過程が詳細に物語られることはない。源平盛衰記が比較的詳しいが、それでも義経の死については「南無阿弥陀仏ト唱テ、女房ヲ左脇ニ挟カトスレバ、頸ヲ掻落テ、右ニ持タル刀ニテ我腹掻割テ打臥ニケリ」（巻四六「義経始終有様」）とするばかりで、先述した鞍馬詣の件も見えず、義経鎮魂の問題には無頓着である。ただし、延慶本の場合、吉野で忠信が身代わりになる辺りで叙述が途絶しており、その先に義経鎮魂の物語を準備していた可能性はある。いずれにせよ、現存諸本を見る限り、『平家物語』（特に延慶本）は、〈法悦の涙〉と〈情け〉という義経鎮魂の必要条件のみを物語中に整えておいたということになるのであろう。

③　壇ノ浦合戦後、平家一門が物語において〈涙〉の対象となるのと同調して、義経が「なさけ」ある人へと一変することについては、高木信氏「感性の〈教育〉―〈日本〉を想像する平家物語」（『平家物語・想像する語り』二〇〇一初出一九九五　森話社）に指摘がある。こうした変化も、平家鎮魂という機能論的な回路の中に回収され、物語の享受者が物語の中の〈涙〉や〈情け〉と同化していくことが論じられている。

④　覚一本等の語り本系諸本や源平盛衰記では、重衡への法然による授戒の実現も、義経の「後世ノ情ニ」（盛衰記巻三九「重衡請法然房」）という計らいによるものであったとする。

⑤　水原一氏「『平家物語』巻十二の諸問題」（『中世古文学像の探求』一九九五年　初出一九八三年　新典社）

かくして、義経の鎮魂は、『平家物語』以外のテキスト、『義経記』のような義経の滅びを語る物語に託されることになる。実際、『義経記』の義経は、しばしば〈涙〉を見せているし、義経の周りにも〈涙〉が溢れている。巻第四「土佐坊義経の討手に上る事」で義経は、手下の江田源三の死に立ち会い、〈鎮魂の涙〉を流している。『平家物語』の「嗣信最後」を想起させる場面である。また、巻第五「忠信吉野に留まる事」でも、自分の身代わりとして吉野に残る忠信から、義経は、故郷への遺言を聞き預かり、主従ともに〈涙〉を流す。故郷の母の世話さえ託すことができれば、後々の自分たち（嗣信・忠信兄弟）の追善供養も必要もないと忠信は言うものの、二人の〈涙〉には、鎮魂の思いも込められたものと言えるだろう。

また、巻第七「如意の渡にて義経を弁慶打ち奉る事」における〈涙〉は、滅びゆく者として義経一行が流した〈涙〉である。如意の渡で、渡守に正体を見破られそうになった際、弁慶は手にした扇で義経を打擲し、危機を脱する。無事に川を渡って、渡し守の目が届かなくなった所で、弁慶は義経に無礼を詫びる。

判官の御袂に取付きて、声を立てて泣く〳〵申しけるは、「何時まで君を庇い参らせんとて、現在の主を打ち奉るぞ。冥顕の恐もおそろしや。八幡大菩薩も許し給へ。浅ましき世の中かな」とて、さしも猛き弁慶が伏転《まろ》び泣きければ、侍ども一つところに顔をならべて、消えいる様に泣き居たり。判官「これも人の為ならず。斯程まで果報拙き義経に、斯様に心ざし深き面々の、行末までも如何と思へば、涙の零《こぼ》るゝぞ」とて、御袖を濡らし給ふ。各々この御ことばを聞きて、猶も袂を絞りけり。かくする程に日も暮れければ、泣く〳〵辿り給ひけり。やゝありて北の方、「三途の河をわたるこそ、著《き》たる物を剝がるゝなれ。少しも違はぬ風情かな」とて、岩瀬の森に著《つ》き給ふ。

（『義経記』巻第七「如意の渡にて義経を弁慶打ち奉る事」）

弁慶の言とその〈涙〉からは、義経一行の置かれた状況が、源氏の守護神、八幡神にさえどうにもできないものに陥っていることが読み取られるだろう。また、果報の拙さ、行末の不安を自覚して〈涙〉を流す義経には、既に自らが滅びの過程にあることが自覚されてもいる。『平家物語』において、平家一門とその周りで流された〈涙〉と同質の〈涙〉が、『義経記』の義経とその一行の周りには溢れているのである。

一方、『義経記』巻第八冒頭の「継信兄弟御弔の事」には、〈鎮魂の涙〉が充満している。平泉に身を寄せた義経は、佐藤嗣信・忠信兄弟の供養と、それぞれの遺子の元服を取りはからう。兄弟の供養に際して義経は、「その次《ついで》に四国西国にて討死したる者ども、忠の浅深にはよるべからず。死後なれば名帳に入れて弔へ」と弁慶に命じる。弁慶は、延喜・天暦の聖帝にもまさる計らいであると〈涙〉を流し、僧たちを請じる。その僧たちも「且《かつう》は御志の程を感じ、且は彼等が事を今一入《ひとしお》不便に思ひ、しきりに涙にぞむせびける」であった。義経に縁を結んだ者たちに手向けられる〈鎮魂の涙〉が、その場にいる者すべてに共有されていると言えよう。

また、遺子たちの元服の烏帽子親となった義経は、「今日よりしては、義経を父と思へ」と〈涙〉ながらに語りかけ、その様子を見守る一行も「声をたててぞ泣きにける」であったという。遺子たちの祖母（兄弟の母）である尼公は、父（嗣信・忠信）のように義経に忠節を尽くすよう教戒しており、義経一行はここに、次の世代の従者を得たことになる。そして、彼らの世代こそが、滅びゆく義経一行を弔う鎮魂の主体として期待されることになる。物語の享受者は、遺子たちの立場に寄り沿いながら、佐藤兄弟供養の場に流れる〈涙〉に共感しつつ、義経一行に〈情け〉と〈鎮魂の涙〉を手向けるのである。

秀衡の死後、その子、泰衡は義経を裏切り、衣河で合戦となる。義経の従者たちは次々討たれ、ついに片岡八郎と弁慶の二人となる。主人との最後の対面を望んだ弁慶が屋敷に入ると、義経は「法華経の八巻をあそばしておはしましける」ところであった。死後、三途の川で再会することを誓い合い、別れ際に弁慶は〈涙〉ながらに歌を読みかけ、義経もそれに応じて歌を返す。

六道の道の衢《ちまた》に待てよ君後れ先立つ習ありとも

かく忙はしき中にも、未来をかけて申しければ、御返事に、

後の世も又後の世も廻り会へ染む紫の雲の上まで

（『義経記』巻第八「衣河合戦の事」）

義経の法華経読誦の目的は、義経一行の鎮魂であった。すぐ次の来世には達成されないにせよ、輪廻の果てのいつしか、弁慶をはじめとする義経の従者たちが「紫の雲の上」（浄土）に往生するように願っているのである。それ故、弁慶に対する最後の命は、「読み果つる程は、死したりとも、われを守護せよ」であったのである。こう述べる義経の目に〈涙〉はない。現世における義経との離別を惜しんで〈涙〉する弁慶とは対照的である。現世への執着を断ち切った境地で、義経は法華経読誦に励むのであった。

『義経記』に伝えられる義経の死に様は無惨である。義経の自害の方法は、「疵の口を三方へ掻破り、腸を繰出し」といった様子であった。北の方の乳父である兼房に、北の方と二人の子を殺させ、三人とも自分の手の届く範囲に横たえさせ、そのまま屋敷に火を放つように命じて、息絶えたという（巻第八「判官御自害の事」）。しかしながら、その凄惨さにもかかわらず、物語は義経を、取り乱すこともない穏やかな姿として描いている。権力、従者、妻子、兄弟といった現世のすべてに対する執着を断ち切った義経を、物語は伝えたかったのかもしれない。

とはいえ、私たちは、『義経記』という作品だけから、義経の鎮魂を確信することは難しい。『義経記』の義経に、〈法悦の涙〉は描かれていない。それどころか、かつて南都に潜んだ義経は、当地の僧、勧修坊から熱心に勧められた出家を拒絶している。『太平記』巻二三「大森彦七事」や謡曲「八島」に描かれるように、死してなお、修羅の世界に迷い、戦い続ける義経のイメージも、中世の伝承世界に広がりを持っていた⑥。

『平家物語』の世界を再述するのを避けるように、『義経記』は義経の源平合戦時の活躍を省いている。義経の死の場面についても、『義経記』は、『平家物語』に描かれた義経のイメージを念頭に置きながら、あえてそれを再述することなく叙述を構成したのではないか。それは、鞍馬の仏法に帰依する〈法悦の涙〉と、滅びゆく者の〈涙〉に寄り添う〈情け〉ある武士という二つのイメージである。『義経記』が描く義経の〈鎮魂の涙〉と断執は、『平家物語』の義経の姿を前提にした時、物語の享受者に、義経とその一行に対する救済の可能性を実感させるだろう。それと同時に、義経一行に対する鎮魂の必要性を訴えるものともなるのである。義経の〈涙〉は、鎮魂という課題のもと、『平家物語』と『義経記』という二つの作品世界を結んでいるということができよう。

⑥　修羅道をさまよう義経については、池田敬子氏「中世人の義経像―文学にたどる―」（『軍記と語り物』四二　二〇

〇六―三）を参照されたい。また、義経が慰撫されるべき御霊として認識されていく過程を論じる樋口州男氏「御霊義経の可能性―敗者から弱者へ―」（『軍記と語り物』四二　二〇〇六―三）は、本稿の論旨にも重なる。

〔使用本文〕　延慶本『平家物語』（『延慶本平家物語』本文篇　勉誠社）、源平盛衰記（『源平盛衰記　慶長古活字版』勉誠社）、『義経記』（日本古典文学大系）

『平家物語』の〈涙〉――法悦、執着と鎮魂

源 健一郎

はじめに

軍記物語とは、権力を巡ってぶつかり、戦い、殺し合う、そうした人間の愚かな、しかしながら普遍的な姿を描く文学である。とはいえ、軍記物語は、決して戦争や動乱を肯定するものではない。物語は大抵、安定した権力とそれに統べられる新しい社会の誕生を言祝いで、一応の決着が付けられる。そういう意味では、勝者の権力に寄り添う物語と言えようが、一方で勝者は、常に冥界に旅立っていった敗者たちの影に怯えねばならなかった。敗者たちは怨霊となって天変地異をもたらし、次なる動乱を引き起こし、時に勝者を敗者へと貶めてゆくのである。

それ故に、敗者たちの後世《ごせ》における救済や鎮魂を物語ることは、軍記物語の大きな課題となった。そして、鎮魂という課題を抱える物語において、大きな意味が担わされているのが、物語に登場する人々が亡き人を悼んで流す〈涙〉である。鎮魂と〈涙〉の関係、さらにそこから見通される問題については、高木信氏に端的な説明がある。①

登場人物の流す涙は、悲しみを表出すると同時に、死亡した登場人物への鎮魂へとつながっていく。（中略）これらの〈涙〉が物語の登場人物の感情を指示していることはいうまでもないのだが、同時に享受者にも同一の感

情を共有させることにもなる。また〈涙〉の共有は、涙する享受者による鎮魂をも生成するのである。死亡した者に対する〈感情〉の表現方法を、享受者に対して示し、〈教育〉するのだ。

軍記物語における〈涙〉について考えるということは、作品内部の解釈の問題にとどまらず、中世社会において読み継がれ、語り継がれ、書き継がれた軍記物語に何が期待されたか、という問題につながっているのである。

同様の問題意識は、大津雄一氏によって、源平合戦時の王権の最高権力者、後白河院の〈涙〉に対する分析からも示されている。[2]『平家物語』灌頂巻で、建礼門院の語りを聞いて後白河院が流す「同情と悔恨の涙」は、享受者に後白河院が平家に対する加害の罪を認めたことを実感させる。平家の人々の魂は、その〈涙〉によって慰撫され、鎮められることが確信されることにもなる。と同時に、後白河院の〈涙〉は、物語の享受者による王権への不満・不快感をそれとなく解消し、亡魂を鎮める慈悲深い力が王権に備わっていることをそれとなく教育するものであると説く。

軍記物語に登場する人々が流す〈涙〉が鎮魂の物語の中に回収されること、〈涙〉によって醸成される感性が、物語の外側にいる享受者と共有され、ここに軍記物語の社会的意味の一端が見いだされること、軍記物語の〈涙〉を巡るこうした認識については、大枠において異存がない。しかしながら、より綿密に、物語における〈涙〉のありようを注視した時、鎮魂の対象である滅びゆく者たちの方にも、物語はある種の〈涙〉を要請していることに気づかされる。それは鎮魂の主体が流す〈鎮魂の涙〉を補完する〈法悦の涙〉とも言うべき〈涙〉である。

① 高木信氏「感性の〈教育〉――〈日本〉を想像する平家物語」(『平家物語・想像する語り』二〇〇一 初出一九九五 森話社)

② 大津雄一氏「後白河法皇の涙」(『軍記と王権のイデオロギー』二〇〇五 初出一九九八 翰林書房)

1．法悦と〈涙〉

軍記物語ではないが、最初にまず、鴨長明によって編まれた説話集、『発心集』の一話（巻二・三「内記入道寂心事」）を紹介したい。

初心の僧、寂心が、横川で増賀から『摩訶止観』の講義を受けた時のこと、増賀がその一節を口にするやいなや、寂心は「ただ泣きに泣く」という有様である。それを咎めた増賀は寂心を打擲し、一回目の講義はそのまま終えられてしまう。しばらくして再び寂心から申し入れがあり、増賀は二回目の講義に臨む。だが、やはり寂心は「前の如く泣く」。寂心は罵倒され、またもや講義を中断されてしまった。なおも寂心は諦めず、何とか増賀の機嫌を伺い、恐る恐る三回目の講義を受けることになるのだが、結局はまた、すぐに大泣きしてしまう。ところが、今回は増賀の方も〈涙〉を堪えきれない。増賀は、「まことに、深き御法のたふとく覚ゆるにこそ」と感極まった様子で、穏やかに講義を続けたという③。

寂心の俗名は慶滋保胤、漢詩文の達者、当代一流の知識人として知られたが、出家後は空也や源信に帰依し、内記の聖と呼ばれた人物である。寂心に纏わる他の伝承を見ても、彼はとにかくよく泣く人物である。この説話では、『摩訶止観』という仏教テキストの意味を理解するまでもなく、その深奥なる聖性に彼の身体が反応し、〈涙〉が溢れ出たのであろう。彼の〈涙〉は、仏法の聖性に触れた悦びに由来するもの、すなわち〈法悦の涙〉である。

一方、寂心に講義した増賀は、天台の聖地、多武峰中興の祖でありながら、名利を嫌い、道心を守るために、偽悪や奇行に走ったことで知られる聖である。増賀は既に、『摩訶止観』の説く意味を、彼なりには理解していた。それの『摩訶止観』を講じようとしていたのだが、〈涙〉を溢れさせる寂心の姿を三度にわたって目の当たりにし、彼は『摩訶止観』の説く仏法の真の価値、深奥なる聖性に改めて目覚めさせられたのであろう。彼が流した〈涙〉もまた、〈法悦の涙〉であった。

寂心、増賀はともに、天皇や貴族から庶民に至る多くの人々を仏法の真理へと導き、その魂を鎮めることに大きな役割を果たした聖である。そうした彼らの、仏法に帰依する身構えが、この説話の〈法悦の涙〉からよく読み取られるだろう。

仏教において、〈涙〉とは、ともすれば現世への執着を表し、忌避すべきものと見なされる。しかしながら、寂心と増賀の流した〈法悦の涙〉は逆に、鎮魂の主体としての彼らの適格性を保証しているのである。そして、彼らに教《きよう》化《け》された世俗の人々もまた、〈法悦の涙〉を流したはずである。その場合、そうした人々は、世俗にありながらも、将来に鎮魂されるべき者、後世に救済される資格を有する者と認められたことになる。鎮魂の主体である者にとっても、鎮魂の対象である人々にとっても、仏法に対する真摯な帰依の証として、〈法悦の涙〉を流す経験は重視され、物語られもしたことであろう。

次節では、平家一門の鎮魂を主題の一つとする『平家物語』が、その中に〈法悦の涙〉をどう位置づけているかについて、見ていくことにしたい。④

③　当説話が生成された背景については、三木紀人氏「増賀と寂心―その涙をめぐって―」（『国語と国文学』六一―十二　一九八五―十二）に詳しい。
④　以下、特に断らない限り、『平家物語』は延慶本をテキストとする。

2.〈法悦の涙〉を流す人々

重衡

一ノ谷合戦で生け捕りとなった平重衡は、「臨終ノ作法ヲモ尋ネ、後世ヲ誂《あつらえ》置」ために、「年来憑《たのみ》テ候シ聖人」法然と対面する（『平家物語』第五末・五「重衡卿法然上人ニ相奉事」）。重衡は自らの悪行、特に南都炎上の罪を懺悔し、悪人往生の道を法然に問う。法然は、「浄土宗の至要」称名念仏の功徳と信心の重要性を説く。重衡は、「ウレシク省《おぼ》シテ、随喜ノ涙ヲ流シテ」戒を授かり、手元の鏡を布施として差し出す。受け取る法然もまた、「只涙ニ咽《むせび》テ泣々」その場を立ち去った。重衡が流した「随喜ノ涙」とは、まさしく〈法悦の涙〉であると言えよう。

鎌倉へ下された重衡は、頼朝との対面後、南都へ向かわされ、その途中、木津川端にて斬罪されることになる。従者に阿弥陀三尊像を探し出させ、その前に座した重衡は、「弥陀如来ニ四十八ノ願マシマス。（中略）重衡ガ只今ノ十念ヲ以テ、本誓誤セ給ハズ、早引接シ給ヘ」と願い、十念を高声に唱えた（第六本・卅六「重衡卿被切事」）。重衡の目にもう〈涙〉はない。かつて流した〈法悦の涙〉によって、重衡の現世への執着は断ち切られているのである。浄土往生の絶対条件である断執は、重衡の〈涙〉なき死によって、重衡の死に立ち会う人々にも知られたことであろう。

そのまま重衡の首は斬り落とされる。それを見た人々は、「千万ト云事ヲ不知、皆涙ヲ流ヌハ無リケリ」であったという。悪人たる重衡に往生の可能性を見いだし、その死に様に共感して、人々は〈涙〉を流したのである。重衡の往生が確かなものであるよう、〈鎮魂の涙〉を手向けつつ人々は祈り続ける。『平家物語』において、死にゆく者の〈法悦の涙〉と、死を見とどける者の〈鎮魂の涙〉は、鎮魂の物語が成立するための一対の装置としてあると言ってよいだろう。

建礼門院

壇ノ浦合戦の後、大原に隠棲する建礼門院を後白河院が訪ねたことは、『平家物語』灌頂巻（一方流語り本系）でよく知られていよう。延慶本によれば、文治二年（一一八六）四月半ば、後白河院は寂光院で建礼門院と再会したという（第六末廿五・「法皇小原へ御幸成ル事」）。建礼門院は「猶モ此世ニ執心」を残していたが、現世における六道の体験と安徳帝に対する追憶の思いについて、「悲ノ涙」を浮かべつつ後白河院に語るうち、自ずから「道心」が定まっていくことを自覚する。

「法花経ヲヨミ、弥陀ノ宝号ヲ唱テ訪候ヘバ、サリトモ一業ハナドカ免《まぬかれ》ザラムト、憑《たのも》シクコソ侍レ。（中略）」ナムド、来方行末ノ事共、サマ〴〵ニカキクドカセ給、泣〳〵申サセ給ケレバ、法皇ヲ奉始、供奉ノ人々是ヲ聞給テ涙ヲ流ツ、……

安徳帝以下、平家一門への鎮魂の主体として、仏道修行に専心すべきことに目覚めるのである⑤。現世への執着に囚われていた建礼門院の「悲ノ涙」は、法皇やその供奉の人々を巻き込みながら、安徳帝や平家一門への〈鎮魂の涙〉へと転換していく。

建礼門院は、今回の後白河院の御幸が「可然《しかるべき》善知識」であったことに気づかされる。未だ「昔ヲ思食出ケル御涙」にも惑わざるをえない彼女であったが、後白河院が大原から立ち去ってから改めて持仏堂に入った建礼門院を、物語は次のように描写する。

念仏高声ニ申サセ給テ、「聖霊決定生極楽、上品蓮台成正覚（中略）、天子聖霊成等正覚、一門尊霊出離生死。悲

願必ズアヤマチ給ワズ、日来ノ念仏読経ノ功力ニ依テ、一々ニ成仏得道ノ縁ト導キ給ヘ」ト、泣々祈念セサセ給テ、御涙ニ咽セ給ケルコソ哀ナレ。

後白河院御幸という「善知識」の導きによって、建礼門院の道心は確固たるものとなったのである。この段階に至って、彼女の流す〈涙〉は〈法悦の涙〉であると言ってよいだろう。

そして、彼女は死を迎える。

朝夕ノ御行法不怠。御年六十八ト申シ貞応二年ノ春晩ニ、紫雲空ニタナビキ、音楽雲ニ聞ヘテ、臨終正念ニシテ、往生ノ素懐ヲ遂サセ給ニケリ。（第六末廿六・「建礼門院法性寺ニテ終給事」）

建礼門院には、静かで穏やかな〈涙〉なき死が語られている。后の頃から仕える二人の女房が、建礼門院との「別路《わかれじ》にまよひ」、「いまをかぎりのかなしさに、こゑもおしまずなきさけぶ」中で、その往生が描かれる覚一本の描写（灌頂巻「女院死去」）とは、様子が異なる。延慶本では、彼女に仕えた二人の女房も含め、三人がともに断執の境地にあるかの如くに描かれるのである。

建礼門院の往生の後、物語は、改めて「善知識」による「莫大ノ因縁」の尊さを説く。后の位から降ろされ、源平合戦の「災《わざわい》」に遭わされたからこそ、女性としての罪障を克服して往生できたのだと、建礼門院の往生に至る因縁の逆説性、不思議さが述べられている。〈涙〉の質の問題から考えれば、「悲ノ涙」から〈鎮魂の涙〉へ、そして〈法悦の涙〉から〈涙〉なき死（断執と往生）へと、後白河院御幸という「善知識」によって導かれてきたことになろう。

建礼門院の往生の物語は、「日来ノ自利々他之行業、廻向ノ功力、冥途ニ到テ、御一類モ共ニ離苦得楽、疑ヒ有ジ者哉」と結ばれる。安徳帝や平家一門を弔う建礼門院の往生には、言うまでもなく、弔われるべき者たちの鎮魂が託されている。物語は最後に、その享受者に、安徳帝や平家一門に対する〈鎮魂の涙〉をともに手向けるよう誘うのである。

⑤　延慶本の建礼門院説話の特質については、佐伯真一氏「女院の三つの語り―建礼門院説話論―」（『古文学の流域』一九九六年　新典社）を参照されたい。

重盛

文治元年（一一五六）八月一日、平清盛の嫡男、重盛は四十三歳で病に伏し、帰らぬ人となった。直前の六月に都を吹き荒れた辻風に対する御占《みうら》で、「百日ノ内」に「禄ヲ重《おもんず》ル大臣ノ慎ミ」が生じるとされたことが現実となったのである（第二本・十九「辻風荒吹事」）。しかしながら、重盛本人は、自らの死を予め覚悟していたという。その夏、熊野本宮証誠殿に詣でた重盛は、権現に次のように祈願していた。

願ハ権現、金剛童子、子孫ノ繁栄不絶シテ、君ニ仕テ朝庭ニ交ルベクハ、入道ノ悪心ヲ和ゲテ、天下ノ安心ヲ得シメ給へ。若栄耀一期ヲ限テ、後昆ノ恥ニ及ベクハ、重盛ガ今生ノ運命ヲ縮テ、来世ノ苦輪ヲ助給へ。

（第二本・廿一「小松殿熊野詣事」）

父清盛の「悪逆無道」を諌め続けてきた重盛は疲れ切っていた。熊野権現の冥助を借りて、清盛の悪心を和らげるか、そうでなければ、一門の栄華の崩壊を目の当たりにする前に、権現の計らいによって浄土へ迎え入れてもらいたい。重盛はそう願ったのである。肝胆を砕いて祈念する様子を見守っていたある侍は、重盛の首のあたりから「燈炉ノ光ノ様ナル物」が立ち上がって明滅するのを目撃する。重盛の思いが権現に感応したのであった。

権現の神慮は、本宮からの帰り道、重盛自身にも早速告げられた。岩田川を歩いて渡る重盛の子息たちの浄衣が、川面には喪服の色に映って見えたのである。

内大臣是ヲ見タマヒテ、打涙グミテ、「重盛ガ所願、既ニ成就シニケルコソアムナレ。敢テ其ノ浄衣、着替ベカラズ。」トテ、別シテ悦ノ奉幣アリテ、ヤガテ其ノ浄衣ニテクロメマデ着給ヒケリ。サナキダニ岩田川ハ渡ルニ哀ヲ催ニ、波ニ涙ヲ諍《あらそい》テ、重盛袖ヲゾ絞リ給フ。人々アヤシトハ思ヘドモ、其ノ心ヲ得ザリケリ。

重盛は、子息たちが程なく喪服を着て自らの葬送にあたることを予知し、本宮に「悦ノ奉幣」を手向けた。重盛の〈涙〉は、熊野権現の神慮に対する〈法悦の涙〉である。そして、この〈法悦の涙〉が、物語の中で重盛の流す最後の〈涙〉となった。重衡にせよ、建礼門院にせよ、〈法悦の涙〉を流した後も、今際《いまわ》の時を迎えるまでは現世への執着と断執の思いとの間で揺れ、時に〈執着の涙〉をも見せてもいた。しかし、この後の重盛に、そうした素振りは全く描かれない。熊野から下向した重盛は、嫡子維盛を呼び、大臣葬送の折に用いる無文の太刀を与え、親への孝養の大事を説く。突然の事態に当惑する維盛は、父との別れを受け入れられず、〈涙〉を浮かべるのだが、一方の重盛の表情は「打エミ給」であった⑥。

それ故、重盛には、現世への執着から放たれた〈涙〉なき死が、穏やかにもたらされることになった。

運命限有事ナレバ、八月一日寅時ニ、臨終正念ニシテ、失セ給ヒヌルコソ哀ナレ。

（第二本・廿一「小松殿熊野詣事」）

臨終正念ミダレズ、二羽合掌ノ花ウルハシクシテ、十念称名ノ声タヘズ、三尊来迎ノ雲聳《たなびき》テ、九品蓮台ニ往生ストコソミヘテ候シカ

（第二本・廿六「院ヨリ入道ノ許へ静憲法印被遣事」）

後者は、院の使者、静憲法印が清盛に、後白河院が重盛の死を悼んでいることを説明する際に述べられているものである。院の弔意の真否はともかく、重盛の死が浄土往生として人々に認められていたことは確かであろう。

一方、重盛の死を見守った人々は、〈鎮魂の涙〉によって、彼の浄土往生を確かなものとし、また自らもそこに結《けち》

縁《えん》して浄土へと導かれんことを期待する。重盛北の方は、鳥のつがいが飛ぶのを見ても、常に「寡婦之涙」を流したという。屋島から戦場を離脱した維盛は、高野から熊野本宮へと巡り、父重盛の熊野詣を思い起こして「イトド袖ヲゾヌラサレケル」であった（第五末・十六「惟盛熊野詣事 付湯浅宗光ガ惟盛ニ相奉ル事」）。維盛の嫡子、六代もまた、高野から熊野本宮へと巡り、「祖父小松内大臣、父惟盛ノ御事、今更ニ思出ツヽ、スゾロニ涙ヲモヨヲシ給ケリ」であったのである（第六末・廿三「六代御前高野熊野へ詣給事」）。

⑥ 語り本系諸本では、「涙をはら〳〵とながいて」（覚一本巻第三「無文」）とあって、重盛にも〈涙〉が描かれる。三島明神の社に清盛の首が懸けられるという霊夢（語り本系では春日明神）を得た際も、延慶本の重盛に〈涙〉は描かれないが、語り本系の重盛は「こし方行すゑの事共、おぼしめしつゞけて、御涙にむせばせ給ふ」であったとされる。〈涙〉を通じて重盛の人物像を特徴付けようという意識は、重盛の〈涙〉の描写が限定的な延慶本に、むしろ顕著であると言えよう。

以上、『平家物語』の三人の登場人物を対象に、〈法悦の涙〉のありようについて、考えを巡らせてきた。〈法悦の涙〉を流す場面は、その人物の往生や鎮魂を物語る上での一つの転換点として定位されているのである。とはいえ、〈法悦の涙〉が『平家物語』の登場人物のすべてに語られるわけではない。次節では、〈執着の涙〉を流す中で死を迎える人々の姿を追ってみよう。

3.〈執着の涙〉を流す人々

清盛

治承二年(一一七八)十一月十二日、清盛の娘で高倉天皇中宮である徳子の出産が、間近に迫っていた。御産御祈の加持祈祷が行われる中、後白河法皇、平家一門をはじめとする御家人たちも参集し、その時を待った。

頭ノ中将重衡朝臣ハ、中宮亮ニテオワシケルガ、御簾中ヨリツト出テ、「御産平安、皇子御誕生」ト、高カニ被申タリケレバ、入道、二位殿ハ余ノウレシサニ声ヲ上テ、手ヲ合テゾ泣レケル。中〳〵イマ〳〵シクゾ覚シ。(第二本・八「中宮御産有事 付諸僧加持事」)

語り本系『平家物語』では「悦《よろこび》なき」とも表現される清盛の喜び様は、その〈涙〉によって印象的に描かれている。ただし、「イマ〳〵シ」とあるように、清盛の〈涙〉は、皇子生誕の場にはそぐわず、本来は忌み慎むべきものであったのだろう。このような清盛の姿と対照的なのが、嫡男重盛であった。喧噪の続く中、重盛は、

「天ヲ以テ父トセヨ、地ヲ以テ母トセヨ」ト祝ヒ奉テ、金銭九十九文御枕ニオキテ、ヤガテオトゞ、御ホゾノヲ、切奉リ給フ。

と、粛々と先例に則った儀礼や儀式を営み、冷静な対処を見せている。従来の権力層(王家・摂関家)の理想に適った姿である。それだけに、清盛の〈涙〉がいかに直情的で、非常識であるかが強調されることになるのだが、物語の享受者は、このような清盛の〈涙〉に、かえって好もしさを感じるのかもしれない。この後、清盛が外戚の立場を手に入れたことに象徴されるように、院政期から鎌倉期にかけて、武士たちは摂関家を凌駕する政治力を獲得してい

く。そうした新興の権力層である武士たちによって、時代は大きく動かされていくのである。清盛の直情的な〈涙〉は、新しく現れた権力者の新たな感性を物語る上で、格好の道具立てであったのかもしれない。

同じような描写は、重盛の死後、後白河院にそれを悼む素振りがないことを、その使者、静憲法印に清盛が詰め寄る場面にも見られる。院の非情を訴える清盛の態度は、「且《かつう》ハ腹立シ、且ハ落涙シテ、カキクドキ語ラレケレバ」というものであった（第二本・廿六「院ヨリ入道ノ許ヘ静憲法印被遣事」）。〈憤りの涙〉を見せながら、清盛は静憲に迫っている。ところが、静憲から反駁を受けた清盛は、「立腹ノ人ノ習、心マコトニ浅クシテ、袖カキ合セテサメ〲トゾ泣給ケル」とたちまち納得してしまう。そして、改めて重盛の死を思い起こし、〈哀しみの涙〉に暮れるのであった。感情の揺れを露わにする権力者の新しいイメージを形成するために、清盛の〈涙〉は楔のように描き込まれているのである。

以上の考察から明らかなように、清盛の〈涙〉は、鎮魂の営みの中に回収されるものではない。むしろ、それに抗う〈執着の涙〉であったといえよう。『平家物語』によれば、清盛の死は、焦熱地獄を思わせる熱病に「悶絶躃地《びやくち》」しながらの「アツチ死」である。その死の直前、「今ハ只一スヂニ後生ノ事ヲ願ヒ給ヘ」とすすめる妻の二位尼に、清盛は次のように遺言したという。

流人頼朝ガ首ヲミザリツル事コソ口惜ケレ。（中略）入道死テ後、報恩追善ノ営努々《ゆめゆめ》不可有。相構テ頼朝ガ首ヲ切テ、我墓ノ上ニ懸ヨ。其ヲゾ草ノ影ニテモ、悦《よろこばし》クハ思ワムズル。

（第三本・十三「大政入道他界事　付様々ノ怪異共有事」）

浄土往生を否定し、現世における執着の対象である「頼朝ガ首」を手に入れることのみを望みながら、清盛は死んでゆく。先に見た清盛の〈悦びの涙〉は皇子誕生に対する、〈憤りの涙〉〈哀しみの涙〉は愛子重盛に対する執着心から溢れ出た〈執着の涙〉であった。もし、実際に頼朝の首が清盛の墓に懸けられたならば、草葉の陰から〈悦びの涙〉を見せる清盛の姿が物語られたのかもしれない。

私たちは、清盛の〈涙〉を通じて、生涯、現世への執着に囚われ、後世においても救われることのない、彼の生き様と死に様を読み取ることができるだろう。清盛の〈執着の涙〉は、彼の魂が容易には鎮められないことを表象しているのである。

維盛

先に触れたように、屋島から戦線を離脱した維盛は、高野の滝口入道を訪ね、その導きによって出家し、熊野へと巡り詣でる。その道中、維盛とその一行、あるいは維盛を見かけた人々は、しばしば〈涙〉に暮れている。維盛の〈涙〉は、ほぼ一貫して都に残した妻子を思うものであり、維盛に同行した人々の〈涙〉もそれに共感してのものであった。維盛を見かけた人々の〈涙〉は、かつて栄華を誇った貴公子としての維盛の姿を惜しんでのものであった。いずれも現世に対する執着から催す〈執着の涙〉である。

那智の沖に漕ぎ出した船の上、滝口入道による懸命な説法の甲斐あって、維盛は入水の覚悟を定める。

「可然善知識」ト喜テ、忽ニ妄念ヲ翻シテ、西ニ向テ手ヲ叉《あざえ》テ、高声念仏三百余反、唱澄テ、即チ海ヘゾ入給フ。（第五末・十九「惟盛身投給事」）

念仏による往生が期待される様子で描かれてはいるが、死の間際まで「妄念」の中にあった維盛に、〈法悦の涙〉を流す猶予はなかった。彼の最後の涙は、あくまで〈執着の涙〉にとどまるのである。

一方、源平盛衰記に維盛の生存説が二つ載せられる（巻四十「中将入道入水事」）他、伝承世界において、維盛の落人伝説は様々に伝えられている。〈法悦の涙〉を流すことがなかった維盛の道心に、物語の享受者たちが如何に懐疑的であったかが窺われよう。

宗盛

清盛亡き後、平家の棟梁を務めた宗盛は、壇ノ浦合戦で生け捕りとなった。宗盛・清宗父子は、鎌倉に連行された後、再び上洛の道を辿り、近江国篠原で斬刑されることになる。「今日ヲ限リ」と覚悟した宗盛は、大原から湛敬という僧を請じるが、「御涙モセキアヘ給ハズ」という有様で訴えたのは、嫡子である右衛門督清宗と離ればなれにされた悲しさであった。愛子清宗に対する〈執着の涙〉である。湛敬は「今ハカク思食召マジキ御事也」と一喝し、教戒を続ける。

戒授ケ奉リテ、念仏勧申ケレバ、忽ニ妄心ヲ止テ、正ク西ニ向、掌ヲ合テ、高声ニ念仏百余返申給フ。

〈第六本卅四「大臣殿父子并重衡卿京へ帰上事　付宗盛等被切事」〉

いったんは断執に至って念仏に励んだかのように見えた宗盛であったが、斬り手の武士がその背後に回り込み、刀を振り下ろそうとした瞬間、「右衛門督モスデニカ」という執着の一言を発してしまう。そのまま宗盛の首は地面に落ち、その後は湛敬も斬り手も、甲斐のない〈鎮魂の涙〉を流すばかりであった。死のその瞬間に「妄心」に陥った宗盛の目に、〈法悦の涙〉が浮かぶことはなかった。息子に対する〈執着の涙〉を流す中でこの世を去ったのである。

時を経て、建礼門院は、大原を訪ねた後白河院に、龍宮城に宗盛や知盛らが居ならぶ夢を見たことを告げている〈第六末廿五・「法皇小原へ御幸成ル事」〉。執着の中で死んでいった宗盛は、畜生道を彷徨い続けていたのである。

序章に明らかなように、『平家物語』が仏教的な因果律に貫かれている以上、滅びゆく人々は反仏法的存在でなければならない。〈執着の涙〉は、滅ばねばならない人々の上に刻みつけられたその印である。しかしながら、実は、怨霊化しかねないそうした人々こそ、救済されねばならないはずである。故に、物語は、滅びゆく者を見守る人々の目に〈鎮魂の涙〉を描き、物語の享受者にもこれに共感するよう求めるのである。

一方、亡き人を弔う〈鎮魂の涙〉が有効であるためには、本来であれば、鎮魂の対象となる人々の真摯な仏道帰依がなければならない。滅びゆく人々の〈法悦の涙〉は、その有無を計る指標であった。そういう意味において、平家一門の幾人かにでも〈法悦の涙〉が描かれたことの意義は大きい。彼らは、執着の苦にまみれながらこの世を去ったのではなく、法悦の境地を得て、自らの救済を確信しつつ身罷った。〈法悦の涙〉は、『平家物語』が志向する平家一門の救済の可能性を高め、物語の諸処で人々によって流される〈鎮魂の涙〉の意味を、より確かなものにするのである。

4．策略としての〈偽りの涙〉

最後に、重盛が流した〈涙〉について、もう一つの場面を見ておきたい。第二節では、鎮魂の問題に関わる重盛の〈涙〉について論じたが、ここで問題にしたいのは、後白河院の幽閉を決意した清盛を重盛が説得する、いわゆる「教訓状」についてである。父の目前で〈涙〉を流す重盛の姿は印象的で、『平家物語』でもよく知られた場面の一つである。

多くの軍勢が集まった清盛の西八条邸に、重盛は烏帽子に直衣姿で悠然と姿を現す。慌てた清盛は胴腹巻の上に素絹の僧衣を引っかけ、着座した重盛に自らの思いを述べる。

「一定天下ノ煩、当家ノ大事引出サセ給ヌト覚ル時ニ、法皇ヲ是へ迎ヘマヒラセテ、片辺ニ追籠マヒラセムト存ル事ヲ申合セ奉ラムトテ、度々使ヲ遣シツル也」ト宣ヘバ、内府、「畏テ承候ヌ」ト計ニテ、双眼ヨリ涙ヲハラ〳〵ト落給フ。入道浅猿《あさまし》トオボシテ、「コハイカニ」と宣ヘバ、内府暫ク物モ宣ハズ。良久《やや》有テ、直衣ノ袖ニテ涙ヲ拭ヒ、鼻打カミ宣ケルハ……

（第一末・十八「重盛父教訓之事」）

重盛はすぐに反論し、説得にかかったわけではなかった。「ハラ〳〵」と〈涙〉を流し、狼狽する清盛を横目に、長い沈黙を守ったのである。そうしてから、おもむろに涙を拭い、重盛は長大な説得の言辞を展開しはじめる。王の恩と父の恩との板挟みの苦境を訴え、いっそのこと自らの命を召し取るようにと清盛に迫るのである。

「侍一人ニ仰テ、只今御壺ニ引出サセ給テ、首ヲ刎ラレム事、ヨニ安キ事ニテコソ候ハンズレバ、是ハ殿原イカヾ思給」トテ、直衣ノ懐ヨリタ、ウ紙取出テ、鼻打カミ、サメ〴〵ト泣々宣フ。一門ノ人々ヨリ始テ、侍共ニ致ルマデ、皆鎧ノ袖ヲゾヌラサレケル。

説得の締め括りもまた、「サメ〴〵」と流す〈涙〉であった。重盛による説得の言辞は、〈涙〉によって縁取られている。清盛は、「サスガ石木ナラネバ、道理ニツマリテ返事モシ給ハズ」と、重盛の主張を黙認せざるをえなかった。説得の内容もさることながら、重盛の〈涙〉が功を奏した面も大きかったのであろう。

このような重盛の〈涙〉は、本稿で考えてきた鎮魂に纏わる〈涙〉とは明らかに異質である。「涙ながらの説得」というのは、現代でもよく見聞きする状況かもしれない。しかしながら、当時の説得のありようからすれば、〈涙〉という感情の起伏を持ち込むことは、必ずしも理想的なものだとは言えない。直情型の清盛ならばともかく、『平家物語』における重盛は、儒教仏教の道理や朝廷の故実に則って、常に正しい判断を冷静に下す人物として造型されているのである。そうした人物が〈涙〉まで流すのだから、余程のことであったのだ、という読み方もできるかもしれない。あるいは、公と私の板挟みになっていたのだから、〈涙〉は私の情が溢れたものだ、という解釈も可能であろう。しかし、筆者は、重盛の〈涙〉に、どこか空々しい感を抱くのである。

主君や父親、臣下等、対象は様々ではあるが、直面する危機に対して、理想的な賢人がある人物（たち）を懸命に説得することで事態が打開され、新たな局面が開ける――このような場面は、『平家物語』だけでなく、他の軍記物語においても、物語の山場として設定されることが多い。以下にいくつかの例を挙げてみよう。

Ⅰ『平治物語』上「光頼卿参内の事　付清盛六波羅上着事」

「朝餉の方に人音のして、櫛形の穴に人かげのしつる、何者ぞ」と問ひ給へば、別当、「それは右衛門督のすみ候へば、その方ざまの女房などぞかげろひ候つらん」と申されければ、光頼卿、聞もあへず、「世の中、今はかうござんなれ。（中略）何なる前世の宿業にて、かゝる世に生をうけて、うき事のみ見きくらん。（中略）」と、はゞかる所もなくうちくどき給へば、別当は「人もやきくらん」と世にすさまじげにてぞ立れける。

Ⅱ『承久記』上

二位殿被仰ケルハ、「殿原、聞給へ。尼、加様ニ若ヨリ物思フ者候ハジ。（中略）尼ハ若ヨリ物ヲキブク申者ニテ候ゾ。京方ニ付テ鎌倉ヲ責ン共、鎌倉方ニ付テ京方ヲ責ントモ、有ノマヽニ被仰ヨ、殿原」トコソ、宣玉ヒケレ。武田六郎信光、進ミ出テ申ケルハ、「（中略）今更、誰カハ変改申候ベキ。四十八人ノ大名・高家ヲバ、二位殿ノ御方人ト思食セ」トゾ申タル。此信光ガ申詞ニ、残ノ人々皆同ジニケリ。異儀ヲ申人、一人モナカリケリ。二位殿、悦テ重テ被仰様、「サラバ殿原。権太夫ガ侍ニテ軍ノ僉議ヲ始メ給へ」トゾ被仰ケル。

Ⅲ『太平記』巻第十三「法花二句の偈の事」

しばらくありて、万里小路中納言藤房卿参られたり。座定まつて後、主上藤房に向つて、「天馬の求めざるに来たる事、吉凶の間、諸臣の考ふる例畢んぬ。藤房は何とか思ふ」と勅問ありしかば、藤房畏まつて申されけるは、「天馬の本朝に来たる事、古今いまだその例を奉らず。（中略）これ吉事にては候はじと存じ候ふなり。（中略）今政道の正しからざるところによつて、方星の精、化してこの馬となりぬ。人心を蕩さんとする者なり。（中略）ただかかる棄物の翫びを止められて、仁政の化を致されんにはしかじ」と諫言を尽くし、残さず申されしかば、諸臣皆気を呑み、竜顔もすこし逆鱗の御気色にて、置酒高会の興もなくて、その日の御遊は止みにけり。これより後も藤房卿連々諫言を上られけれども、君御許容なかりけるにや、（中略）万づ思ひの露を詞の葉に染めかねて、世の大変を歎き入りてぞ御座しける。

Ⅰは、藤原信頼が源義朝と計らった挙兵に協力した藤原惟方に対して、兄、光頼がその軽挙を咎め、王威を重んじるよう説得する場面である。光頼の説得は功を奏し、惟方は天皇を密かに逃して、自らも反信頼方に寝返ることになる。引用文の後、御所を立ち去る際の光頼には、「上の衣の袖、しぼる計りにてぞ出られける」と、それまで堪えてきた〈涙〉の溢れる様子が描かれるが、説得の過程では一貫して威厳に満ちた態度を示しており、その目に〈涙〉は浮かんでいない。⑦

Ⅱは、京での後鳥羽院による反鎌倉の挙兵の報に対し、主要な武士たちを集めた北条政子が、源家将軍の恩を訴えて鎌倉方に結集するよう説得する場面である。悲壮感を湛えつつも、自ら「物ヲキブク申者」（きつい調子で物を言う者）と言うように、亡き頼朝の御台所としての権威を示しながら、並み居る武士たちに決断を迫っている。鎌倉方に忠節を誓う武士たちに対する「悦」びの感情こそあれ、政子の目に〈涙〉が浮かぶことはない。

政子による説得の状況について、『吾妻鏡』承久三年五月十九日条は、政子の説得に「群参之士」が〈涙〉に溺れた様子を伝えている。また、『六代勝事記』にも「是をきくともがらなみだにむせびて」とある。説得という行為の有効性を考える時、〈涙〉は、説得する側に必要なものではない。説得される側がその説得に応じた結果、心を震わせて流す〈涙〉こそが重要なのである。

Ⅲは、佐々木塩冶判官高貞が後醍醐天皇に献上した駿馬の是非、吉凶について、意見を求められた万里小路藤房が、馬の件のみならず、後醍醐天皇に政治への取り組み方を改めるよう「諫言」（説得）する場面である。しかしながら、その説得は聞き入れられず、「世の大変」を危ぶみ歎きながら、藤房は出家遁世することを心に決める。物語は藤房の出家を描いた後、「藤房卿遁世の後、朝廷いよいよ危ふきに近しとする事多ければ、天下また静かならず。如何と智臣はかねてぞ歎きける」と語る（巻第十三「藤房発心事」）。建武新政の失敗とその後の動乱の勃発を見通す上で、後醍醐天皇の説得拒否が一つの転機として位置づけられているのである。それだけに藤房は説得の達者として理想化されていると言えよう。その藤房が〈涙〉を流すのは、説得が失敗し、出家の志を固めてからのことである。

藤房の父、宣房は別の場面で、臣下のあるべき姿について、『古文孝経』諫諍章における孔安国の注を引いて、「君に事《つか》ふるの礼は、その非あるに値つては、厳顔を犯し、道を以て争ふ。三たび諫むれども納《い》れられざれば、身を奉じて以て退く」と述べている（巻第五「正慶大嘗会」）。藤房の出家は、こうした父の教えに忠実であったことになるのだが、説得（諫言）の問題として重要なのは、説得とはあくまで「道を以て」争われねばならないということである。道理を説く上で、〈涙〉という不純物は無用であろう。

君子として描かれる『平家物語』の重盛も、宣房の説くような説得のありように通じていなかったわけではないだろう。むしろ、物語は重盛を、そうした理想的な説得術にも通じた人物として造型してきたはずである。光頼や政子、藤房のように、〈涙〉を伴わない説得を講じる重盛を描いた方が、物語に要請される重盛の理想像にはそぐわしい。

にもかかわらず、なぜ重盛は、説得にあたって〈涙〉を流すのだろう。直情型の父、清盛の強固な意志を動かすため、物語は重盛に敢えて〈涙〉を流させて見せたのではなかったか。重盛の説得の〈涙〉は、本来は策略として計らわれた〈偽りの涙〉として描かれたものであったのだろう。重盛の〈涙〉に誘われて、ともに〈涙〉を流した一門の人々は、まんまと重盛の術中にはまったことになる。

そう考えれば、清盛を説得した後の重盛に、迅速かつ的確な行動が描かれることにも納得がいくだろう。清盛が姿を隠すや、重盛は、中門の廊からしかるべき侍たちに、院に対する軽挙を慎むよう下知し、自邸に帰るとすぐに軍勢を催して、清盛に対する示威行動を敢行したのである。直前まで「サメ〴〵」と〈涙〉を流していた人物の行動としては不自然だが、重盛の〈涙〉が策略としての〈偽りの涙〉であったならば、一連の行動は重盛に最初から企図されていたことになる。

物語は、重盛という理想像に、〈偽りの涙〉を操る知恵をも授けていたのであろう。[8]『平家物語』諸本が展開する中、必ずしもそのような意図は明確でなくなっていくが、限られた場面にのみ重盛の〈涙〉を描く延慶本のような本文からは、重盛の人物造型の上に果たす〈涙〉の役割の大きさが認められるのである。

⑦　後出本である金刀比羅本では、説得の最中にも光頼は〈涙〉を流している。語り本系『平家物語』が重盛の〈涙〉の場面を増補したように、『平治物語』でも本文の流動の過程で、光頼の〈涙〉が書き加えられたのであろう。なお、重盛と光頼の人物像が相似していることについては、日下力氏『平治物語の成立と展開』後篇第二章第一節・第三節（初出一九七八・一九八二　汲古書院）を参照されたい。

⑧『太平記』には、楠木正成による泣き男の策略が伝えられている（巻第十五「二十七日京合戦の事」）。泣き男の流す〈涙〉は、策略としての〈偽りの涙〉である。この挿話が正成の知謀を語るものとしてよく知られているように、策略としての〈偽りの涙〉が語られたとしても、重盛の理想像としての人物造型の障害とはならないであろう。

おわりに

『平家物語』の主題の一つである鎮魂という問題と、〈涙〉に纏わる表現との関係性を中心に考えを巡らせてきた。滅びゆく人々の流す〈法悦の涙〉と〈執着の涙〉は、それぞれ彼らの鎮魂の可能性と必要性を訴えており、それらに感化された私たち（享受者）は、物語中で滅びを見守る人々とともに〈鎮魂の涙〉を流すことになるのである。

むろん、『平家物語』の〈涙〉がすべて鎮魂の問題に回収されるわけではない。最後に重盛の〈涙〉について検討したように、〈涙〉に纏わる表現は、人物造型や場面における情感の演出など、様々な物語的意図に関わっている。先行する物語文学や和歌、説話等からの影響を被りつつ、ある程度類型化される面も否めないが⑨、〈涙〉を流す主体の性別や身分、立場によって、〈涙〉に纏わる表現は実に多彩である。本稿で取り上げたのは、それらのごく一部に過ぎず、他の軍記物語にも視野を広げて検討すべき問題も少なくない。

たとえば、夫婦の別れに伴う〈涙〉には総じて〈鎮魂の涙〉としての性格が強いが、親子や兄弟、主従の間に流れる〈涙〉には、〈鎮魂の涙〉として捉えられないものも多い。親子の例で言えば、『平治物語』で娘を殺せと命じた際の父義朝の〈涙〉にせよ、義朝遺子を連れて逃げる母常葉と「八子」今若との間の〈涙〉にせよ、物語がそれぞれの〈涙〉に担わせた象徴的意味について、文脈に沿って丁寧に分析する必要があるだろう。また、本稿では、必ずしも

〈涙〉という表現がなされなくても、「泣く」「袖を絞る」「鼻をかむ」等の表現を総合して〈涙〉と捉えた場合があるが、本来であれば、これらの表現の差異も吟味されねばならない。今後の課題として、筆を擱くことにしたい。

⑨ 覚一本『平家物語』における〈涙〉の描写について、他の諸本や様々な文学作品との関係性を計量的な方法で分析する試みとして、花田千穂氏「『平家物語』「覚一本」の落涙・涕泣表現の類型とその諸相」（『弘前大学　国語国文学』十　一九八八―三）がある。

〔使用本文〕覚一本『平家物語』（日本古典文学大系）、延慶本『平家物語』（『延慶本平家物語』本文篇　勉誠社）、源平盛衰記（『源平盛衰記　慶長古活字版』勉誠社）、一類本『平治物語』（新日本古典文学大系）、『承久記』（新日本古典文学大系）、天正本『太平記』（新編日本古典文学全集）、『吾妻鏡』（国史大系）、『六代勝事記』（中世の文学　三弥井書店）、『発心集』（新潮日本古典集成）

アメリカ文学と涙――ヘミングウェイはなぜ泣かなかったか

安井信子

はじめに

「涙」あるいは「泣く」という観点からアメリカ文学を考察するとき、最初に思い浮かべられるのは何といってもヘミングウェイだろう。といってもそれは、彼の作品が涙のイメージから最も遠い作家であり、彼自身最も泣きそうにない作家であるという意味においてである。彼ばかりではなく、改めてアメリカ文学における涙を考えてみると、名作で泣く場面が余りない。一般にアメリカ文学には涙の影が著しくうすいのである。それはなぜなのか――ヘミングウェイを中心に、アメリカ文学と涙の関係を探ってみよう。

ヘミングウェイは言うまでもなくアメリカ文学の大物であるが、彼は特に三つの点でアメリカを代表する作家といえる。第一に、周知の通り彼は国内でも国外でも人気のある著名作家で、その作品の多くが映画化されたばかりか、ピューリッツァー賞、ノーベル賞を受賞した。特にハードボイルド・スタイルと呼ばれた彼の見事な文体は、簡潔にして力強く明晰でアメリカ人気質をよく表現しており、アメリカ文学に多大な影響を与えた。第二に、彼は生粋のワスプ（白人・アングロサクソン・プロテスタント）であった。父方母方ともに旧家のワスプである。現在多民族多文化主義が叫ばれるアメリカであるが、ワスプは建国以来様々の面で国のバックボーンとなり、アメリカ文化の主力であった。その上多数派を占める中西部中産階級生まれのヘミングウェイは、その主流に属するといってよい。第三に、彼は作品と生き方がいかにもアメリカ的な作家である。行動的でスポーツタイプ、釣り、狩猟、サファリ等自然に親しむアウトドア派、世界を飛び回るモビリティの高さ、そして独力で成功を勝ち得たアメリカン・ドリームの体現者。良くも悪くもアメリカの「強い男」のイメージを一身に担った作家だった。以上の点からここで取り上げるには彼が最適だと思われる。

1. 生い立ち

アーネスト・ヘミングウェイは一八九九年に、中西部イリノイ州の静かな保守的な町オーク・パークで、六人の子供の第二子として生まれた。父クラレンスは開業医で、初期清教徒移民を先祖にもつ古い家系だけに、清貧の気風の厳格な人だった。若いときから自然に親しみ、狩猟や釣りは相当の腕であったという。母グレイスは音楽を愛好する教養とゆとりのある家に生まれ、一時は本格的に歌手を志しさえしたが、目が弱く舞台のライトに耐えられなかったため断念し、結婚して音楽を教えた。母は息子にチェロの練習を命じたが、彼は音楽よりも釣りや狩猟に夢中になった。ヘミングウェイの野性趣味は父に負うところが多いようだ。両親は息子が当然大学に進学することを期待したが、彼は断固拒否して高校卒業後新聞社に就職し、赤十字に応募して第一次大戦を体験、イタリアで負傷した。帰国後二十歳の誕生日に母との対立が決定的となり、親と決裂し、二度と家に帰ることなく作家への道を踏み出していく。

成長し巣立っていく青年のよくある話、といえばそれまでなのだが、ほとんどのヘミングウィ研究者が言及するのは、ヘミングウェイ家の家庭内における父と母の不均衡である。厳格な父は自然の理解においては秀でていたものの、経済面・家庭面は不得手であった。医者といっても当時収入は大したことはなく、結婚後妻の実家に同居したのも経済的事情によるものだった。妻はピアノや声楽を教えて夫の何倍もの収入があり、そのために広い部屋が必要だというのが表向きの理由だったが、当然家長の役は妻の父である祖父が引き受けていた。父が生き生きと采配を振るうのは、専らミシガン州ワルーン湖畔の別荘近辺の自然の中であった。一九〇五年に祖父が亡くなると、その遺産でグレイスは大きな音楽専用の別棟つきの新居を建て、三年後クラレンスが産婦人科医の資格を取ったときも費用はその遺産からまかなわれた。このように経済的に妻の立場が強かっただけでなく、性格的にも妻の方が押しが強くて夫の方が控えめだったらしい。グレイスが母親として分担したのは授乳と子守唄を歌うことだけで、二人同意の上で料理など家事はクラレンスがこなしていたという。

それはそれで夫婦の間はバランスが取れていたのかもしれないが、よく伝記で特筆されるように、グレイスは長男ヘミングウェイが幼い頃服装や髪形を女の子のようにさせ、一歳上の長女と双子のように扱い、小学校入学まで同時にさせた。ヘミングウェイの下には妹が三人いて、幼い彼は弟の誕生を切望したが、ようやく末っ子の弟が生まれたときは彼は十六になっていた。父親の影がうすく、女に囲まれた家庭で、強い母の圧迫に潰されることなくそれを撥ね返すためには、彼は幼いときから男としてのアイデンティティを激しくかつ執拗に求めざるを得なかったにちがいない。その上母親に代表されるオーク・パークの旧弊で独善的な人生観や信仰は、余りに拘束的に感じられた。それが端的に現れているのは、二十五歳のときに出版された最初の短編集『われらの時代に』の中の「大きな二つの心臓の川」である。主人公の青年ニックは、焼けて廃墟となった町を後にして川に釣りにやって来ると、程よい場所にテントを張る。熟練した手つきで作業を済ませ、テントにもぐりこむと、「既に不思議な、家のような（mysterious, home-like）感じがした」と作者は書いている。「彼はテントの中に這いこむと幸せだった。……やるべきことはやり終えた。……きつい旅だった。……彼は自分のキャンプを作ったのだ。落ち着いたのだ。何ものも彼に触れることはできない。……自分で作った自分の家（home）にいるのだ。」[①] 自然の中で彼が心から安らぐ幸福感が、生き生きと感覚的に読者に伝わってくる箇所である。「何もかもあとにして」、「何ものも自分に触れ得ない」「自分の家」をゼロから築き上げ、ようやく安全に落ち着ける自分の世界を得る。既にここには、虚偽に満ちた世界を離脱して闘い続け、独力で自分の世界を作り、個の確立を達成するという彼のパタンがはっきりと現れている。このパタンの離脱と闘争は深く烈しく、そのため涙や感傷の入る余地はない。

ヘミングウェイが二十九歳のとき、彼の父親は財政的苦境と病苦のため、自分の父の形見の銃で自殺した。ヘミングウェイは大きな衝撃を受け、父親が男として弱く、結局は卑怯だったことを内心深く恥じた。一方母親との確執は終生続き、彼女が亡くなった時彼が葬儀に参列しなかったのは有名な話である。父親の自殺について彼はほぼ十年後の作品でわずかに触れたが、母親のことを一度も書かなかったという事実は、彼のこだわりの深刻さを示している。挫けることなく闘い続け、常に強い男であろうとした彼の背後には、こういう彼の生い立ちが影を落としていたが、母親を否定することは、単に母親個人だけではなく、母親が象徴するもの——因襲的な故郷の町、偽善的宗教、社会通念など、彼個人の自立、自由を阻むものすべてと闘うことを意味した。人間は全力で闘い続けている時は泣かないものだ。たとえ挫折し喪失し敗北しても、なおかつ自分の中の弱さと闘い続けるならば、泣くことを自制し、泣くことができない。ヘミングウェイ自身も涙を見せなかったし、彼の作品にも涙はほとんど登場しない。ヘミングウェイの作品の中で女は泣くこともあるが、それは男の強さを引き立てる役目をしている。感情を見せたり他に頼ったりする女と異なり、自主自立の闘う男は泣かない。このような「自立した個人」として闘い続ける強者はヘミングウェイの作品のみならず、実はアメリカ文学の中核を成している。ウィラ・キャザーの作品のように、たとえ女性でも開拓者として自ら奮闘する立場にあれば泣かないのである。闘う強者はアメリカ文化の重要なファクターであり、ヘミングウェイの小説が人気を博したのは、そういう人物を雄々しく潔いヒーローとして見事に描き出したからだといえる。次に彼の主要な初めの二作品を考察しよう。

① Ernest Hemingway: *The First Forty-nine Stories* Arrow Books 1993 p. 205

2. 脱走者と勇者

一九二九年出版の最初のベストセラー『武器よさらば』は、第一次大戦における戦争と恋の物語である。イタリアで負傷したアメリカ人フレデリック・ヘンリーは、イギリス人の看護婦キャサリン・バークレーと恋に落ちる。病院から前線に戻った彼は戦争の残虐さ、無意味さを体験し、退却の混乱時に理由なく銃殺されそうになって、間一髪で脱走する。愚劣な戦争とは「もう何のかかわりもない。義務などもうないのだ」、「自分は単独講和を結んだのだ」、信じられるのは生きようとする自分の感覚のみ。そう確信した彼はキャサリンと再会し、スイスに逃亡、二人は恋の喜びに浸る。この波乱に富んだストーリーは現代の我々にとって別に違和感はないが、戦争の正当さと大義名分が信じられていた当時は、その虚偽を的確に描ききった文章は若い世代に衝撃的な解放感を与えた。しかし脱走後、二人だけの甘美な世界は長くは続かず、キャサリンは身ごもるが赤ん坊は死産、その上出産時の出血のためキャサリンも死んでしまう。死ぬ直前に彼女が微笑みかけるとき、フレデリックは泣き出すのだが、三百ページに及ぶ大作の中で、彼が泣く場面はたった一行、「彼はベッドの上にかがみこんで泣き始めた」だけである。キャサリンは「かわいそうなあなた」とささやき、「死ぬのは怖くないの。ただ嫌なの（I' m not afraid. I just hate it.）」と言って、まもなく息を引き取る。そこには何の救いもなく、ただ「彼は病院を出て、雨の中を歩いてホテルに帰った」という、自制の効いた簡潔な文で小説は終わっている。

どうやらこの作品の主人公は、戦闘、負傷、冒険等、男の勇気を試すような試練には決して涙することなく立ち向かうが、ただ恋人を失うときは、少しは泣くことを許されるようだ。一体なぜだろうか。恋愛やカップルの重視はヘミングウェイのみならず、アメリカでは広く受け入れられている考え方である。それは英雄の必要条件として一般に「英雄誕生――怪物退治――女性の獲得（王女との結婚）」というプロセスが前提とされる西洋の伝統から発しているて、アメリカ大統領選挙でも見られるように、アメリカは特に夫婦単位で行動するカップル社会となっている。新大陸への移住という建国の事情ゆえに、社会階層制度のなかったアメリカでは、生成変動の社会や西部の荒野開拓時に生き延びていくには、事実上まずカップルが重要な単位であったためもあろう。アメリカの離婚率の高さは一つには、カップルを重視するからこそあくまで理想の相手を求めて離婚再婚を繰り返すことに由来している。（ヘミングウェイも「巨木が倒れるように恋に落ちて」、四度結婚している。）したがって、愛する伴侶を失って涙をこぼすことは男らしさや強者の資格を損なわない。

その上戦争という現実世界を捨てたフレデリックにとって、二人の恋は自分が選んだ唯一の拠り所だった。「世の中は勇気ある人間を潰してしまうし、あらゆる人間を必ず殺してしまうものだ」という殺伐たる世界観を持つ彼にとって、それは世界に圧殺されないためのただ一つの砦であった。キャサリンも「世界中で私たちは二人っきりで、あとの人は全部同じように他人。もし私たちの間にひびでも入ったら、私たちはだめになって、やつらにやられてしまうわ」、「私はあなたよ。あなたから離れた私なんて考えないで」と言い、二人が一体となることを激しく願う。戦争から逃走し単独講和（a separate peace）を結んだ彼が、全世界を相手にして二人の世界に安住するためには、二人が離れて（separate）いてはならず、ひとつであることが是非とも必要だった。だから恋人の喪失は彼の世界の基盤を打ち砕いたのであり、彼が泣くのも当然といえる。

しかし実を言えば、世界から逃避し、当座必要な金はアメリカの祖父から送られるという状況で、無為に過ごしていたフレデリックにとって、キャサリンとの二人の世界は閉塞的にすぎた。「以前は僕の生活はあらゆることでいっぱいだった。だけど今は君がいてくれないと全然何もないんだ」という彼の言葉に見られるように、二人が愛し合い、一心同体を願えば願うほど、社会から切り離された二人きりの世界の空虚さは露呈していった。そうしてみるとキャサリンの死は必然的結末であり、フレデリックのわずかな涙など、圧倒的な虚無に呑み込まれてしまうのである。全てを捨てて逃亡し、個人の自由を追求し、行き着いた所は虚無の世界。ヘミングウェイは、彼自身の言葉を借りれば「自分自身の人生を好きなところで好きなように送る②」ことを望んだが、それだけでは虚しいということ、社会との繋がりが必要であることを知ったのである。

それから八年後スペイン市民戦争が起こったとき、闘牛に熱中しスペインを愛していたヘミングウェイは、共和派の従軍記者として人々とともに自由のために戦った。一九四〇年、一気に書き上げられた『誰がために鐘は鳴る』は大ベストセラーになり、ゲイリー・クーパー、イングリッド・バーグマン主演の映画でさらに人気を博した。この長編小説は、アメリカ人の青年ロバート・ジョーダンがファシズムと戦うためにスペイン内乱に参戦し、恋をし、困難な作戦任務を果たし、英雄的な死を遂げるという話であり、ストーリーの展開は戦争から脱走する『武器よさらば』

男たちに囲まれるパパヘミングウェイ

（デービッド・サンディソン『並はずれた生涯　アーネスト・ヘミングウェイ』産調出版株式会社2000年）

と全く反対になっている。ロバートは渾沌とした戦況の中で、ともかく任務遂行が最重要であると決め、冷静に困難に対処していく。しかし橋梁爆破の成功後に後退するとき致命傷を負い、一緒に残りたいと泣きすがる恋人マリアを説得し、無理やり逃がすと、迫り来る敵軍を少しでも阻止しようと銃を構えながら、晴れやかな気持ちで死に臨む。

五百ページに余る大作ながら、扱う時間は戦時下のたった三日余という張り詰めた緊迫感に加え、その中でクールに勇敢かつ誠実に生きようとする主人公に、泣くような隙はもちろんない。この作品で一貫して彼の行動の支えになっているのは、一つにはファシズムとの戦いにおける一種の連帯感と、男として恥じない立派な人生を送りたいという主人公の願望である。ロバートの祖父が南北戦争で立派な軍人であったという設定は、作者の伝記的事実とほぼ一致しており、彼は苦境にあって「おじいさんがここにいてくれたら……おじいさんから学ぶことができたらどんなにいいだろう」と呟き、死に臨んでは「おじいさんと同じくらい立派な生涯を送ることができた」と満足している。またこれも伝記と一致しているのだが、ピストル自殺をした父をロバートは「男にとって最も不運なことに」「臆病者」だったと深く「恥じていた。」スペイン内乱に題材を取ってはいるが、主人公の最大のテーマは実は、父のようにではなく祖父のようであること、臆病者ではなく勇者であることの証明なのだ。人々とともに闘い、なすべきことをなし、死に直面してひるまない勇者に涙は不要だった。

勇者の証明にはそれにふさわしい機会が――困難への挑戦、能力と冷静さ、死に臨んで揺るがぬ豪胆さを確かめさせてくれる状況が必要である。ヘミングウェイが狩猟、大魚釣り、闘牛などの危険なスポーツや戦闘を好んだのは周知の事実であり、その上彼は怪我、車の衝突、飛行機の墜落、爆撃など、よくも生き延びたものだと思われるほどの事故の多い人生を送った。そしてしばしば勇敢沈着であったと言われる。まるで危険や死に接近する強烈な体験によって、絶えず勇気を確認し続けなければいられなかったかのようである。それほど彼は常に勇気にこだわったが、彼だけでなくアメリカ文化においても勇気は大きな美点であり、特に南北戦争の勇者は由緒正しい勇気の実例とされていた。内田樹氏の指摘のとおり、自国領土内での他国との戦争経験がほとんどないアメリカは、大規模な戦争の災禍を知らず、数少ない戦争経験をドラマティックに物語化し、[3] こうして語り伝えられた南北戦争は英雄伝説や勇気のイメージとして定着したのである。だからロバートが南北戦争の勇者であった「おじいさん」をロールモデルにするのは、アメリカ人には自然であり、彼は自由のために勇敢に戦うという「アメリカ精神」に則って勇者として死んだのだ。誇りと充足感こそあれ泣く理由は豪もない。脱走者も勇者も、ともに涙とは無縁の者たちである。

② Ernest Hemingway: *Green Hills of Africa* Arrow Books 1994 p. 53
③ 内田樹『街場のアメリカ論』NTT 出版株式会社 二〇〇五 一二〇頁

3. 母性のうすい文化

さて、脱走者であれ勇者であれ、主人公が涙を見せない彼の作品は、アメリカ文化とどのように密接な関係があるのだろうか。彼の生い立ちにおいて強圧的な母親との確執があったことは前述したが、それがいかに根深いものであったかは、彼の作品から母親というものが締め出されているばかりか、奇妙にも女性の登場人物はすべて母親にならないということからも推察できる。例えば短編集に登場するのは不妊の女、うまくいかない夫婦、堕胎するカップル等で、暖かい母親像は皆無である。最初の長編『日はまた昇る』の主人公ジェイク青年は戦傷のため不能であり、女性と結ばれることはなく女性を母親にすることもできない。彼が愛する英国女性ブレットは、気に入った男と寝る自由奔放な美女で、母親というイメージから程遠い。『武器よさらば』のフレデリックとキャサリンはめでたく結ばれるが、赤ん坊は死産、キャサリンは出産で死に、ついに母親となることはない。『誰がために鐘は鳴る』でロバートと激しい恋をするマリアは、一貫して初々しいうら若い女性として描かれる。

名作といわれる『キリマンジャロの雪』の主人公ハリーは、アフリカにサファリにやって来て、些細な不注意から壊疽にかかり死を待つばかりという状況の中で、富と悦楽の生活を送るうちに作家としての魂を失ってしまったことを悔やみながら、妻のヘレンを心の中で「金持ちの雌犬」と罵倒する。『フランシス・マコーマーの短い幸福な生涯』の妻マーガレットはヘミングウェイの作品の中で最も恐るべき悪女とされている。大金持ちのフランシスは興味本位でサファリにやって来たが、撃ち損じたライオンから逃げ出すという醜態を演じ、臆病さを曝け出して妻やサファリ一行の軽蔑を買う。その夜妻はガイドのプロハンターと同衾し、怒る夫を侮蔑的に冷笑する。しかしどん底に落ちたフランシスは、翌日水牛をしとめるチャンスがくると、突然勇気が心身にみなぎるのを感じる。いわば恐怖のイニシエーション儀式を通過して大人になったのだ。落ち着き払って銃を構えるフランシスの背後から、今後は自分が夫を支配できなくなると悟ったマーガレットは、サファリの事故を装って夫を銃殺するのである。また、ヘミングウェイの作品中最もよく知られている『老人と海』は、一人の老いた漁師の物語で、初めから女のいない世界を描く。こうしてみると、彼の作品から母親という存在が徹底して除外されており、慈しむ受容的な母性というものが欠落していることがわかる。

ヘミングウェイの母グレイスは相当癖のある女性だったようだが、しかし彼女だけが特別異常というわけではない。一般にアメリカ文化は母性のうすい文化だといわれている。エリクソンも、アメリカの精神科医は患者のケースに関して「冷淡な」、「拒絶する」、「支配的な」母親像を見ることが多いと指摘している。周知のようにアメリカは十七世紀に祖国を離脱したピルグリム・ファーザーズ、つまり一種の「脱走者」に始まり、安定した社会構造がまだない建国時代、厳しい環境の中で適応し生き抜くためには誰しも強くあらねばならず、「勇者」たることが必要とされた。十八世紀のアメリカを旅して書いた手紙で有名になったフランス人トクヴィルは、ヨーロッパと比較してアメリカを、習慣も家族の決まりごとも階級もなく、自分自身の力で手段を選ばず結果を得ようとする国だと述べている。人々を守りかつ拘束する家庭・階層・社会制度がない、いわば剥き出しの更地で、個々人が生存競争を開始するのである。実際アメリカは、年間三万人も銃で殺される（銃の事故は除いて）という事実にもかかわらず、今もなお各自が銃を所持し、武装して身を守るべきだという考え方が継続している唯一の国なのだ。この「めいめい個人が自分の力だけで（暴力も辞さず）人生を切り開いていく」というアメリカの風潮の中では、母親が泣く子を抱きしめて慰めるより、「強くあれ」と励ます方が子供を社会に適応させる。したがって教育熱心な母ほど厳しい子育てをし、子供は泣かずに自己実現に邁進することになる。

アメリカのフェミニズムも、「女性として」の権利というよりも、男性と同様に女性も「独力で道を切り開いていく個人」となる権利を求める面が強い。そうすると女性は男性と競争しなければならず、自己実現・キャリア達成の邪魔になる子育ては歓迎されないことになる。もともと「強くあれ。早く自立せよ」と奨励する育児に加えて、さらに「私の邪魔をするな」と、母親は子供に対して（無意識にせよ）拒否的になりがちだ。確かに「脱走者」「勇者」「強者」「自立した個人」ばかりの社会では、母であることは難しい。このように母性が発達しにくい文化の中では、女性のあり方は主として二つに分かれる。一つは男たちを惹きつける、魅力的な女らしい女性、もう一つは男をしのぎ、男を支配する強い女性である。ヘミングウェイの作品の女性たちも見事にこの二つに分かれていて、愛らしい乙女と憎むべき悪女というその特徴が極端なので、「リアルな女性が描けない」と批判されていたほどである。

さらにアメリカ文学は伝統的に、母のみならず親というものにさほど重きを置かない。まず、「最初の最もアメリカ的な物語」といわれるフェニモア・クーパーの『革脚絆物語』五部作（一八二三～一八四一）は、白人でありながらインディアンとして生きる高貴なる自然人、ナティ・バンポーを主人公とするが、彼は恋も断念し家族も持つことなく、最後に大自然の中へと消えていく。彼を一人前に育てるのは親ではなく、師たる自然と手強い敵手インディアンである。日本でも根強い人気を持つヘンリー・D・ソローは、森にただ一人で小屋を建て、そこで二年余りを過ごし、『ウォルデン――森の生活』（一八五四）を著した。庵ともいうべき彼の小さな小屋が家族の入る余地をもたなかったように、彼の作品は親や家族に言及せず、自然と人間とを見つめつつすべての無駄を捨て去って、生きるということの本質を探究した。かの有名なメルヴィルの『白鯨』（一八五一）を見れば、陸の炉辺から遥かに隔たる大洋を行く捕鯨船は、世界の雛形に喩えられるものの、それは女が一人もいない世界であり、巨大な鯨に戦いを挑んで海中に沈んでいく船長エイハブは、母とも父とも縁のない存在である。『トム・ソーヤーの冒険』（一八七六）と『ハックルベリー・フィンの冒険』（一八八四）で広く知られているマーク・トウェインは、トムを父母のない腕白小僧で、後見人はポリー叔母さんという設定にしているし、ハックは浮浪児である。ハックには父親がいるにはいるが、全くのごろつきでハックを虐待するばかり、到底父といえる者ではなく、ハックは彼から逃げ出して、逃亡奴隷ジムとともにミシシッピ河を下りながら心ゆくまでその自然に浸る。ちなみにヘミングウェイが、現代アメリカ文学は『ハックルベリー・フィンの冒険』から始まった、と述べたのは有名な話である。

二十世紀に入れば、ヘミングウェイと彼の同時代の作家グループは、ガートルード・スタインの言葉を取って「失われた世代（a lost generation）」と呼ばれているのだが、その言葉自体が伝統、ピューリタニズム、過去の世代を蔑視したことをはっきりと示している。失われた世代の代表の一人、フィッツジェラルドの名作とされる『グレート・ギャッツビー』（一九二五）は、金満家となり憧れの名門の娘を手に入れようとし、最後に殺される、理想主義的主人公の恋と金の悲劇だが、ここでも親世代とは全く無関係である。一九五十年代に爆発的にヒットし、最近も村上春樹氏による新訳が話題となったJ．D．サリンジャーの『キャッチャー・イン・ザ・ライ（ライ麦畑で捕まえて）』（一九五一）には、十六歳の主人公ホールデンが登場するが、彼はいわゆる強い男のイメージとはかけ離れていて、喧嘩に弱く勉強もできず、一見弱者であるところが斬新だった。しかしそれは感受性が鋭いゆえに彼がインチキな名門高校を軽蔑しているからで、感性の面では他に優越している強者である。彼は何度も名門高校を退学になり、家出をしようと決め、雨に濡れたのが原因で肺炎となり、最後にある種の療養所にいる。学校から、家から、今いる場所から、逃亡離脱して最後が療養所というのも象徴的な話であるが、そんな彼を経済的に扶養している裕福な両親は、ほとんど登場もせず何の役目もしない。ホールデンの心の支えとなる人間は、神童といえるほど聡明だった亡き弟の思い出と愛らしい妹フィービー、つまりホールデン自身と同質の価値観をもつ者だけなのである。

もちろんアメリカ文学にも父、母、親子、家族の話は数多いが、上記のようにいわゆるアメリカの傑作と言われる系列には、家族よりも「荒野を進む個人」や「世界に対峙する個人」、つまり脱走者、勇者である強者が目立つ。これは何といっても建国事情の影響が大きく、祖国を離脱し新大陸に移住した人々は、過去を捨て未来に賭けた、つまり親世代以前の世界を否定して新しい国を作ろうとしたわけである。彼らには歴史・伝統の束縛や重荷がない代わりに、保護なくも拠りかかる支えもない。あるのはピューリタン（意味深くも「分離主義者 separatist」と呼ばれた）の、「新たに神の国を作る」という理念だけで、その理念をもとに独力で未開の地を切り開いていくしかなかった。大陸に広がる広大な原野は、西へ西へと人々を進ませ、今の居場所で束縛や不都合が生じればそこから離脱して新天地を求める、という傾向が定着した。これはいわば親元から離れた、あるいは親のいない若者が、たった一人で未開の地で生き抜いていくのにも似ている。幾世代を経た家の落ち着いた空気、子供を育んでいく文化的に安定した親の庇護、暖かく包んでくれる母性的雰囲気といった環境には程遠く、彼らは単身荒々しい自然の中で闘い続けたのだ。ヘミングウェイの作品に母親像が欠落しているのは、単に個人の問題ではなく背後にこのような、母性のきわめて希薄なアメリカ文化の特性がある。母親が泣く子供を受け止めてやるのでなく、子供に強くなり独立せよと言う社会は、泣くことが弱者を意味する社会なのだ。

4. ヒーローの涙の行方

一口にアメリカ文学といっても様々で、アフリカ系、ユダヤ系など他民族の文学では事情は異なり、それぞれに抑圧されてきた歴史を持ち、弱みを見せたり涙をこぼしたり、大泣きをすることもあって、アメリカ文学を多様で豊かなものにしているのだが、主流ワスプの文学は概ね自立的、克己的、涙を見せない個人主義に貫かれている。しかし人間は常に強者として闘い続けられるわけではない。人生には不慮の災難、愛する人の喪失、孤独、敗北、病気、老衰、死等々、当然誰しも泣きたいときがある。ヘミングウェイの作品でも、イタリア人やスペイン人の男たちが泣く場面はある。例えば『武器よさらば』には、イタリア人兵士が砲撃を受けて、「お母さん！ああ、お母さん！……神様のお助けを、マリア様。お母さん、お母さん」と泣き叫んで息絶える凄まじい場面があるが、ワスプならおそらく口にしないであろう母を呼ぶ最期の言葉は、アメリカ文化との対照性を如実に示している。また『誰がために鐘は鳴る』に登場するジプシーの頭目パブロは、かつては勇猛な戦士だったが長引く戦いに嫌気がさして安泰な暮らしを望むようになり、ついには「俺は死ぬのが怖い」と夜中にひそかに泣いて臆病さを嘲られるが、彼が見せる人間的弱みに読者は一抹の同情を覚えないでもない。では異国人ではなくアメリカ人はどうなのか。人間が弱者として泣くほかないような苦難の場合の、アメリカ主流文学における涙の行方を、ヘミングウェイの最後の代表作『老人と海』（一九五二）に探ってみよう。

老いは弱さの最も顕著で普遍的な形態である。周知の通り、パワーと競争原理の国アメリカは老いを受け入れない最たる国といってよい。ネイティヴ・アメリカンの伝統社会では老賢者は重要な役を担っていたが、アメリカでは何よりも強者やパワフルな人間が評価されるため、年配者はこぞって年より若々しくあろうと努力する。老いたということは落伍者であるということに等しく、人々は老いることをひそかに深く恐れる。『老人と海』は出版されるや否やたちまちベストセラーとなって、それ以前の通俗的ともいわれた彼の小説と異なり、ほとんどの批評家たちから高く評価され、翌々年彼はノーベル賞を受賞した。それは無論作品としての見事な出来栄えにもよるが、老人でありながら苦難に耐え毅然とした男の生き方を描いて、広く人々を勇気づけた功績が大きかったと思われる。

この小説は、「彼は年を取っていた（He was an old man…）」という文で始まる。メキシコ湾流の漁夫である老人は、運悪く八十四日も不漁が続いて、彼の小舟の継ぎの当たったマストの帆は「永遠の敗北（defeat）を象徴する旗」のように見える。老齢と敗北、これはアメリカ文化では想像しうる最悪の事態だ。老人の体は痩せ皺は深く、漁の綱でできた両手の傷は砂漠の侵食のように古いというから、相当の年である。但しその目だけは「海と同じ色で、生き生きとして不屈であった（undefeated）。」ここに既に「敗北状況にあろうとも精神は敗北しない勇者」という筋書きが予想できる。老人の描写の一節には、still powerful, very old, still strong, very old と、その危ういバランスを計るかのように相反する修飾語が繰り返される。若い頃ずば抜けて強かった彼は、寄る年波には勝てないというものの漁の技量には今でも自信がある。八十五日目に幸運を賭け、彼は大物を狙って仲間も来ないような沖まで一人漁に出かけていく。やがて舟よりも大きい巨大なマカジキがかかり、人と魚の命をかけた知恵比べが延々と続く。彼は大魚に同胞のような愛と尊敬の情を覚えるが、老齢と疲労と戦いつつ苦闘の末ついに三日目に魚をしとめる。ところが帰途、マカジキの血の臭いをかぎつけた鮫の群れに襲われ、老人は渾身の力を振り絞って闘うが大魚は骨だけにされてしまう。満身創痍で獲物もなく海岸に辿り着くと、彼は疲労困憊してベッドに倒れこみ、昏々と眠りに落ちる。あれほど遠出し、あれほど闘いぬいた努力が何にもならなかった。しかし彼は何一つ不平を言わず、今回の惨憺たる結果について「何のせいでもない。わしが遠出をしすぎただけだ」と一言呟く。そのストイシズム、不運に耐える力は実に賞賛に値する。大魚を失い世俗的利益が何もないということが、却って老人の精神的勝利を際立たせるのだ。老人は名をサンチャゴというのだが、作品では滅多に名前は使われず、ただ「老人」と呼ばれており、そのため一種伝説的な普遍性を帯びて、福田恒存氏は老人が「叙事詩的英雄」に酷似していると述べている。

これもやはり涙と無縁の話かといえば、老人を痛ましく思ってひどく泣く一人の少年が登場する。幼い時から老人に漁を教わり彼を慕っている少年は、今回父親に別の舟に乗れと言われて老人と一緒に行くことができなかったが、何もない老人に食事を用意し、うたたねする老人に毛布をかけ、釣りに必要な餌を持ってきてやり、親身に世話をする。老人は素直に謙虚に感謝し、野球の話題にはずむ二人の会話は明るい。遥か沖合いで一人大魚と闘うときも、老人は何度となく「あの子がいたらなあ」と独り言を言う。三日後の夜老人が帰ってきた翌朝に、少年は眠っている老人の小屋にやってきて、両手のひどい傷を見ると「声を立てて泣き始め」、コーヒーを取りにいくときも「ずっと泣き続けた。」村の店の主人が老人の捕った大魚の骨に驚き、あんな巨大な魚は見たことがないというと、少年は人目もはばからず「わっと泣き出した。」やがて目を覚ました老人は少年に「おまえがいなくて寂しかったよ」と言う。少年はきっぱりと「これからは一緒に行こう。僕いろんなことを教わりたいんだもの」と答える。食べ物や薬を取りに行きながら「少年はまた泣いた」が、戻ってくると老人は再び眠りに落ちていた。大人ならぬ少年とはいえ、ヘミングウェイが登場人物をこのように念入りに泣かせるのは初めてである。

この作品のもととなった実話がある。キューバ沖で老人が一人小舟に乗って釣りをしていると、巨大な魚がかかり、舟は外海に引き出されてしまった。彼は銛で獲物を捕らえたが鮫に襲われ、全力で闘ったが無駄であった。二日後老人が漁夫たちに救助されたとき、彼は失った獲物を思って狂わんばかりに泣いていたという。十二年後にこの話からヘミングウェイが生み出した『老人と海』では、悲嘆のままに泣いたキューバの漁夫は、ワスプ的でストイックな泣かないヒーローに変貌している。しかしヘミングウェイが愛したキューバの風土は作品にいかにも明るい光を投げかけており、広々とした海、素朴な村、人々の話しぶりにはどこかほっとさせる暖かさがある。例えば、不運な老人に村の食堂の親父はさりげなく食事をおごってやるし、老人の弟子である少年は実に細やかに老人の世話をする。三日も帰れなかったとき老人は「少年は心配しているだろう、年取った漁師の多くも心配しているだろう。ほかのたくさんのやつも。わしはいい村に住んでいる」と呟く。小屋に帰って眠る傷ついた老人を見て少年はひどく泣くし、漁夫仲間は老人を気遣う。食堂の主人は少年に「ほんとに残念だったなと伝えてくれ」とコーヒーをことづける。少年が小屋に戻ると老人は眠りに落ちており、少年はそばに座って老人を見守る——まるで幼子を見守る母親のように。

老人自身にもある種の柔らかさがある。老骨に鞭打って漁で苦闘するとき、彼は「年老いて一人いるべきではない」と感じるし、帰って少年と話しながら「話し相手がいるということは何という快いことだろう」と思う。自然への対し方もやさしく、海のことを彼は愛情を込めて「ラ・マル」とスペイン語の女性形で呼び、闘争の相手ではなく、女性的なもの、大きな恵みや災いをもたらす何ものかだと考えている。魚や海亀などの海に住む生き物たちに親愛と同情の気持ちをいだき、特に小さくてひよわな鳥には、海の上ではさぞつらい生活を送っているだろうと哀れみを覚える。一羽の小鳥が老人の舟の綱に止まると、「年はいくつだね?旅は初めてかい?」と尋ね、「その綱は大丈夫だよ」、「たっぷり休んでいくといい」と話しかける。苦難のときはイエスや聖母マリアに祈りをささげもする。ワスプの伝統とは異なり、キューバならではの明るさと和らぎと素朴な信仰が伺える。藤原新也氏は「イデオロギーはどうあろうと、キューバでは自然と和解している。老いを受容する。アメリカは若い肉体と金だけでそれを失うと醜くなっていく」という趣旨の発言をされている。④ アメリカを離れて世界を飛び回ったヘミングウェイも、ほぼ三十歳からキーウェスト、四十歳からずっとハバナに住んだのだから、キューバの風土はよほど彼を惹きつけたのだ。実際、おおらかに泣きも笑いもするその明るい風光と村の温もりが、この老人のストイシズムを支えているといってよい。しかし涙する弱さと老人を気遣う母性はイノセントな少年が引き受け、泣かずに耐え抜く不屈の勇気は老人が担う。こうして涙はヒーローの外部に追放される。

ところで作品のヒーローは泣かないが、ヘミングウェイ自身が泣いた（！）という有名な話がある。キューバに住んでいたとき彼は犬や猫を非常に可愛がり、特に猫は数多く飼っていたが、その中で子猫を殺す同族殺しの癖がついてしまった猫がいて、その猫を彼は涙を流しながら自らの手で射殺したという。彼は闘争を好み、強者として国民的英雄にされ、人には決して弱みを見せなかったが、実は非常に繊細な感受性ももっていた。おそらく動物に対するときは自然に向かうのと同じで、彼も素直に感情を表すことができたのだ。彼がアフリカや大洋を愛したのも、幼時から自然に親しんだからというだけではなく、大自然の中では抑圧の少ない、より自然な自分でいられたからではないか。そこでは彼も涙を流すことができたのではないか。彼はよく、野生に親しいという意味で「自分はインディアンだ」と述べたり、『アフリカの緑の丘』では「アフリカにいながらアフリカに対して既にホームシックになっている」と書いたり、キューバの青空を称えたり、また最後のアフリカ滞在の時も土着民族と親交を結んで自らその一員と自称したりしている。ある意味で非常に拘束的なアメリカ文明と異なる生き方をすることを、彼が密かに望んでいたことは間違いない。しかし結局彼は徹頭徹尾アメリカ人であることを手放せなかった。強者、勇者、克己的英雄たらんとして、弱者となることを自分に許すことができなかったからだ。彼自身ばかりでなく、周りの世界も「強い男」以外の彼のイメージを拒絶した。どこに住もうとアメリカから逃れることはできなかった彼には、涙への道は断たれていたのである。キューバの政情不安のためアメリカのアイダホ州に移ってまもなく、度重なる事故や無理で健康を害し鬱病を病んでいた彼は、一九六一年、もはや強者でいられない自己を抹殺する力があるうちにと急ぐかのように、愛用の猟銃で自分の頭を打ち抜いた。『老人と海』の老人にはまだ程遠い、六十一の歳であった。

④　ユリイカ一九九九年八号特集ヘミングウェイ　青土社　一九九九　一〇二頁

5. 涙という形の帰一

多くの批評家も指摘しているように、ヘミングウェイは常に闘っていた。人並み優れた体力と能力（何しろ酒と女と喧嘩に強く、運も強くて事故でも死なず、仕事でも派手に成功した）、それに加えて闘うスタンスを助長した生い立ちが、ますます彼を闘う強者にした。一八九九年から一九六一年という彼の生涯はほぼ二十世紀前半、つまり二つの世界大戦を含む重大な戦争が起こった時代であり、同時にアメリカが最も強力で支配的だった時代とちょうど重なっている。戦争、暴力、虚無、死、そしてそれらとの闘いに負けない勇気と強さが主題だった彼は、「アメリカの強い男」のイメージを担うのに最適の人物だったのだ。彼の自殺が文学の世界だけでなく多くの人々に激しい衝撃を与えたのは、そのイメージが一瞬のうちに崩壊するかのように感じられたためである。実際にアメリカでは六十年代から、レイチェル・カーソンの『沈黙の春』やベティ・フリーダンの『新しい女性の創造』に代表されるように、環境問題、ジェンダー論、対抗文化、エコロジー運動等が噴出し、強者勝者の男性原理で独走してきたアメリカ文化が大きく動揺し始める。涙を許さぬ強者という生き方を突っ走ったヘミングウェイは、それがいずれ破綻することをアメリカに先立って示したといえよう。

涙を否定し弱者を否定するアメリカの強者の論理は、個人のみならず社会的にも膨大な影響を及ぼしている。広井良典氏の言葉を借りると、「自立した個人」に基本的な価値を置く「自由主義（liberalism）」の理念を「最もストレートに体現している国」アメリカは、先進諸国の中で唯一「普遍的な公的医療保障」を持たない国であり、社会保障の水準も最も低い。[⑤] 実際弱者は切り捨てられ、死滅、暴力、犯罪への道を辿る。個人消費、経済成長を重視するので環境保護は二の次になる。一部の強者のみが繁栄するかに見えるが、こういう社会は結局のところ持続可能でないことは既に明白だ。しかし一方では、最も急激に自然を搾取し破壊したアメリカで、野生の自然に感動したソロー、ミューアを初めとするネイチャー・ライターたちが自然保護思想を発達させた。また、延命のための西洋医学が発達し、最も死を恐れ無視しようとしたアメリカで、キューブラー＝ロス博士が『死ぬ瞬間』を著して、死も人生の重要な一部であることを示した。おそらく、「自立した個人」の激烈な追求というプロセスとその破綻を経てこそ、近代個人主義・人間中心主義に対する反省の気運が高まり、人々は自然保護、生命の繋がり、自然との調和等、共生の思考に注意を向けるようになったのだといえよう。勇気あるアメリカの文学と文化は、今後泣くことに対しても心を開き、思い切った冒険を試みてもいいのではないか。

どの時代、どの国の興亡も、それぞれプロセスとして必然性があるのだろうが、二十世紀のアメリカが辿ってきた動きから学べることの一つは、人間は必ずしも「強い男」を普遍的モデルとする存在ではないということだ。人は誰でもおぎゃあと泣いて生まれてくるとき、立つこともできない無力な赤ん坊である。子供はよく笑うがまたしばしば泣いて、親や保護者たちの世話に頼って成長する。独立した成人になれば泣くことは少ないが、紆余曲折の人生、打ちひしがれて泣きたい時も当然ある。やがて年老いていくとともに、人は精神的には老成し身体的には再び無力になっていく。老人は涙もろいとよく言われるが、それは一つには若いときより身体のエネルギーが低下しているゆえに、外界に対してある面感受性が高くなっているせいでもある。例えば重傷を負ったり重体になって衰弱したときは、少しでも安楽になればありがたく、健康なときなら些細なことが耐え難い苦しみと感じられ、人の情けが常ならず身に染みる。食べ物が食べられること自体がたいへんな幸せだったり、花や木など自然が見違えるほど尊く輝いて見えたりする。老衰期の涙もろさもそれと同じで、却ってものに感じやすいという一面があるためだ。こうして無力で生まれ、成長し、やがて無力となり他界するまでの、全プロセスがこの世の人間であり、涙はそれに伴う自然な現象である。「強い男」はそのほんの一部でしかない。

強さという鎧をつけて、泣かずに頑張る強者志向の強いアメリカ文化においては、泣くとすれば絶望的挫折、敗北、自己の崩壊、あるいは死に直面するときであろう。強者が自己の非力を認め、弱者となり、ついに涙を流すとき、涙は自分の内から外に溢れこぼれる。人は泣くとき自分以外の何かに対して降伏する。ある意味で自分を開き、明け渡すのだ。何に向かってかといえば、他者との繋がり、自己よりも大きな何か、己を委ねうるものである。それは大自然であったり、文化によっては先祖や共同体であったり、神とか宇宙と呼ばれることもある。人生には近代個人主義だけでは越えられない事態がある。自力ではない、何か支えてくれるようなものが必要なときが必ずある。老いや死を考えてみればよい。東洋治療の専門家たちは「人は泣くと必ずその前より体が弛む」と言うが、泣くことによってこわばっていた心身は一旦弛み、自然の経過を通して次の段階に入っていく。泣くことは一見ネガティヴな現象に思えるが、一旦自己を手放し、自己をあずけ委ね、自己よりも大きなものに繋がるという、非常に重要な面を持っている。

そもそも自立し独立した個人というものは一つの観念にすぎない。人間は空気や水や食べ物がなければ生きていけないが、もちろんそれは人間が作ったものではない。山川草木の自然も、大地となっている地球も、太陽も月も、みな人間の手によるものではない。生きている間絶え間なく心臓が鼓動し続けるのも、個人の計らいではない。生まれるときは個の確立などありはしないし、死ぬときも自由意志で決められるものではない。いかに文明が進歩しようとテクノロジーが発達しようと、この根本は変わらない。ハロルド・フロムは「精神は自立しているのだという考え方は、自身の存在の根拠を自発的に決定することができ、さらにその肉体も自身の付属物であるのだという認識を人に与える。これは現代人特有の神話である」と述べている。[6] まさしく自立独立、個人の自由を求め続けたヘミングウェイは、やがて老い衰えた「自身の付属物」たる肉体を自ら銃撃した。「ヘミングウェイは常に自然に向かい合っていたが、それは和解ではなく対峙であった。自然とも共同体とも和解していない。非常に孤独であったと思う」という藤原新也氏の言葉は鋭く核心をついている。「対峙」といい「和解」といっても、もともと個人はより大きなものに支えられて存在するのであり、人は当然その中で泣いてもいいのである。泣くということは、大いなるものとの融和を実感させてくれる一つの道である。それを帰一の心と呼んでよいだろう。個人が現状そのままで快適、幸福であるならば、帰一も何も必要ではない。しかしこの世は諸行無常、個人も含め形あるものはすべて壊れるゆえに、人生のどこかで涙を流す経験を通して、人はいつか帰一に繋がるのであろう。

その好例は、一九九八年に出版された『モリー先生との火曜日』であろう。社会心理学の教授モリー・シュワルツは、小柄でソフトでシャイで、しかし人との心の交流を大切にし、人の話に身を入れて耳を傾ける男だった。彼は晩年ALS（筋萎縮性側索硬化症――全身の筋肉が次第に麻痺し死に至る病気）と診断され、一年ほどして七十八歳で亡くなったが、その間「残された時間に最善を尽くして」生きることを決意した。「自立」が最重要とされるアメリカ文化で、すべてを人に依存せざるをえないALSになるということは苛酷なことだったが、彼は、「死ぬことは恥ずかしいことではない。誰だっていずれ死ぬんだから自分はかなり役に立てるんじゃないか?研究対象になれる。人間教科書に。ゆっくりと辛抱強く死んでいく私を研究してほしい。私にどんなことが起こるかよく見てくれ。私に学べ」と、人々にメッセージを送った。そして穏やかに、謙虚に、力強く、ユーモラスに、「生と死の架け橋を渡るその道すがらの話[7]」をしたのである。人々が死を怖れ目をそむけようとするアメリカ社会では異例のやり方だった。教え子の一人ミッチ・アルボムがそれを共著として完成したのがこの本である。TVでもインタヴューが放映され、アメリカで大きな反響を呼んだ。
興味深いのは、モリーが感情を現すことを否定せず、時に怒りを現したり「大声をあげて泣くのは健康な行動」だと述べたことだ。「歎き、悲しみ、絶望、苦痛……」を感じるとき彼は「涙が涸れるまで」泣くと言う。「しばらく泣くと、そのような深い感情を表現したこと、それが表現できたことに安心します。……こんな風に悲しみ歎いた後では、その日の生活に立ち向かい、家族や友人の世話をし、人に愛情を持ち、どんなことが起こっても驚かない覚悟をもつことが前より容易になります。[8]」事実彼は「自分が苦しい思いをしていると、苦しんでいる人が今までになく身近に感じられる」と言い、苦しむ人々のために、人の前でも涙を流すのだった。泣かない文化に適応しているTVインタヴューアーも教え子も、最後には心打たれて涙をこぼしてしまう。泣くことを許されることはあるがままの自分を受け入れられることだ。モリーの温かさは多くの人をひきつけた。アルボムは、モリーの人生最後の何ヶ月かに訪ねてきた多くの人は、彼を気づかってというよりも「モリーが気づかってくれるからこそ来たのだ」と書いている。[9]
モリーは悟り済ました聖者ではなく、弱って死んでいくことを人間として当然悲しんだが、同時に、準備する時間が十分あること、愛する人たちとつながっていることを幸福だと感じ、心から感謝していた。「人生の初め、子供のときには生きていくのにほかの人が必要だろう?人生の終わりにも、私のようになれば生きていくのにほかの人が必要だろう?しかしこれが大事なところで、その中間でもやっぱりほかの人が必要なんだよ。[10]」別の教え子ポール・ソルマンは序文で次のように書いている。「モリーにとって人生とは、——他人に対し、世界に対し、そして終極的には我々より大きなあるものに対して——愛情をこめて自分の心を開放するプロセスだった。臨終の瞬間に至るまで、モリーの心は驚嘆と喜びの念にあふれていた。」モリーはワスプではなくユダヤ系だったが、特定の宗派宗教にはかかわらず、寛容で確固とした人間愛の世界観をもっていた。本書がベストセラーとなり、モリーの提言集も出版され、今も読まれ続けていることは、「自立した個人」であり「泣かない強者」だったアメリカ文化が、涙、弱さ、死をも受容し始め、より柔軟に変化していくささやかな兆しといえるのかもしれない。

⑤ 広井良典『持続可能な福祉社会』ちくま新書 七三頁
⑥ ハロルド・フロム他『緑の文学批評』松柏社 一九九八 二六頁
⑦ ミッチ・アルボム『モリー先生との火曜日』NHK出版 二〇〇四 一七頁
⑧ モリス・シュワルツ『モリー先生の最終講義』飛鳥新社 一九九八 五一頁
⑨ ミッチ・アルボム『モリー先生との火曜日』一四一頁
⑩ 同書 一五九頁

終わりに

「自分より大きなあるもの」を感じる上で、日本では特徴的に自然が大きな役を果たしてきたが、これは伝統的に涙を抑制しなかった日本文化と関係があるのではないだろうか。個人が大自然に融けこむ体験を表現した文章は、日本には数多く見受けられる。例えば自分という一個の人間はしばしば「流れに浮かぶ泡沫」、「宇宙大河の一滴」、「大海の波頭」などに喩えられる。自分は一つの「泡沫」、「一滴」、「波頭」に過ぎなくとも、自己が支えられその一部である「流れ」、「宇宙大河」、「大海」というものを、昔から人々は心のどこかで感じてきた。「国破れて山河あり」と聞けば、人の手になるものが消えても山川草木は悠久不変である様が目に浮かぶ。いずれ消えていく我が身、はかない個人が、最期には帰っていく無限なるもの、大自然、宇宙ともいうべきものを、人はそれに包まれ支えられているのだということを、今も日本人は無意識に感じているのではないだろうか。

たとえば手塚治虫は次のように述べている。「ぼくたちは日ごろ、自分の力で生きていると思いこんでいますが、この大宇宙に満たされた目に見えないエネルギーが、ぼくたちを生かしてくれているという気がしてなりません。この途方もない永劫を生きる宇宙生命の一粒が人類なのです。ちっぽけかもしれないが、極小から極大まで宇宙全体がつながっている、呼応していると思うと、どこかホッとするような安心感は湧いてきませんか。[11]」興味深いことに、彼は子供の頃虫が大好きで、日がな一日自然にどっぷり浸りきって暮らしていた。また彼は極端なほどいじめられっ子で毎日泣かされていたが、母親は「今日は何回泣かされたの?つらかったろうね。」とやさしく受け入れて、息子の好きな漫画を読み聞かせてやったという。自然に深く包まれ、泣くことも十分許容されて成長すれば、人がより大きな存在、無限の大宇宙につながっていることがおのずと感得されやすいのだと思われる。

柳田国男は早くも「涙泣史談」(一九四一)の中で、日本人が昔ほど泣かなくなったことに触れて、「泣くということが一種の表現手段であったのを忘れかかっている」、「今日は言葉というものの力を、一般に過信している」、「泣くことが人間交通の必要な一つの働きであることを認めずに、ただひたすらにこれを嫌い憎み、または賤しみ嘲るの傾向ばかり強くなっている」と警告している。[12]言語は相互理解を可能にする。微笑は人々を結びつける。しかしおそらく涙ははるかに深い次元で、人と人とを、人と自然、宇宙とを繋ぐ鍵になるのである。

⑪ 手塚治虫『ガラスの地球を救え』光文社 一九九〇 一三五~六頁
⑫ 柳田国男『遠野物語』中の「涕泣史談」集英社 二〇〇七 一二一~四頁

［コラム］　泣く鳥――涙が凍る・涙を飲む

今関敏子

氷れる涙

ある登山家にきいた話だが、厳寒の冬山では涙が凍るそうである。泣いているわけではないが、凍った涙がそのまま落ちるそうである。「眼から鱗が落ちる」という言葉があるが、まさに眼から鱗状の氷が落ちるのだという。

『古今集』（一〇世紀初）にこんな歌がある。

雪の内に春は来にけり鶯のこほれる涙今やとくらむ　（巻第一　春歌上四）

まだ雪が降っているうちに暦の上では春がやって来た、鶯の氷っている涙もまさに今溶けるのであろうか、の意。凍っているのは鶯の涙である。作者は二条后。清和天皇妃となった藤原高子である。

高子は、『伊勢物語』三～六段に登場する女性のモデルとして知られている。禁断の恋の障害を越えて昔男（業平）が通い、入内を匂わせる事情ゆえに別れを迎えた悲恋の相手である。一年の後、梅の花盛りの月夜の晩、男は変わり果てた思い出の場所に行って激しく泣いた。(本書『王朝人の涙』)。

『伊勢物語』は、昔男の側から書かれているため、相手が、どのような性格の女性であり、いかなる心情で逢瀬をもったのかは、まったく読みとれない。無論、業平と高子の恋の真偽は定かではない。それでも入内前に恋愛沙汰があったと物語に造型される女性は、奔放で情熱的な印象を与えやすい。史実では後に皇太后となった五十五歳の高子は、勅勘を蒙り廃后という憂き目に会っている。その原因は善祐法師との密通が発覚したからで、善祐法師は伊豆に配流になったと『扶桑略記』は伝えている。これとて政治的な陰謀も充分考えられるのだが、この経緯は、『伊勢物語』から受ける高子のイメージを裏切らない。

「鶯のこほれる涙」という表現を含む右の歌は、廃后の悲しみに重ねて享受されたこともあった。世を離れ蟄居している状況で詠まれたと解釈しても、なるほどと首肯できる詠みぶりである。ただし、この歌は、廃后以前の作であるという見解が優勢である(『古今和歌集善評釈』上　片桐洋一　講談社　一九九八)。

鳥は、その鳴き声から「泣く」が連想され、「涙」が引き出されるのであろう。しかし、「鳴き(泣き)声」に比べれば、鳥の「涙」が和歌に詠み込まれる例はきわめて少ない。右の歌の他、『古今集』に鳥の涙を詠んだ歌は、次の三首である。

鳴き渡る雁の涙や落ちつらむ物思ふ宿の萩の上の露　(巻第四　秋歌上二二一　読み人知らず)
秋の夜の露をば露と置きながら雁の涙や野辺を染むらむ　(巻第五　秋歌下二五八　壬生忠岑)
山田もる秋のかりいほに置く露はいなおほせ鳥の涙なりけり　(巻第五　秋歌下三〇六　壬生忠岑)

いずれも秋の歌であり、露を雁の涙(二二一)、いなおほせ鳥の涙(二五八)に見立て、紅葉した秋の野辺を雁の紅涙のゆえだとする（三〇六）趣向である。眼前に鳥の姿はない。それだけに空を飛ぶ鳥のイメージは空間の広がりをもたらす。地上に落ちた鳥の涙は、凋落の季節の風情を深め、余韻を残すのである。美しい秋の叙景歌である。

一方、二条后が着目したのは春の鳥の涙である。「鶯のこほれる涙」の用例は二十一代集中、この一首のみ。①何と独創的な発想であろうか。二条后の不幸と重ね合わせて深読みしたくなるのも無理はない。

① 同歌は私撰集（新撰和歌集一七古今六帖四四〇五、新撰朗詠集六三）、歌学書（和歌一字抄一〇八一、和歌十種三六、和歌十体一五、俊頼髄脳三四七、綺語抄五六八、和歌童蒙抄一〇四・七二六、奥儀抄一一九・四三六、袋草紙七四〇、古来風体抄二一八、和歌色葉七）にも載る。

独自な着眼点ゆえか、「鶯のこほれる涙」の後代への影響はそう大きくはない。歌意を重ねた本歌取りが鎌倉期（一二〇〇年〜一二二〇年代）に集中する。

　鶯のこほれる涙とけぬれば花のうへにや露とおくらん（『正治初度百首』一九一二　二条院讃岐）

　　鶯の凍っている涙が今溶けたので梅の花に露が置いているのだろうか。

春を浅みこほれる涙風さえてまだうちとけぬ鶯の声（『正治後度百首』五〇六　源家長）

　　春が浅いので凍っている涙に風が冷たく吹き、まだ聞えてはこない鶯の声よ。

鶯のこほれる涙とけにけりまだふる年の雪は消えあへで（『千五百番歌合せ』九九　藤原公経）

　　（春が来て）鶯の凍っている涙が溶けたことだ、まだ旧年の雪はすっかり消えていないまま（鳴き声が聞こえる）。

霞むよりこほれる涙とけぬらし春めきわたる鶯の声

春霞が立つや凍っている涙が溶けたらしい、いかにも春らしく鳴き渡る鶯の声よ。

（『露色随詠集』五三五　鑁也）

江戸期には、私撰集『林葉類塵集』に次の歌が載る。

鶯のこほれる涙とけそめし声の匂ひや春の初花

鶯の凍っている涙が溶けはじめた声の初々しさにふさわしい春の（梅の）初花だこと。（一一　田辺通直妻）

以上は、春の訪れを喜ぶ気分の表出である。一方、バリエーションもある。鎌倉期（一二二〇年代）には、恋歌に「鶯のこほれる涙」が詠み込まれ、恋の悲しみが表現される。

鶯のこほれる涙とけぬれどなほ我が袖はむすぼほれつつ

（『水瀬殿恋十五首歌合』『秋篠月清集』一四三六　藤原良経）

鶯のこほれる涙むすぼほれとけぬ思ひを知る人ぞなき

（『道助法親王家五十首』九二五）

そもそも「こほれる涙」の用例そのものがきわめて少ないのである。鶯とは無縁の「こほれる涙」もある。鎌倉期（一二一〇年後半）には、冬の歌として「我が袖のこほれる涙はらひわびとけぬうらみに年の暮れぬる（『柳葉和歌集』四三〇宗尊親王）」が見出せる。凍っているのは詠歌者の涙である。江戸期になると「鴛鴦のこほれる涙」が詠まれる。

をし鳥のこほれる涙玉川にみだれにけりな妻ごひの声

（『漫吟集』一七八六契沖）

鴛鴦の妻恋の声とともに凍っている涙も川に飛び散っている光景が浮んでこよう。それにしても「鶯のこほれる涙」とは何と遠い風情であろうか。[2]「こほれる涙」という独自の表現は、時代を経て冬の鴛鴦の恋にまで変容した。

② 因みに、『新古今集』（春歌上三一惟明親王）「鶯の涙のつららうちとけてふるすながらや春をしるらむ」という類歌が見出せるが、「つらら」はまた趣の異なる表現であろう。

二条后の歌に戻ろう。

「雪の内に春は来にけり鶯のこほれる涙今やとくらむ」――この一首は現実に涙が凍るような苛酷な自然体験から生まれた表現ではない。そのような厳寒の大自然をこの時代の貴族階級は知らない。山に囲まれた京都盆地の都で、きわめて剪定された自然を貴族たちは愛した。旅に出なくとも、歌枕という共通概念があれば、旅の歌が詠めたように、想像力と発想は歌を詠むときの重要な要素であった。

作者は、都を囲む冬山へ思いをめぐらす。雪に閉ざされた冬の山々、川も凍り流れはとまっている。風景は眠っている。生き物も動かない。鶯もじっと春を待っていた。まだ雪は降っているが暦の上では春の到来。凍っていた涙は解け、美しい声が聞えるのも間近であろう。「こほれる涙」は生命力の停滞を象徴的に示す表現であろう。春の訪れはそれを一気に解放するのである。

涙のお茶

「涙を呑む」は、泣きたいのをこらえたり、無念の気持を表現するのに使われる慣用句である。

アメリカの絵本に、ほんとうに涙を飲む梟の話がある。『Owl at Home』は文も絵もArnold Lobel（一九三三〜八七）の手になる。『ふくろうくん』（三木卓訳　文化出版局）として翻訳されているが、子供向けの平易な英語なので、原文を充分楽しむことが出来る。

梟は世界中に分布し、ひょうきんな表情が愛され、知恵の神とも、悪魔の使いとも言われた。日本には『梟山伏』という狂言があるが、古典和歌にはまず詠まれぬ鳥である。

Soon the kettle
was all filled up
with tears.

Arnold Lodel, *OWL AT HOME*,
New York, Harper & Row,
Publishers, 1982, p. 37.

『Owl at Home』の主人公の梟は、森の中の、こじんまりとした瀟洒で居心地のよい二階建ての家に住んでいる。家族はいない。同居人もいない。仲間もいない。友人が訪ねてくることもない。年齢はわからない。挿絵をみると男性である。主人公は名前ではなく、Owl（梟）と記される。登場する生き物は、梟だけである。

しかし、梟に孤独の翳りはまったくない。自然と共に生きている。「冬」を招き入れたために強い風と雪が舞い込んで家の中がめちゃくちゃになったり、どこまでもついて来る月に語りかけながら歩き、月に見守られて眠る。

家の中でも何かが起こる。ある晩、ベッドに寝ていると掛け布団が、ぽっこり膨らんでいる、しかもふたつ。布団をどかしても何もない。かけて寝るとまた現れる。何だか大きくなっていくようで恐い。実はそれは梟自身の足なのだが、正体はついにわからない。散々格闘した末、梟は一階の火のそばの椅子で眠る。またあるとき、梟は一階と二階に同時にいることは出来ないものかと考える。猛スピードで階段を上り下りしてみるが、うまくいかない。梟は疲れて階段のちょうど真ん中に座り込んでしまう。

その中に『Tear-Water Tea（涙のお茶）』という作品がある。梟は、「Tonight I will make tear-water tea（今夜は

涙のお茶を作ろう）」と言って、やかんを取り出し、膝の上に置く。涙をためるために。そして悲しい事を考える。まずはじめに「Chairs with broken legs（脚の折れた椅子）」を思うと涙が浮び、「Songs that cannot be sung, because the words have been forgotten（歌詞を忘れられて歌われない歌）」で泣き始め、大粒の涙が流れ、やかんの中に涙が落ちる。次々に彼は悲しいことを考える――暖炉の後に落ちたスプーン、ページが破けて読まれない本、誰もねじを巻かないので止ってしまった時計、みんな眠っているので誰も見ない朝景色、誰も食べたがらないのでお皿に残ったマッシュポテト、ちびて使われない鉛筆。梟は悲しいことをたくさん考えて、泣きに泣いた。涙でやかんがいっぱいになると、泣くのをやめ、涙を沸かし、カップに満たして幸福を感じる。「Tear-Water Tea」は梟の言葉で終わる――「It tastes a little bit salty, but tear-water tea is always very good」。ちょっとしょっぱいが、おいしい涙茶を梟は時々賞味しているようである。

悲しいことに出会って泣くのではなく、涙を流すために悲しいことを考えるということは、俳優であれば必要であろうが、まず、我々には無縁であろう。しかし、もし、涙を溜めるために意識的に泣かなければならないとしたら、何を考えるだろうか。

涙のお茶を堪能する梟は、ユーモラスな挿絵と相俟って楽しげである。固有名詞で呼ばれぬ梟は、他者との葛藤のない自己完結的な世界にいて、嘆かず、怒らず、邪気がない。こういう人間はまずいない。人には、年齢、名前、職業……という、属性がついて廻る。社会的な存在である以上、人間関係の葛藤も避けられず、「涙を呑む」場面に向き合うこともある。良くも悪くも、自我意識から離れられない。ところが『Tear-Water Tea』には「I」（私）という語は、涙を溜めそれを沸かすという行為を説明する梟の言葉（たとえばI will begin）にのみ使われる。悲しいことの内容には「I」は皆無である。

梟の考える悲しいことの数々には、共通項がある。それは誰にも注目されないもの、忘れられたもの、取り返せないものへの眼差しである。梟はなかなかの詩人である。それらは梟自身の喪失感でもあるのだが、椅子や歌や時計の悲しみとして伝わってくる。そこには梟の強烈な自我・自己主張がないからであろう。

涙を凍らせて春を待つのが「鶯」でなければならないように、涙を飲むのは「梟」でなければならない。それぞれが作者の表現意図を体現させる上での必然的な選択である。時代も文化もジャンルも異なる「鶯」と「梟」の文学表象であるが、それぞれに「鳥の涙」ならではの独自の詩情が息づいていよう。

執筆者紹介（掲載順）

安井 信子（やすい のぶこ）
〔専門領域〕アメリカ文学、比較文化学
〔現職〕川崎医療短期大学准教授
〔著書〕『個を超えて―現代アメリカ文学を読む』（和泉書院 一九九四）、『成熟と老い』（共著、世界思想社 一九九八）、『女というイデオロギー』（共著、南雲堂 一九九九）

山本 志乃（やまもと しの）
〔専門領域〕民俗学
〔現職〕旅の文化研究所 主任研究員
〔著書〕『日本の民俗3 物と人の交流』（共著、吉川弘文館 二〇〇八）、『富士山と日本人の心性』（共著、岩田書院 二〇〇七）、『絵図に見る伊勢参り』（共著、河出書房新社 二〇〇二）ほか

野林 厚志（のばやし あつし）
〔専門領域〕人類学、民族考古学
〔現職〕国立民族学博物館准教授
〔著書〕『イノシシ狩猟の民族考古学』（御茶の水書房 二〇〇八）ほか

林 史樹（はやし ふみき）
〔専門領域〕文化人類学、韓国研究
〔現職〕神田外語大学准教授
〔著書〕『韓国のある薬草商人のライフヒストリー』（御茶の水書房 二〇〇四）、『韓国サーカスの生活誌』（風響社 二〇〇七）、『韓国がわかる60の風景』（明石書店 二〇〇七）ほか

飯田 卓（いいだ たく）
〔専門領域〕人類学
〔現職〕国立民族学博物館准教授
〔著書・論文〕『海を生きる技術と知識の民族誌』（世界思想社 二〇〇八）、『電子メディアを飼いならす』（共編著、せりか書房 二〇〇五）、「昭和三〇年代の海外学術エクスペディション―「日本の人類学」の戦後とマスメディア―」（『国立民族学博物館研究報告』31巻2号 二〇〇七）

山中 由里子（やまなか ゆりこ）
〔専門領域〕比較文学比較文化
〔現職〕国立民族学博物館助教
〔著書〕『アレクサンドロス変相―古代から中世イスラームへ』（名古屋大学出版会 二〇〇九）、編著 Arabian Nights and Orientalism: Perspectives from East and West (I. B. Tauris 2006)、「初期イスラーム時代の歴史認識におけるアレクサンドロス」『比較文学研究』87号、二〇〇六年

永草 次郎（ながくさ じろう）
〔専門領域〕西洋近現代美術史
〔現職〕帝塚山学院大学教授
〔著書〕『美術館学芸員という仕事』（共著、ぺりかん社　一九九四）、『ロダン館』（共著、静岡県立美術館　一九九四）、『美術史における軌跡と波紋』（共著、中央公論美術出版　一九九六）

亀井 若菜（かめい わかな）
〔専門領域〕日本美術史
〔現職〕学習院大学・青山学院女子短期大学他非常勤講師
〔著書・論文〕『表象としての美術、言説としての美術史―将軍足利義晴と土佐光茂の絵画』（ブリュッケ　二〇〇三）、「ジェンダーの視点が拓く『粉河寺縁起絵巻』―高野山に対抗する自己表象としての絵巻」『ジェンダー史学』第1号（ジェンダー史学会編、二〇〇五）、「『信貴山縁起絵巻』の尼公の表象―女人往生のイメージ」『平安文学と隣接諸学2　王朝文学と仏教・神道・陰陽道』（藤本勝義編、竹林舎　二〇〇七）、ほか

藤岡 道子（ふじおか みちこ）
〔専門領域〕中世日本文学、日本芸能、能狂言
〔現職〕京都聖母女学院短期大学教授
〔著書〕『伏見学ことはじめ』（共著、思文閣　一九九九）、『あらすじで読む名作狂言五〇』（共著、世界文化社　二〇〇五）、『岡家本江戸初期能型付』（和泉書院　二〇〇七）

池川 玲子（いけがわ れいこ）
〔専門領域〕日本近現代女性史
〔現職〕実践女子大学非常勤講師
〔著書・論文〕『「青鞜」を学ぶ人のために』（共著、世界思想社　一九九九）、『Women in Japanese History: Japanese Women Emerging From Subservience, 1868-1945』（共著、Global Oriental 2005）、「『チョコレートと兵隊』再検討」（『歴史評論』二〇〇九年四月号）ほか

及川 智早（おいかわ ちはや）
〔専門領域〕日本文学
〔現職〕帝塚山学院大学教授
〔論文〕「近代における『古事記』・『日本書紀』に関する記念会・展覧会について―明治期の古事記記念祭と昭和十八年の古事記展覧会を中心に―」古事記研究大系『古事記の研究史』（高科書店　一九九九）、「『古事記』底本の変遷―本居宣長『訂正古訓古事記』から真福寺本古事記へ―」『国文学研究』第137集（早稲田大学国文学会二〇〇二）、「神功皇后伝承の近代における受容と変容の諸相―絵葉書・引札というメディアを中心に―」『国文学研究』第148集（二〇〇六）ほか

岩佐 美代子（いわさ みよこ）
〔専門領域〕中世和歌文学　日記文学
〔現職〕鶴見大学名誉教授
〔著書〕『京極派和歌の研究』（笠間書院　一九八七）、『宮廷女流文学読解考　総論中古編　中世編』（笠間書院

一九九九)、『秋思歌　秋夢集　新注』(青簡舎　二〇〇八)

源　健一郎(みなもとけんいちろう)
〔専門領域〕中世日本文学
〔現職〕四天王寺大学准教授
〔著書・論文〕『読む。平家物語』(共著、武蔵野書院　二〇〇三)、「源平盛衰記と天台圏―青蓮院門跡関与説の検証―」(『中世文学』49　二〇〇四)、「聖地復興と〈匡房〉の言説―熊野における花山院伝承の背景として―」(『日本文学』57-7　二〇〇八)

編者紹介

今関 敏子（いまぜきとしこ）
〔専門領域〕日本文学
〔現職〕川村学園女子大学教授
〔著書〕
『中世女流日記文学論考』（和泉書院 一九八七）
『校注弁内侍日記』（和泉書院 一九八九）
『〈色好み〉の系譜』（世界思想社 一九九六）
『『金槐和歌集』の時空』（和泉書院 二〇〇〇）
『信生法師集新訳註』（風間書房 二〇〇二）
『旅する女たち』（笠間書院 二〇〇四）
その他共著書、論文多数

涙の文化学 人はなぜ泣くのか

二〇〇九年二月二五日

編 者 今関 敏子
装 丁 佐藤三千彦
発行者 大貫 祥子
発行所 青 簡 舎
〒一〇一-〇〇五一
東京都千代田区神田神保町一-二七
電 話 〇三-五二八三-二二六七
FAX 〇三-五二八三-二二六八
振替 〇〇一七〇-九-四六五四五二
印刷・製本 藤 原 印 刷

ISBN978-4-903996-15-8 C3039